중국이 싫어하는 말

중국이 싫어하는 말

정숙영 지음

들어가며

전화기 너머의 격앙된 목소리가 아직도 귀에 맴돈다. 생면부지의 중국인이 대만의 독립을 지지하는거냐며 따져 물었다. 인터넷 사이트가 중국에서 열렸다 안 열렸다 하는 이유를 중국 공무원에게 '대놓고 무식하게' 물어봤을 땐, 된통 면박만 당했다. 국내 언론사 온라인 중문판 에디터로 일할 때의 일들이다.

한국 뉴스를 중국어로 전달하는 일을 14년간 했다. 중화권이 대상이지만 중국 대륙의 인구가 가장 많다 보니 대륙에서 유입되는 네티즌이 가장 많았고, 그들의 생생한 반응도 함께 따라왔다. 잘 몰랐던 한국 사정에 관심을 보이며 이것저것 묻기도 하고 한창 한류 바람이 불 땐, 한국에 호감을 갖게 된 중국 분의 꽃바구니 팬 서비스도 받았다. 물론 이런 훈훈한 장면보다는 살벌한 모습이 많았다. 대부분 '왜 한국은 우리의 감정을 상하게 하는지', '한국은 우리를 몰라도 너무 모른다'는 반응들이었다.

2013년 이후부터는 '중화 민족의 위대한 부흥'을 캐치프레이즈로 내세운 시진핑 시대가 열리면서 확실히 자국에 대한 중국인들의 자부심이 어느 때보다 높아졌다. 힘이 세지면 목소리도 커지는 법. 중국인들은 전 세계를 향해 자신의 관점을 강력하게 어필하고 있다. 유명 아이돌의 출신 논란이 일어난 것도 이 즈음이다. 얼마 지나지 않아 국내 유명 기업과 연예인이 또 비슷한 이슈로 줄줄이 중국에 사과하거나 보이콧을 당하는 일이 일어났다. 비단 우리에게만 국한된 얘기도 아니다. 글로벌 기업들도 말 한마디, 글 하나 잘못 올렸다가 중국에 사과하는 일이 많아졌다. 여기저기서 '중국에 들볶여 못 살겠다'는 볼멘소리가 들려온다. 중국은 중국대로 그게 아니라며 씩씩거리고, 상대방은 '센 놈'에게 밀린다 생각하니 여간 불쾌한 일이 아니다. 특히 중국을 이웃으로 둔 우리는 여러 분야에서 이해관계가 얽혀 있어 더욱 고달프다.

중국과 얼굴 붉히지 않으면서 영리하게 소통할 수 있는 방법을 다룬 책이 있으면 좋겠다는 생각이 들었다. 다행(?)스럽게도 에디터 경험 덕분에 중국(인)과의 커뮤니케이션에서 주의해야 할 내용들이 축적된 상태였다. 이 책이 나오게 된 배경이다. 중국이 꽁꽁 가리려 하거나 외부를 향해 목소리를 높이는 이슈는 예외 없이 민감한 문제다. 일단 굵직한 것을 펼쳐보니, 정치 문제에서부터 국민 정서까지 다양하다.

이 책은 이러한 민감한 주제들을 꺼내고 그 배경을 설명한다. 그리고 관련된 문제를 어떻게 표현할지 제시한다. 중국에서 통용되는 화법일 수도 있고, 완곡어법을 제안하기도 한다. 때로는 아예 언급을 피하는 게 상책인 것도 있다.

그중에는 중국에 대한 우리의 편견으로 만들어진 불편함도 있다. 결정적인 건, 고통스러웠던 과거로 인한 트라우마일수록 현재 더 큰 금기로 작용하는 경우가 많다는 것이다. 그렇다고 이들에게 이런 상처가 있으니 무조건 이해하고 맞춰줘야 한다는 것은 아니다. 이것을 자기 검열의 잣대로 삼아야 한다고 말하는 것도 아니다. 각자의 정치적인 입장과 비판적인 시각은 존중받아야 마땅하다. 다만, 정치 신념과는 별개로 '이익'의 관점에서 조금 다른 화법을 구사해야 할 때도 있다. 여기서 제시하는 소통 방식을 적용할지 말지는 상황에 따라 판단해야 할 것이다. 그럼에도 이런 논의조차 불편한 사람은 좀 더 인내력을 갖고 이 책을 대했으면 하는 바람이다.

이 책은 중국식 커뮤니케이션에 대한 이해를 키우고 싶은 분들을 위한 것이다. 특히 중국과 함께 일을 해야 하는 개인이나 기업에 추천한다. 상대의 정서를 섬세하게 파악해서 손해 볼 일은 없을 것이다. 의도가 없음에도 무심코 상대의 예민한 부분을 건드려 관계가 틀어진다면 억울한 일 아닌가. "큰일을 망치는 것은 엄청난 실수가 아니라 아주 작은 흠집일 수 있다"는 중국의 경영 컨설턴트 왕중추의 말처럼, 민감한 사안을 현실에서 어떻게 디테일하게 적용하고 피해갈 수 있을지 보여주는 참고서가 있으면 좋겠다는 생각이 들었다. 중국과의 영리한 커뮤니케이션이 필요한 사람들의 '중국 소통 사용 설명서'가 되길 바라면서 말이다.

지지부진했던 작업을 끝낼 수 있도록 강력한 동기 부여를 아끼지 않으신 세컨드브레인 이임복 대표께 감사드린다. 멀티태스킹이 안 되는 엄마이자 아내인 나를 묵묵히 성원해준 가족에게 미안한 마음을 전한다. 이쪽 일을 가도록 길을 터주셨음에도 제대로 감사의 인사도 못 올린 어머니께, 그리고 엉덩이 붙이고 글 쓰는 DNA를 물려주신 분, "화이팅!" 해주셨지만 책이 나오기 전 하늘로 가신 아버지께 무한한 존경과 사랑을 바친다.

정숙영

차례

★ ∗∗
   ∗∗

1장

하나의 중국
원칙

한국인의 중국 지도,
중국인의 중국 지도

퀴즈. 다음에 나오는 그림은 과연 무엇일까? 무슨 이런 걸 질문이라고, 쯧쯧 하며 망설임 없이 대답하는 사람도 있겠지만, 혹시 뭔가 함정이 있는 건 아닐까 하며 고개를 갸우뚱하는 사람도 있을 것이다. 시원하게 대답을 한 사람이나 잠시 고민에 빠진 이들을 위해 힌트 삼아 다음의 에피소드를 살펴보자.

장면 1. 2017년 한 대학 강의실

"여러분, 화면에 이 그림이 무엇으로 보이죠?"

"중국 지도요."

"그렇게 보이죠? 그런데 정작 중국인들은 이 그림을 중국 지도라고 하기엔 뭔가 좀 허전하다고 합니다. 이유가 뭘까요?"

장면 2. 신입 에디터 시절

수화기 너머로 다소 격앙된 중국인의 음성이 들려온다.

"어제 중국 관련 XX 경제 기사를 보고 전화드립니다."

'그 기사에 무슨 문제라도 있었나' 하는 생각이 머릿속을 스쳤다.

"그 기사에 삽입된 중국 지도 말입니다. 그거 잘못된 거 아십니까?"

중국 지도 삽화가 있었던 한국 기사를 중국어로 번역하면서 삽화도 똑같이 기사에 삽입해 올렸던 것이 생각났다.

"어떤 부분이 잘못되었다는 거죠?"

"○○이 없지 않습니까?! ○○은 중국의 일부인데 어떻게 ○○을 빠뜨릴 수 있는 거죠?"

첫 번째 장면에서 '뭔가 허전하다'는 설명에 눈치 빠른 학생들은 나의 의도된 정답을 맞히기도 한다. 두 번째 에피소드에서는 아마 많은 사람들이 긴가민가했던 것에 심증을 굳힐 것 같다.

그렇다. 정답은 '대만이 없는 중국 지도'다. 중국 지도에 대만이 있어야 하는지 아닌지는 솔직히 평상시 우리의 관심사는 아니다. 하지만 무심하게 중국 지도를 사용하기엔 우리가 너무 글로벌한 시대에 살고 있다는 게 문제다. 대륙의 중국인들이 이 지도를 보면서 느끼는 기분은 아마도 독도가 빠진 한국 지도를 보는 한국인의 울컥함보다 더하면 더했지 덜하지는 않다. 그들에게 이 지도는 중국 지도가 아니다. 대만이 없기 때문이다. 바꿔 말하면 이 그림은 우리들 머릿속에 있는 중국 지도다.

그러면 어떤 사람들은 이렇게 묻는다. 아니, 중국은 중국이고 대만은 대만이지 대만이 왜 중국 지도에 붙느냐? 또는 이렇게 생각할 수도 있다. 큰 땅덩어리도 모자라 조그만 섬인 대만까지 수중에 넣으려 하다니, 중국의 땅 욕심은 정말 끝이 없다. 맞는 말인 것 같기도 하다. 하지만 단순히 중국의 땅 욕심으로만 보기에 이 지도 문제는 그리 간단치 않다. 대륙의 중국인들이 대만을 포함시켜야 한다고 주장하는 데에는 오랜 세월 그들의 머릿속을 관통하는 하나의 논리가 있기 때문이다.

하나의 중국

사실 이 문제는 중국이 대만 문제를 대하는 가장 기본적인 원칙인 '하나의 중국一个中国'과 관련된 것이다. 중국어 전공자로서 중국 정부나 지도자의 입을 통해 하나의 중국을 귀에 못이 박히도록 들어왔지만, 뉴스와 기사로만 접했기 때문에 텍스트 그 이상을 벗어나지 못했다. 중국 지도가 살아 꿈틀대며 현실에서 한 방 먹인 셈이라고 할까. 그러면 도대체 하나의 중국은 무엇일까? 이를 이해하기 위해서는 중국의 현대사를 잠깐 살펴볼 필요가 있다.

1911년 청나라를 끝으로 중국의 왕조시대가 막을 내린 후, 중국 대륙은 격동의 시간을 보냈다. 1912년 국민당을 중심으로 한 중화민국이 수립되었고, 1921년에는 중국 공산당이 창당되면서 국민당과 공산당의 내전이 시작되었다(1928~1949년). 내전이 공산당의 승리로 막을 내리고, 국민당이 대만으로 도망친 후 중화민국 국호를 이어가며 독자적인 정부를 세운 것은 익히 알려진 사실이다. 내전에서 승리한 공산당은 1949년 10월 1일 중화인민공화국 수립을 선포하며 다음과 같이 선언한다.

중국을 대표하는 유일한 합법적인 정부는 우리(중화인민공화국 정부)다. 국민당 당국은 중국을 대표하는 어떠한 법적 근거도 없으니, 외국의 다른 나라들은 국교를 맺고 싶으면 우리 정부와 하라.

국민당은 1945년 이미 '중화민국'의 지위로 유엔에서 중국을 대표하고 있었지만, 중국 대륙을 차지한 공산당 입장에서는 소수의 '잔당 세력'이 계속 중국을 대표하도록 내버려두고 싶지 않았을 것이다. 1950년 한국전쟁에서는 중국이 북한을 돕자, 미국은 이에 대

● 중국 현대사 연표 ●

청 멸망			종전	중화인민공화국 수립			
1911 신해 혁명	1912 중화 민국	1921 공산당 창당	1945 UN 가입 중화민국	1949 '하나의 중국' 선포	1971 중국 UN in 대만 UN out	1979 중·미 수교	1992 한중 수교

응해 보란 듯이 대만에 파병하면서 중국을 견제하기 위한 지렛대로 이용한다. 그러면서 대만을 국가로 인정하는 듯한 애매한 제스처를 취한다. 이에 중국은 다시 한번 대만은 국가가 아니며 중국의 일부 라는 '하나의 중국' 원칙을 분명히 하며 쐐기를 박는다.

> 지구상에는 오직 하나의 중국만 존재하며, 대만은 그 중국의 일부분일 뿐이다.

이때 언급된 하나의 중국은 중국 대륙과 대만의 관계를 정의하 는 확고부동한 원칙이 되었다. 하지만 이렇게 미국과 중국이 냉전 체제 속에서 대립하는가 싶더니, 슬그머니 냉전을 풀어야 할 계기 를 맞게 된다. 갈수록 사이가 나빠지는 소련 때문에 중국은 미국과 의 관계 개선이 필요했고, 미국도 끝이 안 보이는 베트남 전쟁으로 인해 아주 곤란한 처지였다.

서로의 필요에 의해 화해 분위기가 조성되었고, 1971년 10월 중화인민공화국은 유엔에서 대만을 밀어내고 명실공히 중국을 대표하게 된다. 즉, 유엔 안보리 상임이사국이 되자 하나의 중국은 더욱 힘을 받을 수밖에 없었다. 대만은 국가가 아니며 중화인민공화국의 '분리될 수 없는 일부분不可分割的一部分'이라는 하나의 중국 원칙은 중국 대륙과 대만의 관계를 인식하는 중국의 확고부동한 정책이 되었다.

중국인의 눈으로 본 중국 지도

이러한 정치적 원칙이 선명하게 시각화되는 공간이 바로 중국 지도다. 대륙의 중국인에게 대만은 중국 지도에서 절대 빠져서는 안 되는 지역이다. 대만이 빠진 중국 지도는 중국인에게 단순한 허전함을 넘어 영토주권에 대한 강한 도발로 비친다. 대만을 중국에 속하지 않는 독립 주권 국가로 인정하는 의도로 읽히기 때문이다. 그러므로 중국 본토에서 출판되는 도서뿐만 아니라 웹과 모바일에서 중국 지도를 검색하면 당연히 대륙 오른쪽 하단에 고구마 모양의 대만이 함께 그려지고, 대륙과 같은 색깔로 칠해진다. 대륙이 노란색이면 대만도 노란색으로, 연분홍색이면 대만도 연분홍색인 것이다.

중국 지도는 중국에 진출한 지 20년이 넘는 글로벌 기업에게도

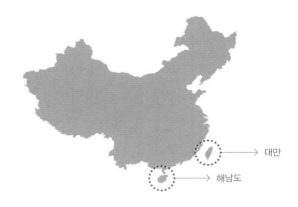

대만

해남도

☆ 중국인이 생각하는 '완전한' 중국 지도

만만치 않은 일이다. 2017년 자동차 기업 아우디의 중국 법인이 중국 시장점유율을 설명하는 프레젠테이션에서 대만이 빠진 중국 지도를 사용하는 바람에 곤욕을 치렀다. 중국인들은 중국 영토주권을 존중하지 않은 행위를 당장 사과하라고 요구했고, 결국 아우디는 홈페이지에 "중국인의 감정을 상하게 한 엄중한 실수에 대해 깊이 사죄드린다"[1]는 사과문을 올려 급한 불을 껐다. 하지만 여전히 중국인들은 중국에서 잔뼈가 굵은 외국 기업이 그런 초보적인 실수를 저지른 게 이해되지 않는다며 쉽게 흥분을 가라앉히지 못했다.

대만이 빠진 지도는 해외에서 종종 발생하는 사안이다. 2018년 5월에 있었던 일이다. 캐나다 나이아가라 지역 아울렛에서 판매하는 갭 티셔츠에 대만이 빠진 중국 지도를 그려 넣으면서 웨이보의 갭 공식 계정에 중국인들의 항의가 빗발쳤다. 캐나다, 일본, 파리, 샌프란시스코, 뉴욕의 지도를 새긴 모델도 있었다고 하니 아마 나이아가라를 찾는 세계 각국 관광객들을 대상으로 자국의 지도가 새겨진 기념 티셔츠를 팔려고 한 것 같다. 하지만 갭은 소비 대상자(나라)의 정치사회적 배경을 소홀히 하는 실수를 하고 말았다.

대만이 빠진 지도에 대륙의 중국인들은 당연히 기분이 나쁠 것이고, 대만인도 중국 대륙이 그려진 티셔츠를 살 이유가 없다. 대륙인이나 대만인 모두 구매할 이유가 없는 티셔츠를 만든 셈이다. 화가 난 중국 소비자를 달래기 위한 회사들의 대응은 결국 비슷할 수밖에 없다. 갭은 부랴부랴 "중국의 완전한 영토에 대한 통치권을 존중한다"고 사과했다.[2]

중국 지도, 어떻게 그려야 할까?

꼭 필요한 경우가 아니라면 불필요한 오해를 불러일으킬 수 있는 중국 지도를 사용하지 않는 것이 좋다. 지도 말고 중국을 상징하는 다른 이미지, 이를테면 판다. 폭죽, 전통 홍등도 대안이 될 수 있다.

하지만 맥락상 중국 지도가 필요한 경우에는 두 가지 방법으로 그릴 수 있다. 하나는 중국 지도를 그리되, 대만이 있는 부분은 다른 이미지를 덧대 대만을 아예 안보이게 할 수 있다. 보통 대만의 정서를 고려해서 일부러 가리는 경우다. 나머지 하나는 아예 대만까지 다 넣어 그리는 것이 좋다. 대만을 독립 국가로 지지하는 경우가 아니라면, 또는 중국 정부의 반대편에 서서 그들과 맞서 싸우겠다는 의지가 있는 게 아니라면, 본래의 콘텐츠에 중국 본토 지도만 있더라도 대만을 그려 넣어야 한다. 그리고 해남도海南島까지 빼고 그리는 경우도 많은데(처음에 나온 중국 지도처럼), 해남도도 반드시 넣어야 한다. 해남도는 대만처럼 정치적으로 다른 체제가 아닌, 그냥 중국 대륙의 부속 섬이다. 한국 지도에서 제주도가 없으면 어딘가 허전하게 느껴지는 것처럼 해남도가 없으면 제대로 된 중국 지도가 아니다.

대만 국기,
홍콩 국기

2016년 초. 걸그룹 트와이스의 대만 출신 멤버 쯔위(본명 저우쯔위周子瑜)가 한 TV 예능 프로그램에서 '대만 국기'를 들었다. 그 모습에 중국 네티즌들이 발끈했고, 쯔위는 죽을죄를 지은 사람처럼 사과했다. 그러자 이번에는 대만 사람들이 들끓었다. 쯔위의 소속사가 미처 예상하지 못한 일이었다. 당시 대선이 치러지고 있던 대만에서 쯔위의 굴욕적인 사과가 독립 성향의 대만 유권자들 표를 결집시켜 민주당 후보(지금은 대통령이 된) 차이잉원蔡英文의 당선에 유리하게 작용했을 것이라는 말까지 나올 정도였다.

이 일로 인해 한 가지 확실해진 것이 있다면 아마도 TV 카메라 앞에서 대만 국기를 흔들면 시끄러워진다는 사실이다. 하지만 사람들에게 왜 안 되는지 물어보면 '그냥 중국이 싫어하니까', '중국과 대만 사이가 나쁘니까' 정도의 인식에서 벗어나지 못한다. 이 해프닝을 관통하는 핵심 역시 '하나의 중국'인데, 앞서 설명한 중국 지도와 마찬가지로 국기에서도 이 원칙이 매우 민감하게 적용된다. '나라'라는 정체성을 가장 확실하게 드러내는 상징이기 때문이다.

대만, 홍콩, 마카오는 국가인가

쯔위가 들었던, 우리가 흔히 대만 국기 또는 중화민국 국기라고 부르는 이 깃발의 정식 명칭은 청천백일만지홍기青天白日满地红旗다. 중국 근대의 혁명가 쑨원孙文이 세운 중화민국과 국민당은 1925년 그의 급작스런 사망으로 국민당 사령관이었던 장제스蒋介石가 실권을 장악한 후인 1928년 난징에 '국민 정부'를 세우면서 이 깃발을 중화민국 국기로 사용하기 시작한다. 쑨원의 정치적 유산을 그대로 계승한 것이다.

쑨원이 공산당과의 협력을 통해서라도 군벌과 제국주의를 몰아내고 국민들의 평등을 꿈꿨던 것과 달리, 장제스는 대륙을 침략한 일본을 무찌르기보다 공산당 토벌에 더 몰두했다. 하지만 압도적인 군사력 우위에도 불구하고 국민당은 공산당에 패해 1949년 대만으로 쫓겨 갔고, 장제스는 결국 대만에서 중화민국 시대를 이어간다.

한편, 대만으로 쫓겨 가기 전인 1945년에 일본이 패망하면서 승전국이 된 국민당 정부는 유엔에서 중국을 대표하는 상임이사국이

되었다. 하지만 1971년 중화인민공화국에 의해 유엔에서 중국의 대표 자리를 빼앗긴 대만은 국제 외교 무대에서 설 자리를 잃어버리고 만다. 대만은 중국의 일부이고 세상에는 오직 중화인민공화국이 대표하는 중국만 존재한다는 하나의 중국 원칙이 더욱 공고해지면서 대만은 점점 고립된다. 중국과 수교하려면 우선 중화민국, 즉 대만과 관계를 끊어야 했기 때문이다.

그 어떤 독립국가로 보이는 것도 허용하지 않는 중국의 압박 때문에 국제 외교 무대에서 대만은 공식 국호인 중화민국Republic of China은 물론이고 대만Taiwan도 사용하지 못할뿐더러 중화민국 국기도 흔들 수 없다. 예를 들어, 세계무역기구WTO에서는 TPKM The Separate Customs Territory of Taiwan, Penghu, Kinmen and Mastsu 3으로, 세계보건기구WHO와 올림픽에서는 차이니스 타이베이Chinese Taipei, 中华台北라는 이름을 써야 한다.

이는 2018년 2월 평창올림픽 개막식에서도 확인할 수 있었다. 대만, 아니 '차이니스 타이베이' 선수단이 올림픽 스타디움에 입장할 때 내세운 깃발은 분명히 쯔위가 들었던 '대만 국기'가 아니고 매화 모양의 중화 IOC기다. 중국과 국제올림픽위원회가 하라는 대로 했으니 별문제가 없어 보였다. 하지만 이 장면을 TV로 지켜본 대륙의 중국인들이 뜻밖에 한국에 항의를 제기했다. 한 방송사에서 차이니스 타이베이 선수단이 입장할 때 화면 자막에 넣은 참가자명이 문제였던 것이다.

선수단 소개 자막에 차이니스 타이베이가 아닌 '타이완'(대만의 중국어 발음)이라는 이름이 뚜렷했다. 타이완이나 중화민국 모두 올림픽 무대에서 사용할 수 없는 명칭이다. '차이니스 타이베이'여야만 한다. IOC 규정이 그렇다(이는 물론 중국의 압박이 작용한 결과다). 해당 방송사는 논란을 의식한 듯 현재 다시 보기 영상에서는 모든 선수단의 국가 표기 한글 자막이 아예 없는 채로 제공되고 있다.

여기에 그치지 않았다. 또 다른 방송사의 화면에서는 '차이니스 타이베이'로 표기해 국제 기준을 충족한 듯 보였지만, 이 역시 일부 중국인들의 입방아에 올랐다. 문제가 된 것은 자막의 '수도: 타이베이' 부분이다. 수도는 나라에 쓰는 단어인데, 중국의 일부 지역인 차이니스 타이베이에 수도를 사용한다는 게 말이 안 된다는 것이다. 실제로 중국 정부는 '타이완'은 물론이고 '타이베이' 역시 독립적 정체성을 드러내는 단어로 보고 국제 무대에서 단독으로 사용하는 것을 금하고 있다.4 너무 디테일한 것까지 꼬투리를 잡는 중국인들이 조금 얄밉기까지 하지만, IOC의 엄연한 규정이니 국제 규범에 소홀할 수도 없는 일이다.

하나의 중국 원칙이 피부에 와 닿지 않아 생긴 또 하나의 사건이 있었다. 2016년, 한국을 찾은 중국 관광객들이 지하철역에 붙은 한국의 한 카드 회사 광고를 웨이보에 올려 중국인들의 항의가 번지기 시작했다. 이 사진을 보면 '아시아 5개국에서 언제나 환영받는 자유로운 여행 카드'라는 광고 문구가 있다. 그 아래로 카드를 잡고 있는 5개의 손이 있고, 그들의 소매에는 각각 '5개국'을 상징하는 국기가 그려져 있다. 혹시 그래도 모를까 봐 손 옆에는 조그만 흰색 글씨로 중국, 일본, 대만, 홍콩, 마카오가 친절히 표기되어 있다.

앞서 설명한 내용으로 짐작할 수 있을 것이다. 5개국에 중국과 일본은 들어간다. 대만은? 대다수 대만인들이야 당연히 대만을 국

☆ 아시아 5개국 여행 카드, 무엇이 문제인가?

가로 여기지만, 중국인 입장에서 대만은 국가가 절대 아니다. '대만 국기'가 중국 오성홍기와 함께 떡 하니 놓여 있으니 대만이 중국과는 별개인 나라, 즉 5개국 중 하나로 보인 셈이다. 대륙의 중국인 입장에선 펄쩍 뛸 일이다.

더 문제가 되는 것은 홍콩과 마카오다. 대만이야 보는 사람이 대만인이냐 중국인이냐에 따라 해석이 달라질 여지라도 있지만, 홍콩과 마카오는 이제 엄연히 중국의 한 지역이다. 게다가 광고 속 소매에 그려진 깃발 문양은 특별행정구5기로서 일본, 중국 같은 나라의 국기와 동급이 아니다.

쯔위의 학습 효과, 라이관린 해프닝

중국 대륙의 심기를 건들지 말아야겠다는 생각이 지나쳤는지 이번엔 대만인들을 분노케 한 일이 발생한다. 2017년 아이돌 오디션 프로그램 〈프로듀스 101 시즌 2〉의 대만 참가자 라이관린賴冠霖이 그 주인공이다. 그는 자신의 출신을 '중국대만中国台湾'이라고 소개했다.6 중국대만은 대만이 중국의 일부라는 중국의 인식이 담긴 명칭이다. 중국대만이라는 명칭을 절대 사용하지 않는 대만 사람들 입장에서는 매우 기분 상할 화법이다.

쯔위 사태의 학습 효과였을까? 아마 대만이 국가라는 인상을 주지 말아야겠다는 셀프 단속인 것으로 보인다. 대만 현지 매체는 "꼭 그렇게까지 대만 앞에 중국을 붙여야 했나"라며 부글부글 끓었다. 대만 출신 아이돌 쯔위와 라이관린 해프닝은 1992년 한중 수교 후 수십 년간 우리가 잘 알지 못했던 하나의 중국 원칙이 한국에서 어떻게 영향력을 미치는지 보여준 대표적 사례다.

그러면 대만 연예인은 자신의 출신을 어떻게 말해야 하나? 호칭 문제는 사실 당사자들에게도 어렵다. 이 문제는 뒤에 나오는 '중국을 중국이라 부르지 못하는 이유' 편에서 좀 더 자세히 살펴보도록 하자.

중국의 일부인 홍콩은 왜 올림픽에 출전할까?

국제 스포츠 경기에서 우리는 홍콩과 중국의 대결 장면을 심심치 않게 본다. 그런데 이상하지 않나? 1997년 홍콩의 주권이 중국에 인수되어 엄연히 중국의 일부가 되었는데 왜 여전히 독립적으로 국제 대회에 출전해 중국과 경기를 할까? 바로 중국의 일국양제─国两制 방침 때문이다.

중국이라는 큰 울타리에 두 종류의 체제를 인정하고 끌어안겠다는 평화 통일 정책이 일국양제(하나의 국가, 두 체제) 방침이다. 그 대상은 홍콩, 마카오, 대만이다. 1980년대 중국 지도자 덩샤오핑이 내놓은 정책으로 1997년과 1999년 홍콩과 마카오를 각각 영국과 포르투갈로부터 평화적으로 돌려받기 위한 전략이었다. 오랜 세월

	한국어	영어	중국어
대만	차이니스 타이베이	Chinese Taipei	中华台北
홍콩	중국홍콩	Hong Kong, China	中国香港
마카오	중국마카오	Macau, China	中国澳门

중국과는 전혀 이질적이었던 체제가 바로 사회주의 체제로 편입되었을 때의 충격은 현지 주민이나 정부 모두에게 부담스러운 일이다. 중국 정부는 홍콩, 마카오의 심리적 저항감을 줄이기 위해 중국에 귀속되더라도 기존 정치경제 체제를 존중해 고도의 자치를 누리게 하겠다고 약속했다. 이 방침은 사실 최종적으로 대만을 향한 것이다. 홍콩과 마카오에 최대한 자치권을 허용하고 기존 시스템을 존중하면 대만을 평화적으로 흡수 통일하기 위한 좋은 선례가 되기 때문이다.

홍콩이 1997년 중국의 일부가 되었음에도 올림픽이나 아시안게임에 독자적으로 나갈 수 있는 것7은 일국양제의 세부 방침에 따라 고도의 자치권은 물론 스포츠 행사 같은 국제 활동 참여도 가능하기 때문이다. 물론 홍콩이 아닌 '중국홍콩'으로 출전한다. 깃발도 홍콩특별행정구기이지 홍콩 '국기'로 오해해서는 안 된다. 명칭에서 우리는 습관적으로 홍콩을 쓰긴 하지만 국제 대회에서 정식 명칭은 'Hong Kong, China', 중국홍콩中国香港이다.

중국을 중국이라 부르지
못하는 이유

"A항공은 구인 광고 포스터에 대만, 홍콩, 중국을 나란히 병기하여
중국 네티즌과 관영 매체의 항의를 받았다." 2018년에 실제 있었던
일이다. 다른 사건 정황은 일단 접어두고 이 사실 자체만 들여다보
면, 이게 무슨 상황인지 이해가 잘 안 된다. 대만, 홍콩, 중국을 나란
히 병기하면 안 된다니? 이게 왜 항의를 받을 일이지? 일단 포스터
내용을 들여다보자. 국내 대학에 재학 중인 외국 유학생들 대상으
로 SNS 서포터를 모집하는 그 포스터에는 모집 대상이 다음과 같
이 적혀 있었다.

Japanese / Vietnamese / Taiwanese / Chinese / Hongkong people
in Korea

한국에 거주하는 일본인 / 베트남인 / 대만인 / 중국인 / 홍콩인

문제가 된 부분은 '대만인 / 중국인 / 홍콩인'이다. 대만인, 중국인, 홍콩인 모두 중국인인데, 어떻게 이런 식으로 표기하느냐는 것이 중국 입장이다. 그런데 우리 미디어나 중국 모두 '대만과 홍콩을 중국과 나란히 병기해서 문제가 됐다'는 입장만 말하지, 어떻게 표기하라는 것인지 설명이 없다.

나란히 쓰지도 말라면 대만인과 홍콩인을 콕 집어 언급해야 할 때는 도대체 어떻게 쓰라는 거지? 아예 대만, 홍콩은 입에 올리지도 말라는 것인가? 궁금증은 꼬리를 물고, 결국 '뭐든지 못하게 하는' 중국에 비호감만 남는다.

중국, 홍콩, 마카오, 대만의 관계와 명칭

홍콩과 마카오는 각각 1997년과 1999년에 중국의 품으로 돌아갔다. 점령 기간이 길게는 150여 년에 달하다 보니 아무래도 그 잔상이 길게 남아서 그렇지, 지금은 중국의 한 지역이다. 중국(대륙)인들이 대만을 보는 입장도 마찬가지다. (대만인들의 의사와는 상관없이) '하나의 중국' 원칙에 따라 중국의 일부분이다. 따라서 중국인의 머릿속에 있는 중국, 홍콩, 마카오, 대만의 관계는 다음의 그림과 같은 모습이라고 할 수 있다.

● **중국인 머릿속의 중국, 홍콩, 마카오, 대만 관계도** ●

이 그림은 중국 사정을 조금이라도 아는 사람에게는 특별할 것도 없다. 그런데 이 관계도가 대만, 홍콩(또는 마카오)을 중국과 같이 병기하면 안 되는 이유를 단적으로 보여준다. 여기서 빠진 설명은 바로 '레벨'이다. 이게 무슨 말일까?

중국, 홍콩, 마카오, 대만을 같이 언급해야 하는 경우가 있다고 하자. 여기서 중국은 국가명이다. 국가명인 중국과 (중국인에게는) 지역 이름인 홍콩(마카오)과 대만을 동일선상에 쓰면 홍콩(마카오)과 대만은 국가인 중국과 같은 레벨인 '국가명'이 된다(32쪽 그림). 이 그림은 중국인이 받아들이기 힘들다. 마치 부산, 제주를 한국과 같은 레벨로 두는 것과 비슷하다고 할까. 그러면 어떤 명칭을 써야 할까?

● 중국, 홍콩(마카오), 대만을 같이 언급할 경우의 관계도 ●

중국 = 홍콩 마카오 = 대만

홍콩(마카오)과 대만은 개별적으로 부를 때는 홍콩(마카오), 대만을 그대로 쓰면 된다. 이때는 지역명으로 사용되는 경우다. 단, 이는 중국과 함께 언급하지 않는 경우에 한해서다. 홍콩(마카오), 대만이 '중국과 대만', '중국과 홍콩(마카오)', '중국, 홍콩, 마카오, 대만'과 같이 중국과 함께 나올 경우는 얘기가 달라진다. 중국과 홍콩/마카오/대만 두 그룹 중 한쪽은 명칭을 바꿔야 한다. 어느 쪽을 바꿔야 할까? 바로 중국이다. 지역명인 홍콩(마카오)과 대만을 국가 레벨로 격상시킬 수 없으니 국가명인 중국을 지역명으로 바꿔서 홍콩(마카오) 또는 대만과의 레벨을 맞춰야 한다.

우선 중국과 홍콩(마카오)을 같이 언급해야 할 경우, 중국은 그림과 같이 바꿔 불러야 한다(33쪽 위 그림). 내지內地. 네이디 는 우리말로 내륙이다. 바닷가에 면한 홍콩, 마카오 입장에서 내지는 중국 내륙을 일컫는 지리 명사이지만, 중앙 정부를 지칭할 때도 사용한다. 중국은 홍콩, 마카오를 함께 언급할 때 '내지와 홍콩(마카오)內地与香港(澳门)'

● 중국과 홍콩(마카오)을 같이 언급해야 할 경우 ●

내지

홍콩
마카오

중국과 홍콩(마카오) ×

↓

내지와 홍콩(마카오) ○

● 중국과 대만을 같이 언급해야 할 경우 ●

대륙

대만

중국과 대만 ×

↓

대륙과 대만 ○

이라고 한다.**8** 중국과 대만이 함께 나올 경우에는 중국을 어떻게 부를까? 내지는 대만과의 관계에서는 쓰지 않는다. 이 경우엔 섬인 대만에 상응하는 대륙大陆. 따루을 사용해 지리적 레벨을 맞춘다(바로 위 그림).

정리하면, 중국과 홍콩(마카오), 대만을 병기하면 안 된다는 것은 홍콩(마카오), 대만을 아예 사용하지 말라는 것이 아니라 중국을 지리 명사로 바꿔서 불러달라는 얘기다. 여기서 내지나 대륙은 우리말의 '본토'와 가깝다. 그러면 다시 처음의 구인 광고 포스터 이야기로 돌아가보자. 해당 문구는 항의를 받은 후 이렇게 바뀌었다.

Who came from Japan / Vietnam / Shandong-Hong Kong-Taiwan
일본, 베트남, 산둥-홍콩-타이완 출신

뜻밖에도 이번엔 중국인이 '산둥(지역)에서 온 사람'으로 바뀌었다. 왜 많고 많은 지역 중에 특별히 산둥을 썼는지는 잘 모르겠지만, 아마도 홍콩, 타이완과 지명 레벨을 맞추고 중국, 중국인과 멀리 떨어져 논란을 피하려고 쓴 표기법으로 보인다. 보통 이렇게 홍콩, 대만 등 여러 지역과 중국이 함께 나올 경우, 중국을 중국 대륙中国大陆, China mainland 으로 바꾸면 된다. 말하는 사람이 중국인일 경우에는 흔히 중국을 떼고 '대륙, 홍콩, 대만'으로 말하기도 한다.

양안과 대중화지역

'중국 대륙과 대만'의 관계를 가리키는 별도의 호칭도 있다. 바로 양안兩岸이다. 양안의 사전적 의미는 바다나 강이 지나가는 양쪽의 기슭을 말한다. 대만 해협을 사이에 두고 중국 대륙과 대만의 양쪽

해안이 마주보고 있는 지리적 형태에서 비롯된 말이지만, 지금은 중국 대륙과 대만의 정치·경제적 관계를 언급할 때 주로 쓰인다. 대륙과 대만 어느 한쪽도 정치적으로 불편하지 않은 중성적 단어다. 한편, 양안을 보여주는 지도도 제작자가 누구냐에 따라 명칭이 미묘하게 달라진다. 다음의 사진들을 살펴보자.

그림 ①과 ②를 자세히 보면 중국 대륙은 CHINA 또는 중국으로, 대만은 TAIWAN 또는 대만으로 동시에 표기되어 있다. 미국에서 만들었기 때문이다. 중국에서 만든 지도는 중국과 대만을 절대 함께

● 양안 관계를 보여주는 지도들 ●

① CIA 위성 촬영 양안 지도

② 구글어스의 양안

③ 바이두 지도의 양안

④ 중화인민공화국 지도

大中华地区	대중화지역	
中国大陆 중국 대륙		香港君悦酒店
Cours et Pavillons 全新礼選		香港尖沙咀凯悦酒店
Honor Resort Yun Shu Dali 全新礼選		香港沙田凯悦酒店
三亚中心凯悦嘉轩酒店		
三亚太阳湾柏悦酒店		**澳门特区** 마카오 특구
三亚海棠湾君悦酒店		澳门君悦酒店
上海五角场凯悦酒店		
上海嘉定凯悦酒店		**台湾** 대만
上海外滩茂悦大酒店		Hotel Éclat Taipei 全新礼選
上海天山广场凯悦嘉轩酒店		The Walden 全新礼選
上海崇明金茂凯悦酒店		Union House Lukang 全新礼選
上海新天地安达仕酒店		台北君悦酒店

☆ 하얏트 호텔 중문판 홈페이지. 중국 대륙, 마카오, 대만을 모두 아울러 대중화 지역으로 표기했다.

표기하지 않는다. '중화인민공화국'은 있지만 대만에 '대만' 표기가 없거나(그림 ③), 대만을 표기하되 푸젠, 저장, 광둥처럼 중국의 한 성省으로 간주해 표기하는 식이다(그림 ④).

한편, 우리가 흔히 말하는 '중화권'과 비슷한 의미의 '대중화지역 大中华地区'이란 말도 있다. 지리적으로 중국 대륙, 홍콩, 마카오, 대만을 가리키지만, 비즈니스 분야에서 유용하게 쓰일 수 있다(위 하얏트 홈페이지 그림 참조).**9** 앞서 설명한 것처럼 '중국' 명칭을 한번 잘못 썼다가는 경제적 피해까지 입을 수 있기 때문에, 이들 지역에 사업장이 있거나 소비자를 대상으로 하는 기업은 대중화지역 사용을 참고해볼 만하다.

여전히 헷갈리는 명칭 사용법

• **사례 1. 대만인의 출신 말하기**

지금까지는 홍콩(마카오), 대만이 중국과 함께 언급될 때 중국 명칭을 바꿔야 한다는 것을 설명했다. 그런데 문제는 이뿐만 아니다. 대만을 단독으로 언급할 때도 신경 써야 할 일이 한두 가지가 아니다. 앞의 '대만 국기, 홍콩 국기' 편에서 소개한 라이관린의 해프닝이 대표적인 예다.

대만을 '정치적으로 올바르게' 부르도록 하기 위해 중국이 발표한 자료에 따르면,**10** 국제 외교 무대가 아닌 이상, 사실 대만을 '대만'으로 불러도 무방하다. 이때는 지역 이름으로 간주된다. 많은 중국인들도 대만을 부를 때 귀찮게 일일이 '중국대만'(1장 중 '대만 국기, 홍콩 국기' 편 참조)이라고 말하지 않는다.

문제는 대만 유명인이 공개 석상에서 출신을 밝혀야 할 때다. 중국인들이 '하나의 중국'이라는 정치적 잣대를 깐깐히 들이대기 때문이다. 중국 대륙과 대만 눈치를 봐야 하니 대만 연예인들이 출신을 밝히는 것(특히 중국 대륙에서 활동하는 경우)은 여간 어려운 일이 아니다. 이들은 어떻게 자신의 출신을 밝힐까? 보통 아래 세 종류로 나눌 수 있다(○, △, ×는 중국 입장에서 받아들이는 선호도이며, 대만 입장은 이와 반대로 생각하면 된다).

1. 나는 중국대만에서 왔다 我来自中国台湾. (○)

'중국대만'은 대만이 확실히 중국에 편입되어 있다는 단어로, 중국 대륙에서는 바람직하게 여기지만 대만에서는 굴욕적으로 느낄 수 있다.

2. 나는 대만에서 왔다 我是来自台湾的. (△)

　나는 대만인이지만, 중국인이기도 하다 我是台湾人. 也是中国人. (△)

둘 다 보는 이의 시각에 따라 해석이 달라질 수 있는 모호한 표현이다. 첫 번째 문장의 대만을 베이징, 상하이처럼 지역명으로 본다면 그냥 넘길 수 있지만, 엄격한 기준을 가진 대륙인이라면 독립적인 국가로 인식해 발끈할 수 있다. 두 번째 문장의 '중국인'은 두 가지 함의로 해석될 수 있다. 하나는 중화 민족의 문화·역사·정신을 공유한 사람들, 다른 하나는 정치적인 의미로 중화인민공화국 인민을 뜻한다. 중국에서는 '중화인민공화국인'으로 보기 때문에 이 표현을 긍정적으로 받아들이는 분위기다. '돈이 궁해졌나 보네. 중국에 잘 보이려는 거 보니'라며 비아냥거리는 사람들도 있지만, 이 역시 중화인민공화국인이라는 전제하에서 보는 시각이다. 대만에서는 대만 독립을 지지하는 쪽은 받아들이기 힘든 표현이고, 현실주의자들은 '중화민족 사람' 또는 '중화민국(대만의 국호)인'의 줄임말로 해석하면 틀린 말도 아니라며 수용하기도 한다.

3. 나는 대만인이다 我是台湾人. (×)

'대만인' 역시 대만 지역 사람과 독립국가의 국민 두 경우로 해석이 가능하지만, 공개된 장소에서 대만인이라고 하면 많은 경우 대만 독립 지지자로 받아들인다.

　사실 대만인들의 정체성 인식은 좀 복잡하다. 물론 전체적으로 보았을 때 자신이 중국인이 아닌 대만인이라 생각하는 사람이 대다수다. 이들에게 '당신은 중국인인가?'라고 물어보는 건 금기시해야 할 일이다. 자신을 오직 중국인으로만 규정하는 대만인은 여전히 소수이기 때문이다. 하지만 연령층, 정치 성향에 따라 정체성이 엇갈리는 것도 사실이다. 독립 성향의 민진당 지지자들은 대만인 정체성이 압도적이고, 국민당 지지자들은 '대만인이자 중국인이다'라는 정체성을 지지한다.

　재미있는 것은 집권당 성향과 여론이 반대로 움직인다는 것이다. 국민당의 마잉주 전 총통 집권 시기에는 적극적인 친중 정책에 많은 사람들이 '나는 대만인이다'라고 반발했고, 민진당의 차이잉원 총통이 집권하고 있는 현재는 오히려 '대만인이자 중국인이다'고 생각하는 사람들이 증가하고 있다는 점이다. 2017년 말 대만정치대학이 진행한 설문조사에 따르면, 경제활동의 주축인 30~50대 연령층에서 '대만인이자 중국인이다'라고 응답한 사람이 유독 많다.[11] 경제적으로 중국을 무시할 수 없는 현실을 뼈저리게 체감하고 있기 때문은 아닐까.

　대만인들의 이런 복잡 미묘한 심리 상태는 지난 2018년 있었던 국민투표에서 드러났다. 올림픽에서 늘 '차이니스 타이베이'라는 이름으로 출전해야 하는 굴욕적인 상황에 대만인들이 반기를 들었다. 2020년 도쿄올림픽 때 타이완 이름으로 출전하자는 서명 운동이 일어났고, 이는 시민들의 호응을 얻어 국민투표까지 실시하게 되었다. 2018년 11월 24일 실시된 국민투표 결과는 어떻게 되었을까? 뜻밖에도 '타이완'으로 바꾸자는 요구는 실현되지 못했다. 전체 유권자의 25퍼센트 이상 동의해야 하는데 찬성 투표율이 24.3퍼센트를 기록하여 근소한 차이로 좌절되고 만 것이다.[12]

이 국민투표는 명목상 국제 스포츠 대회에서 참가국명을 바꾸는 것을 묻는 투표였지만, 본질적으로는 대만인들의 독립 의지를 살펴보는 리트머스시험지이기도 했다. 대만 독립 성향의 차이잉원 후보가 2016년 총통으로 당선된 이후, 중국 대륙은 대만 농수산물 수입을 전면 중단하는 등 경제적 압박을 가해온 터라 차이잉원 정부에 대한 국민들의 피로도가 꽤 컸던 것으로 보인다. 변화보다 경제적 안정을 선택한 것이다.

• **사례 2. 차이나 + 타이완 = 차이완?**

한때 차이완chiwan이 한국 언론에 자주 오르내렸던 적이 있다. 차이나china와 대만taiwan을 합성한 말로 마잉주 전 대만 총통 시절 중국 본토와 활발한 경제협력을 하면서 만들어졌다. 이 말 역시 중국과 대만을 같은 국가 레벨로 본 작명법이다. 중국에는 없는 말이고, 안다 해도 사용을 권하지 않는다. 독립 성향의 민진당이 집권하고 있

는 현재, 대만과 대륙과의 관계가 한참 냉각되어 차이완이라는 말
이 쑥 들어갔지만, 향후 대륙-대만 간 경제 교류가 활발해지면 다
시 등장할 수도 있다. 중국과 커뮤니케이션할 때에는 차이완 대신
양안경제兩岸经济 정도로 사용하면 무난하다.

또한 중국은 대만을 국가로 인정하지 않기 때문에 국가를 연상
시키는 그 어떠한 표현도 인정하지 않는다. 대표적으로 대만 총통
을 중국에서는 대만 지역 지도자台湾地区领导人 로 반드시 바꿔 부른
다. 하지만 텍스트에서 불가피하게 직함을 언급해야 할 경우에는
따옴표를 붙여 "총통总统"으로 쓴다. 따옴표에는 '우리는 인정하
지 않지만 너희들이 그렇게 부르는 소위 총통'이라는 뜻이 내포되
어 있다. 이는 총통뿐만 아니라 국회에 해당하는 입법원, 행정 기구
인 행정원 같은 모든 정부 기구나 직함에 적용된다.

• 사례 3. '국가와 지역'을 기억하자
세계적 호텔 체인인 메리어트 호텔이 중국 고객을 대상으로 다음과
같이 설문을 올렸다가 중국인을 화나게 했다.[13] 중국인 입장에서
보았을 때 무엇이 잘못되었을까?

질문: 당신의 거주 국가는 어디입니까?
국가: 미국, 일본, 중국 대륙, 마카오, 홍콩, 대만, 티베트

그렇다. '국가'로 물어보려면 마카오, 홍콩, 대만, 티베트가 있으면 안 된다. '중국 대륙'도 지역 명칭이라 어울리지 않는다. 말이 되려면 다음과 같이 바꿔야 한다.

질문: 당신의 거주 국가는 어디입니까?
국가: 미국, 일본, 중국

거주지 응답에서 중국 대륙, 대만, 홍콩, 마카오를 모두 포기하기 힘들면 아래와 같이 질문을 바꿔야 한다.

질문: 당신의 거주 '국가와 지역'(또는 그냥 '지역')은 어디입니까?
'국가와 지역'(또는 그냥 '지역'): 미국, 일본, 중국 대륙, 마카오, 홍콩, 대만

이 경우 반드시 '국가와 지역國家和地区'을 써야 하고, 국가에 대한 논란 자체가 싫다면 국가도 빼고 아예 '지역'만 써도 된다. 예를 들어 '중국, 대만, 홍콩, 한국 등 아시아 국가'와 같은 표현이 있다고 치자. 중국인과 대화한다면, 문장 맨 뒤의 −국가를 '국가와 지역' 또는 '지역'으로 말해야 한다.

마지막으로 티베트다. '국가와 지역'으로 질문해도 거주지 리스트에 티베트가 들어가는 건 매우 민감한 문제다. 이 문제는 2장 〈양보할 수 없는 국가 주권 문제〉에서 좀 더 자세히 살펴보겠다.

2019,
소년 홍콩 [14]

2019년 여름, 홍콩이 뒤집어졌다. 경찰이 쏜 고무탄에 맞아 학생들이 다쳤고, 분노한 홍콩 시민 200만 명이 거리로 쏟아져 나왔다. 홍콩 주민 3명 중 1명이 시위에 참여한 셈이다. 홍콩 역사상 최대 규모다. 며칠 후 시민들의 투신 사망이 잇따랐다. 홍콩의 중국 반환 22주년 기념일이었던 7월 1일에는 청년들이 입법회(의회) 외벽을 부수고 들어가 점거하는 사상 초유의 사태가 벌어졌다.

무엇이 이들을 화나게 했을까. 방아쇠를 당긴 건 '범죄인 인도 조례'다. 이 법안이 통과되면 경우에 따라 홍콩 범죄인이 중국 본토로 송환되어 중국의 사법 체계에 의해 처벌받을 수 있게 된다. 홍콩 시민들이 결사적으로 반대하고 나선 이유다. 이 문제를 관통하는 핵심에는 일국양제를 둘러싼 중국 본토와 홍콩의 동상이몽이 있다.

중국은 1997년 영국으로부터 홍콩의 주권을 돌려받으면서 50년간 홍콩의 고도 자치를 약속했다. 덩샤오핑邓小平이 제안한 일국양제 원칙에 따라, 홍콩은 자체적인 입법, 사법, 행정, 최종심판권을 갖고 있다. 중국의 일부가 되었지만 마치 '독립국가'처럼 보이는 건 바로 이 때문이다.

문제가 된 범죄인 인도 조례를 살펴보자. 홍콩 형법은 홍콩 내에서 발생한 범죄에 대해서만 처벌할 수 있다. 이 '속지주의'의 구멍을 확인한 사건이 있었다. 2018년 대만에서 여자 친구를 살해하고 홍콩으로 돌아온 남자가 홍콩에서 살인죄로 처벌받지 못하게 된 것이다. 사건이 발생한 대만으로 돌려보내 재판을 받게 하려 해도 대만과 범죄인 인도 조약이 체결 안 되어 보낼 수도 없었다. 이 사건을 계기로 범죄인 인도 조례 입법화가 추진되었다.

현재 홍콩은 미국, 영국 등 세계 20여 개 국가 및 지역과 범죄인 인도 조례를 맺고 있지만, 중국 본토와 대만, 마카오와는 체결되어 있지 않다. 조례가 통과되면 사안에 따라 대만, 마카오, 중국 본토에 홍콩 범죄인을 인도할 수 있게 된다. 홍콩 시민들이 걱정하는 것이 이 지점이다. 중국 정부의 간섭이 결국 고도의 자치를 약속한 일국양제를 훼손하게 될 것이라는 게 홍콩인들의 생각이다.

애국심과 시민의식의 충돌

이 조례가 없어도 중국 지도자의 치부를 다룬 책을 판매한 서점 관계자가 중국 정부에 의해 납치되거나, 언론인이 괴한으로부터 테러를 당하면서 언론·사상의 자유가 지속적으로 위협받고 있던 터였다. 조례가 도입되면 중국이 얼마나 당당하게 정부에 비판적인 시민을 끌고 가겠느냐는 것이다. 중국 쪽의 '공식적인' 간섭은 그전에도 쭉 있었다.

후진타오胡錦濤 집권 시기인 2003년, 홍콩기본법에 '국가안전법' 삽입을 시도했다. 우리로 치면 국가보안법이다. 언론 검열을 포함해 집회·결사의 자유를 제한하고, 반국가 행위자의 체포 및 수색을 허용하는 것이 골자다. 홍콩 체제 보장의 근간을 흔드는 내용이다. 물론 홍콩 시민 50만 명이 들고 일어나 저지하면서 무산되었다. 시진핑 정부 들어서는 중국의 개입이 더 빈번해지고 있다. 중국 국가가 연주될 때 모욕적인 행동을 하면 실형이나 벌금형에 처할 수 있도록 한 '국가법國歌法'(2017년 제정)을 홍콩에 적용하려는 움직임이 있어 홍콩인 분노 유발의 또 다른 뇌관이 되고 있다.

홍콩은 각지에서 피난해 들어온 이주민들이 모여 만든 도시다. 게다가 150년간 영국 식민 통치를 받았으니 '국민'과 '민족주의' 정체성이 형성되기 힘든 구조다. 대신 인권, 자유, 민주, 법치의 가치가 우선인 시민의식이 뿌리 깊다.[15] 그런데 어느 날부터 '중국인(중화인민공화국인)'으로서 민족의식과 애국심을 가질 것을 요구하니,

참 난감한 일이다.

2012년, 결국 사달이 났다. 홍콩 당국은 중국 본토식 국민교육 과목 도입을 추진했다. 수업 지침에 이런 내용이 있었다. "정당이 파벌로 나뉘어 싸우면 인민이 피해를 본다政党恶斗, 人民遭灾." 일당 체제인 중국공산당 체제가 바람직한 제도라는 취지다. 홍콩인들의 강한 반발에 국민교육 도입은 결국 철회됐다.

홍콩인들은 덩샤오핑이 약속했던 '홍콩은 홍콩인이 통치한다'는 항인치항港人治港 원칙을 지키라고 요구한다. 지도자를 우리 손으로 직접 뽑게 해달라는 요구다. 이에 중국이 2014년 '직선제' 안을 내놓았다. 하지만 내용을 들여다보니 반대파 후보는 아예 입후보가 힘들고, 중앙정부 입맛에 맞는 인사만 후보가 될 수 있게 설계를 해놓아 누가 당선되더라도 친중파 인사다. 이게 무슨 '항인치항'이냐며 제대로 된 직선제를 요구했던 것이 바로 2014년 우산혁명이다.

중국 정부의 생각은 이렇다. '홍콩인이 홍콩을 통치하지만, 이 홍콩인은 반드시 애국자여야 한다'고. 중국 당국이 말하는 애국자란 '우리 민족을 존중하는 자'로, 반대 의견을 내는 사람은 절대 애국자가 아니고 지도자는 더더욱 될 수 없다고 못 박는다. 덩샤오핑이 언급한 항인치항에는 이런 조건도 있다. "고도의 자치도 한계가 있지, 다 맡겨놓고 중앙에서 손 놓고 있으면 안 된다." 1997년 이후 상황을 이미 다 예견한 듯한 치밀함이 엿보인다. 분열을 가장 경계하는 중국 당국이 반대파가 지도자가 될 수 있는 자유 직선제를 허용하는 건 아무래도 힘들어 보인다.

문제는, 경제다!

"홍콩 시위가 범죄인 인도 조례 철폐를 외치지만, 사실 경제적인 문제가 근본적인 이유 아닐까요?" 200만 명 시위 후 만난 한 재홍콩 한국인 사업가의 말이다. 홍콩 경제가 중국 자본에 잠식당하면서 쌓였던 불안과 불만이 터졌다는 것이다.

1997년 주권 반환 직후인 1998년 아시아 금융 위기, 2003년 사스 사태 등으로 홍콩 경제가 위기를 맞을 때마다 중국이 대거 자금을 풀어 구원투수 역할을 했다. 또 본토인의 홍콩 관광을 허용하면서 내수 경기가 활성화되기도 했지만, 중국 의존도가 심해져 중국 경기에 울고 웃는다. 중국 경제가 침체되거나, 정부 차원의 부패 단속이 펼쳐지면 본토 관광객이 급감하면서 홍콩 소매업도 죽을 쑤는 식이다. 금융 도시로서의 위상도 위협받고 있다. 중국이 국가적으로 팍팍 밀어주는 상하이가 무섭게 금융 허브로 크고 있어 위기감이 크다. 2019년 3월 세계 도시 금융 경쟁력 순위에서는 뉴욕, 런던에 이어 3위를 차지했지만, 싱가포르와 상하이가 그 뒤를 바짝 뒤쫓고 있다.

시민들을 가장 좌절하게 만드는 건 주택 문제다. 부자들이나 살 수 있는 일반 아파트를 본토인이 몰려들어 사들이는 통에 집값이 더 올랐다. 자격 요건을 갖춘 저소득층만 입주할 수 있는 임대주택 역시 본토인들이 몰려들어 경쟁이 치열하다. 가장 죽을 맛인 건 애매한 중산층이다. 부자와 빈자로 양극화된 주택 시장에 이들이 설

자리가 없다.**16** 3대가 몸을 구겨 넣고 살아가는 비좁은 아파트에서 나와 내 자녀가 독립해서 따로 집을 마련할 수 있을까? 부모와 청년이 함께 거리로 나온 이유이기도 하다.

당신은 어느 나라 사람입니까?

다원화된 환경에서 살아온 홍콩인들은 사상, 이념, 국가, 민족 정체성을 강요받을수록 '나는 어디에도 속하지 않는 그냥 홍콩인'이라는 반발 심리도 함께 커지는 듯하다. 홍콩대학이 2019년 6월 발표한 설문조사도 이를 반영한다. 조사에 따르면, 자신의 정체성을 홍콩인이라고 응답한 경우는 8.61점으로, 1997년 주권 반환 후 진행된 조사 중에서 가장 높은 수치를 기록했다. 반면, 중국인 정체성은 5.87점으로 1997년 이래로 가장 낮은 점수를 기록했다.**17** 본토인, 홍콩인이 함께 있는 경우라면 국가 정체성을 묻지 않는 게 좋다. 애국심과 민족의식이 강한 본토인 앞에서 시민의식이 강한 홍콩인에게 국가 정체성을 묻다가 자칫 두 사람에게 싸움을 붙일 수도 있기 때문이다.

'범죄인 인도 조례'라고 소개된 법안은 중국어로 '도망범 조례逃犯条例'(도망범죄인 및 형사사안 상호법률협조법례 조례의 줄임말)다. 법안의 핵심 취지를 드러내기 위해 '인도'를 넣은 것으로 보인다. 하지만 인도는 국제법 용어로, 사법 공조가 이루어진 국가 간 범죄인 이

송에 사용된다. 중국 본토, 홍콩, 마카오처럼 국가 관계가 아닌, 한 울타리 관계에서는 인도 대신 '송환'을 사용한다. 특히 중국은 본토-홍콩(마카오)의 관계가 행여나 국가 간 행위로 비칠 수 있는 용어에 매우 민감하다.

2장

양보할 수 없는
국가 주권 문제

티베트는
'중국의 소수민족'

장면 1. 2008년 4월

베이징 올림픽 성화 봉송 이벤트가 서울에서 진행되던 날이다. 타국에서 열리는 자국 올림픽 성화 봉송 행사를 응원하기 위해 수많은 중국인들이 몰려들었고, 국내외 미디어의 카메라가 행사를 찍기에 바쁘다. 자국에서 치러지는 올림픽에 대한 뿌듯함과 애국심으로 한껏 고취된 중국 유학생과 군중들 사이로 '티베트에 자유를', '중국은 티베트 인권 탄압을 중지하라' 같은 구호가 울려 퍼지기 시작한다. 이 말에 흥분한 중국인들과 구호를 외치는 사람들 간에 충돌이 빚어졌고, 일부 한국인들도 중국인들에게 집단 구타를 당하는 장면이 TV를 타고 안방에 전달된다.

장면 2. 2018년 11월

한 대학교에서 외국인 학생 교류 행사를 열었다. 우정을 다지자는 취지에서 나라별 부스를 만들어 민속, 음식 등 문화를 홍보하는 자리였다. 그런데 이 행사가 SNS를 타고 중국에 알려지면서 일부 중국 네티즌과 매체가 발끈했다. 그 부스가 내건 현수막 때문이었는데, 이렇게 적혀 있었다. Tibet & India. 글자 옆에는 티베트 깃발과 인도 국기 사진이 나란히 인쇄되어 걸려 있기까지 했다. 중국 학생들은 화가 났고, 주한 중국 대사관까지 학교 측에 이의를 제기한다. 서둘러 학교가 사과하자, 이번엔 일부 한국 학생들이 왜 중국에 비굴하게 구느냐며 항의한다.

티베트 얘기만 나오면 정색하고 화내거나 심지어는 폭력적인 모습까지 불사하는 중국인들. 우리에게 티베트 문제는 화난 중국의 모습을 떠올리는 것으로 시작하지 않을까 한다. 하지만 성화 봉송 당시나 10여 년이 흐른 지금이나 티베트 귀속 문제에 대한 중국의 입장은 변함이 없다. 무엇이 쟁점이 되는지, 민감한 문제는 무엇인지 한번 들여다보자.

하나의 역사, 서로 다른 해석

티베트는 중국에 속해왔다, 아니다 별개의 국가였으니 주권을 돌려받아야 한다, 이것이 티베트 논쟁의 핵심이다. 물론 중국 내부에서는 논쟁 대상이 아닐뿐더러 될 수도 없다. 티베트가 중국이 아닌 독립 지역이라는 건 상상조차 힘든 일이다.

이 논쟁은 주로 중국 밖의 세계에서 존재했는데, 수십 년에 걸쳐 '티베트 독립파와 이들을 지지하는 서구 세계 대 중국(인)' 구도가 형성되어왔다. 이 갈등의 근원은 티베트와 중국의 관계를 보는 역사 해석에서 시작된다. 티베트의 역사적 귀속 문제를 두고 중국과 티베트 독립파가 가장 첨예하게 대립하는 부분은 바로 원나라 왕조와 티베트의 관계다.

티베트 독립을 주장하는 쪽은 티베트 불교 지도자가 원나라 때부터 '종교적 스승' 역할을 해주는 대가로 주권을 인정받은 대등한 관계였다고 설명한다. 이를테면, 티베트 법왕이 원이나 청 황실에 와서 종교적 가르침을 설파하거나 기도를 해주고 티베트 통치권을 '시주' 받은 것으로 여기는 것이다. 일종의 시주하는 신도와 설법해주는 스님의 관계라고 할까. 여기서 양측의 관계는 종속 관계가 아니고 대등하다는 것이 티베트 독립파의 입장이다.

반면, 중국은 종교적 가르침을 대가로 통치권을 주는 그런 관계가 세상에 어디 있느냐고 반박한다. 원나라 때부터 고승에게 통치권을 위임하고 티베트 지역 관리 기구를 설치해 본격적으로 통치해왔고, 청나라 때는 황제가 티베트 종교 지도자를 책봉했을 뿐만 아니라 티베트 주재 고위 관료까지 파견해 실질적인 통치를 했다는 것이 골자다.[1] 물론 티베트 독립파는 파견된 청나라 고위 관료가 일종의 외국 사절이었을 뿐이라고 일축한다. 이외에도 수많은 논쟁점에서 티베트 독립파와 중국은 각각 역사적 근거를 내세워 '대등한 관계다', '종속적 관계다'로 맞서고 있다.

종속적 관계로 보는 시각 외에 중국은 티베트뿐만 아니라 모든 소수민족이 어떻게 중국의 일부분이 되는지 설명하는 강력한 도구를 가지고 있다. 일명 '통일된 다민족국가統一的多民族国家'라는 역사관이다. 중국 영토 내 이민족의 역사를 중국의 역사로 보는 역사 인식이다. 어렸을 때부터 교육을 통해 이러한 역사 인식이 형성된 탓에 중국인들에게는 '티베트는 중국의 일부'라는 생각이 확고하다. 간단히 설명하면 아래와 같은 인식구조다.

중국 역사 > 원나라 > 티베트

즉 원나라는 중국의 역사이며, 그 원나라 때부터 티베트가 종속되기 시작했기 때문에 티베트도 중국 역사의 일부분으로 보는 것이다. 이민족인 몽골족이 세운 원나라가 중국 역사가 된 것은 다음의 통일된 다민족국가 역사관이 간접적으로 설명하고 있다.

> 우리의 위대한 조국은 국내 각 민족이 공동으로 창건한 것이며, 역사적
> 으로 중국의 범위는 중원 왕조의 관할 지역 외에도 각 소수민족과 부족
> 이 건립한 지방 왕조의 관할 지역도 포괄한다.[2]

중원(황허 중하류 주변)을 차지했던 몽골족의 원, 만주족의 청뿐만 아니라 중국 내 모든 소수민족의 역사가 중국의 역사가 되고

중국인이 된 배경이다. 중국 전역의 한족을 제외한 55개 소수민족의 고유한 역사를 별개로 인정할 경우 생기는 분리와 분열의 후폭풍을 미연에 방지하려는 장치로 보이는 것도 무리는 아니다. 소수민족 통합 문제가 국가 운영의 최대 과제였던 중국 정부 입장에서는 '통일된 다민족국가론'이 필요하지 않았을까. 티베트가 중국에 속하지 않는다는 주장을 중국인들이 주권 침해로 받아들이고 흥분하는 데에는 이러한 역사관이 크게 작용했다고 볼 수 있다.

중국이 듣기 싫어하는 말들

티베트를 독립된 국가로 표현하면 중국이 격분한다는 것은 알아도 현실에서는 독립을 상징하는 것이 무엇인지 우리는 감이 잘 안 온다. 앞의 두 번째 장면이 대표적이다. 학생들이 내건 티베트 깃발은 다름 아닌 티베트 망명정부 깃발이다. 당연히 티베트 분리 독립을 상징한다.

티베트 망명정부는 현재 인도 다람살라에 있고 정부 수반은 달라이라마达赖喇嘛다. 중국의 한 공장이 주문받아 제작해 납품한 깃발들이 티베트 망명정부 깃발이었음을 알고 깜짝 놀라 당국에 자진 신고했다는 에피소드가 있을 만큼 티베트 독립과 관련된 상징은 중국에서 엄격히 차단되고 있다. 앞에 나온 학교 행사 관련 기사를 보면 망명정부 깃발 이미지도 모자이크 처리해 올릴 정도로 티베트 망명정부 깃발은 아주 민감한 사안이다.

또 한 가지 중국인이 발끈한 이유는 인도와 티베트를 같이 묶었기 때문이다. 이는 우리가 흔히 중국-인도 접경 지역에 갖고 있는 인식을 잘 보여준다. 우선 티베트 지역은 인도, 네팔, 부탄과 지리적으로 가깝기 때문에 문화적으로 공유하는 부분이 중국보다 많은 것처럼 느껴진다. 그래서 인도와 티베트를 하나의 권역으로 묶은 것으로 보인다.

하지만 인도는 중국과 사이가 안 좋기로 유명하다. 중국인 입장에서는 티베트를 따로 떼어놓은 것도 화가 날 지경인데, 심지어 인도와 함께 엮이니 더 견디기 힘들었을 것이다. 비유하자면 독도와 일본이 하나로 묶인 안내판을 보는 한국인의 심정이랄까. 게다가 눈엣가시 같은 티베트 망명정부가 인도 내에 있으니 이래저래 중국인의 신경이 날카로워질 수밖에 없다.

2008년 성화 봉송 당시 나온 '자유와 인권' 구호도 중국인에게 민감하다. 자유는 티베트를 중국의 속박에서 벗어나게 해달라는 표현이니 독립의 또 다른 표현이라고 할 수 있다. 문제는 '인권'이다. 서방 매체나 국제기구는 중국 당국이 티베트 불교를 억압하고 말살하는 정책을 펴고 있다고 과거부터 끊임없이 고발해왔다. 승려를 강제 환속시키거나 사찰을 부숴 티베트인들의 종교 활동을 제약하고 정부에 비판적인 발언을 하는 티베트인을 감금하거나 폭행하는 활동이 대표적인 인권 탄압의 예다.

중국 입장에서는 당연히 듣고 싶지 않은 비판이다. 단순히 인권에 대한 쓴소리라기보다 인권 문제를 지렛대 삼아 중국과의 다른 문제, 이를테면 경제·무역 문제를 압박하는 수단으로 활용하기 때문이다. 미국 등 서방국가가 티베트 인권 문제를 들어 중국에 다른 이익을 포기하라고 압력을 가하는 것은 중국이 가장 싫어하는 '국가 주권에 대한 도전'으로 읽힌다. 중국은 주권에 대한 간섭은 절대 참지 않겠다고 공언한 바 있다.

1950년 중국 군대가 티베트에 진입한 것도 전 세계는 '무장 침공'이라 부르지만, 중국은 '해방'이라는 용어를 쓴다. 봉건제도에서 노예 상태에 있던 티베트 대중을 귀족 기득권 세력으로부터 해방시켜주었다는 것이다. 실제로 지금도 많은 중국인들이 티베트 독립파들을 노예 같은 삶에서 해방시켜주었는데 은혜도 모르고 조국을 배반하는 사람들이라고 생각한다. 문제는 티베트가 해방시켜달라고 한 적이 없다는 데 있다.

시위를 대하는 어휘도 다를 수밖에 없다. 티베트에서 가장 큰 규모의 시위는 1959년과 1987~89년에 일어났다. 티베트인들의 저항을 우리는 보통 '민중 봉기', '항의 시위', '반중국 독립 시위'라고 부르지만, 중국은 '폭도들의 소요 사태', '약탈 방화 사건', '반란 폭동'으로 부른다. 광주 민주화 운동이 군부독재 시절 '광주 폭동 사태'로 불렸던 것처럼 말이다. 저항하는 자와 막으려는 자의 입장 차이는 이처럼 용어에서 극명하게 드러난다.

꼭 이렇게 둘 중 하나의 용어만 쓸 수밖에 없을까? 어느 한쪽 입장에 서기 어려운 때도 있는 법이다. 문화 교류나 비즈니스 등으로

● 티베트 사태에 대한 한·중의 다른 시각 ●

연도	한국	중국
1950년 10월	인민해방군 무장 침공 (동부 지역 창두)	인민해방군 창두 해방 人民解放军昌都解放
1951년 9월	티베트 무혈 입성	티베트 입성 및 해방 进军解放
1959년	티베트인 봉기 무력 진압	티베트 반란 폭동 평정 西藏平叛: 镇压西藏叛乱/骚乱
1987-89년	라싸 유혈 사태	라싸 소요·폭동 拉萨骚乱
2008년	3.14 반중국 독립 시위	라싸 3.14 약탈 방화 사건 拉萨"3.14"打砸抢烧事件

상대방과 우호적인 의사소통이 필요하지만, 그렇다고 중국의 정치적 수사법을 따르는 것이 영 불편할 수도 있다. 이런 경우 다음과 같은 표현은 대안이 될 수 있을 것이다.

티베트(라싸) 민중 봉기, 반중 시위, 유혈 사태 vs. 반란, 폭동, 폭도 소요 사태
↓
라싸 사건(사태) 拉萨事件

물론 '사건'이라는 말이 양측 모두에게 성에 차지는 않겠지만, 봉기나 유혈 사태 또는 반란이나 폭동은 모두 큰 틀에서 보면 하나의 사건이다. 게다가 중성적 단어라 중국인 대상으로 쓰기에도 별 무

리가 없다.

티베트는 '일국양제'가 적용 안 된다

일국양제는 '하나의 나라, 두 개의 체제'를 인정한다는 의미로, 대상 지역은 홍콩, 마카오, 대만이다. 역사적으로 대륙 본토와는 일찌감치 다른 시장경제와 자본주의, 민주주의 정치경제 시스템을 형성한 이 세 곳의 차별성을 인정해 고도의 자치권을 부여해주겠다는 것이다. 이는 홍콩, 마카오를 상대로 한 통치 전략이자, 향후 대만을 흡수했을 때를 염두에 둔 대만 통일 전략이다.3

그런데 종종 티베트도 일국양제에 포함되는 지역으로 혼동하여 설명되는 경우가 있는데, 티베트는 일국양제 대상이 아니다. 국제적으로 독립 또는 자치 얘기가 자주 거론된 탓으로 보이지만 티베트는 홍콩, 마카오, 대만처럼 다른 체제가 아닌, 1950년 중국이 이 지역을 '해방시켜준' 이래로 중국의 정치·경제·사회 시스템이 그대로 적용되는 지역으로 간주되어왔다. 앞서 1장의 '중국을 중국이라 부르지 못하는 이유(메리어트 호텔의 거주지 설문 응답 리스트. p.42~43)'에서 티베트가 홍콩, 마카오, 대만과 함께 들어가는 게 적절치 않은 것도 이 때문이다. 체제 차별성이 있는 홍콩, 마카오, 대만과 함께 엮이는 것조차 티베트의 '개별성'이 부각되기 때문에 중국으로선 날 선 반응을 보일 수밖에 없다.

달라이라마가
정신적 지주라고?

'전 세계의 영적 스승, 티베트의 종교 및 정치 지도자, 티베트 망명 정부의 실질적 지도자이자 정신적 지주'. 한국이나 해외 매체에서 달라이라마를 소개하는 말이다. 세계적인 존경을 받으며 1989년에 노벨 평화상까지 수상한 그에게는 이처럼 흔히 '티베트의 정신적 지주이자 지도자'라는 수식어가 따라붙는다.

하지만 중국에서 달라이라마를 말할 때는 이런 단어가 사용된다. '분열주의자, 달라이 세력, 정치 중, 망명 티베트인 두목'. 심지어 '가사(어깨에서 겨드랑이 밑으로 걸치는 승려의 법복)를 입은 승냥이'라는 말까지 있다. 언뜻 보기에도 악의에 가득 찬 표현들이다.

'영적 지도자 vs. 승냥이 망명 우두머리'. 달라이라마를 바라보는 외부 세계와 중국의 시선은 이처럼 신성화와 악마화의 양극단으로 나뉜다. 1959년 중국의 탄압을 피해 인도로 도망친 후 티베트 망명 정부를 이끌고 있는 달라이라마는 중국 정부의 눈엣가시다. 독립이 현실적으로 점점 어려워지면서 독립보다는 더 많은 자치권을 부여해달라고 요구하고 있지만, 중국 정부는 이마저도 들어줄 생각이 전혀 없어 보인다. '연로한 달라이라마가 세상을 뜨면 이제 티베트 분열주의자의 구심점이 사라질 텐데, 자치권은 무슨.' 이것이 아마 중국의 속내일 것이다.

그래서 달라이라마의 모든 요구를 반중 세력의 헛소리로 치부하면서 '종교의 탈을 쓴 망명자' 얘기는 귀담아 듣지도 말라고 못 박는다. 달라이라마가 중국 정부가 그토록 싫어하는 '국가 분열의 우두머리'이기도 하지만, 그를 못마땅하게 여기는 데에는 또 다른 이유가 있다.

서구의 스폰서십

해외를 떠돌면서 서방의 반중 세력에 기대어 '종교 지도자'라는 허울을 쓰고 온갖 거짓을 퍼뜨리며 국제 여론을 기만하고 있다. 한때 티베트 불교 지도자였던 그는 오히려 역대 달라이라마의 국가 수호 전통과 종교 교리를 짓밟으며 신도들의 선량한 믿음을 우롱하고 있다. 외부에 망명 정부를 세워 '티베트 독립'을 부채질, 조국 분열을 획책하고 티베트 불교 내부의 단결과 계율을 파괴함으로써 조국, 그리고 티베트인들과도

점점 더 멀어지고 있다.**4**

중국판 '네이버 지식백과'라고 할 수 있는 바이두백과百度百科에 소개된 달라이라마에 대한 평가다. 그의 여러 '죄목' 중에서도 눈여겨볼 만한 것은 "서방의 반중 세력에 기대어"라는 부분이다. 서방의 반중 세력은 대표적으로 미국을 가리킨다. 반대파에 자금이나 무기를 지원해서 정부 체제를 약화시키는 것은 미국의 고전적인 이이제이以夷制夷 전술로 알려져 있다. 냉전 시기였던 1960년대 이미 미국 CIA가 티베트 독립운동에 매년 170만 달러를 지원한 것을 포함,**5** 미국 국무부와 의회는 매년 티베트 망명정부와 달라이라마에게 자금을 지원하고 있다. 지난 2018년 3월에도 미국 의회는 '티베트 프로그램'에 2,000만 달러 지원을 비준했다.

티베트 난민을 돕거나 문화 전통을 지원하는 것만 해도 못마땅할 판에 티베트 기관과 정부 역량을 강화하거나 민주주의를 지원하는 데 쓰인다고 공표한 이 자금의 목적에 중국은 이를 간다.**6** 아예 대놓고 중국의 분열을 부추기고 있다고 펄쩍 뛴다.

이뿐만 아니라 미국은 종종 인권 보고서를 통해 티베트인이 중국 내에서 탄압받고 있는 현실을 끊임없이 상기시킨다. 미국이 티베트 인권을 거론하는 시기를 보면 주로 중국과 모종의 분쟁이 생길 때다. 이를테면 2018년 4월은 미국과 중국이 무역 문제로 슬슬 분쟁의 조짐을 보일 때였는데, 이때 미국이 티베트 인권 문제를 거론한다. 중국과의 무역 분쟁에서 또 하나의 공격 카드를 꺼내 든 셈이다. 이쯤 되면 중국이 늘 하는 말이 있다. "이건 외교 문제가 아니야. 우리나라 내부 사정이라고. 제발 남의 나라 일에 간섭 좀 하지마!"

인류의 보편적 가치인 인권을 꺼내는 순간 누구라도 이의를 제기하기 어려워지는 상황을 미국은 종종 이용한다. 이에 중국은 인권 카드로 주권을 침해하려는 비열한 정치적 의도라고 맞받아치지만 '인권=선한 것'이라는 인식이 지배적인 상황에서 중국의 반발이 국제적으로 그다지 먹히는 분위기가 아니다. '티베트와 인권'이 함께 엮여 나오기만 하면 중국이 심한 알레르기 반응을 보이는 이유다.

달라이라마 고사 작전

티베트 망명정부의 실질적 지도자이자 정신적 지주라는 타이틀에 걸맞게 달라이라마는 중국 밖에서 두 가지 역할을 오간다. 우선 망명정부 지도자로서 1959년 이후로 약 60년간 티베트가 처한 현실을 외부 세계에 알리고 있다. 풍부한 지하자원이 매장되어 있는 티베트에 중국 정부의 무분별한 채굴로 인한 환경 파괴가 이루어지는 현실, 한족 이주 정책으로 철저히 소수로 전락한 티베트인들, 사소한 항의에도 감금당하고 폭행당하는 인권 탄압의 현실 등을 지속적으로 제기하고 있어 중국 입장에서는 달라이라마가 티베트 문제에서 가장 골치 아픈 존재다.

중국은 이런 상황을 타개할 아이디어를 하나 떠올렸다. '환생불' 제도를 이용하기로 한 것. 전통 티베트 불교에서는 부처의 환생으로 지명된 어린이가 종교 지도자로 성장한다. 티베트의 여러 종파 지도자 가운데 가장 대표적인 종교 지도자인 달라이라마7와 판첸라마班禅喇嘛 역시 '환생' 지도자다. 보통은 전 세대 라마가 입적하기 전에 어린 후계자를 지명하는데, 달라이라마와 판첸라마는 서로 어린 후계자를 후견하며 티베트 불교를 이끌어왔다.

달라이라마는 1995년에 11대 판첸라마 환생자를 지명했는데(당시 5세), 지명되자마자 이 환생자가 감쪽같이 사라진다. 훗날 중국 당국에 의해 가택 연금을 당한 것으로 알려졌다. 대신 중국 당국은 자신들의 새로운 판첸라마 환생자를 지명한다. '어용' 라마인 셈이다. 현재의 달라이라마가 입적하면 중국 측 '공식' 판첸라마가 티베트 불교의 새로운 지도자가 될 테고, 이 판첸라마를 통해 향후 달라이라마 환생자도 지명할 수 있으니 중국은 자신의 말을 잘 듣는 꼭두각시를 통해 티베트 불교를 장악하려는 것이다.

현재 14대 달라이라마는 그런 불상사가 일어나지 않도록 "나 이후로 더 이상의 환생자는 없을 것이다. 후계자는 민주적인 절차에 의해 선출할 수 있다"고 밝혔다. 앞서 달라이라마에 대한 평가 부분에서 중국이 "종교 교리를 짓밟으며 신도들의 선량한 믿음을 우롱하고 있다"고 언급한 말은 이런 배경에서 나온 것이다.

사회주의 무신론 입장인 중국공산당은 아이러니하게도 이번에는 '누구 맘대로 전통을 훼손하려는 것이냐'며 티베트 불교 전통을 지켜야 한다고 목소리를 높인다. 심지어 '티베트 불교 활불환생관리법'까지 만들어 "환생은 중국 바깥의 어떠한 조직이나 개인의 간섭과 지배를 받지 않는다"고 선포하여 달라이라마가 밖에서 아무리 떠들어봐야 소용없다는 입장을 굳건히 하고 있다. 망명 티베트인들의 상징적 존재이자 구심점인 현재의 달라이라마는 1935년생으로 이미 고령이고 시간은 중국에 유리하다는 계산이다.

정신적 지도자

우리나라를 비롯한 많은 국가들은 달라이라마를 표현할 때 습관적으로 '정신적 지주, 종교 지도자' 같은 타이틀을 사용하지만, 중국은 이 표현을 싫어한다. 종교 지도자라는 이름하에 인권, 환경, 민주주의를 거론하면서 나라의 분열을 꾀하는 주장을 일삼는다는 것이다.

한 예로,《뉴욕타임스》베이징 지사장이 달라이라마를 '정신적 지도자精神领袖'라고 했다가 혼쭐난 적이 있다. 중국은 〈뉴욕타임스 베이징 지사장, 달라이라마를 '정신적 지도자'로 불러〉라는 기사[8]를 통해 해외 매체나 기자가 중국의 관련 법규를 어길 시 법에 따라 처벌한다는 '중화인민공화국 외국 상주 신문 매체와 외국 기자 인터뷰 조례' 규정까지 언급하며 "《뉴욕타임스》지사장이 이 사실을 모르지는 않을 것"이라며 겁을 주었다.

반면, 달라이라마에 대한 중국 정부의 공식적 수사법은 주로 '종교의 외투를 입은 정치적 인물披着宗教外衣的政治人物'로 묘사하고 있지만, 사실 이보다 더한 악의적인 표현도 앞서 이미 소개했다. 그렇다면 우리는 어떤 식으로 달라이라마를 표현하면 좋을까? 우리가 '정치 승려'나 '티베트 분열주의자' 같은 중국의 수사법을 그대로 쓸수는 없는 노릇이다. 이런 경우 중국도 받아들일 수 있는 중립적 어휘를 사용하면 된다. 역대 달라이라마 중 한 명임을 나타내는 '14대 달라이라마+四世达赖喇嘛'나 그냥 아무런 수식과 타이틀이 없는 '달라이라마达赖喇嘛'가 이에 해당된다.

달라이라마의 말씀

서구 사회에서 달라이라마는 종교계 슈퍼스타이기도 하다. 그의 불교 강연 티켓은(티베트 원조 자금으로 쓰이겠지만), 장당 최소 1,000달러부터 시작할 정도로 인기가 많다.**9** 일찍이 1990년대 리처드 기어부터 레이디 가가, 사르코지 전 프랑스 대통령, 그리고 독일의 메르켈 총리까지 달라이라마를 만났거나 만나고 싶어 하는 사람은 일반 대중뿐 아니라 정치 지도자와 할리우드 스타까지 폭넓다. 물론 달라이라마와 만난 후 이들은 중국으로부터 호된 응징을 당했다. 요즘은 '응징의 학습 효과'로 인해 달라이라마와 만나는 일이 뜸해지긴 했지만, 한때는 그럼에도 불구하고 그와의 만남을 강행했다.

달라이라마는 중국의 박해에도 불구하고 비폭력 노선을 견지하며 자비심을 강조하는 종교 지도자로서 존경받을 만한 이유가 충분하지만, 그럼에도 확실히 그는 아시아권보다는 서구에서 좀 더 특별히 각광받는 느낌이다. 여러 가지 이유가 있지만, 서구 사회의 오리엔탈리즘에 기인한다는 분석이 눈길을 끈다. 1930년대 제임스 힐턴의 영국 소설《잃어버린 지평선》에서 티베트의 어느 지역이 상상 속의 이상향 '샹그릴라'로 묘사된 이후 티베트는 서구인이 잃어버린 유토피아 같은 모습으로 이미지화됐다는 것. 동양의 무릉도원 같은 모습이다. 이때부터 험난한 히말라야 산맥에 맞닿아 있어 접근하기도 어려운 티베트가 신비스러운 티베트 불교 이미지에 중국 침략으로 문명 소실 위기 이미지까지 더해져, 사라져가는 것에 대한 서구 사회의 갈망을 자극했다는 분석이다.**10**

그래서일까. 독일 자동차 회사 다임러는 보편적 진리를 말하는 달라이라마의 명언을 평범한 광고 문구로 썼지만, 이는 다른 한편으로 티베트와 달라이라마에 대한 서구 사회의 경외와 존경심도 느끼게 한다.

모든 관점에서 상황을 바라보면 더 열린 마음을 가질 수 있습니다.
Look at the situations from all angles, and you will become more open.
-Dalai Lama **11**

불행히도 이 광고는 중국인들의 분노를 샀다. 중국을 대상으로 만든 광고는 아니었지만, 요즘 같은 시대에 이 광고가 중국까지 가

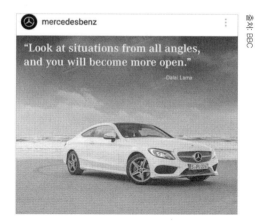

출처: BBC

☆ 달라이라마의 명언을 광고 문구로 사용한 벤츠. 중국의 거센 항의에 바로 사과 성명을 냈다.

는 데는 1초도 안 걸렸을 텐데, 벤츠는 자신의 가장 큰 고객이 중국인이라는 사실을 깜빡했었던 듯하다. 불매 운동 소리가 나오자 벤츠는 급히 "중국인의 정서를 무시해 거듭 죄송하다"는 사과 성명을 내고 머리를 조아렸다.

중국의
'화약고' 신장

디리러바迪丽热巴와 구리나자古力娜扎. 이 둘은 요즘 중국에서 가장 핫한 여배우로 손꼽힌다. 그중에서도 디리러바는 2018년 탈세 문제로 최고의 여배우 자리에서 추락한 판빙빙范冰冰을 대신할 미녀 배우로 급부상 중이다. 톱스타들도 웬만해서 이들과 함께 사진 찍기를 피할 정도로 중국 최고의 미모다. 흰 피부에 과장을 좀 보태면 얼굴의 절반은 커다란 눈이 차지하고 콧날은 오뚝하여 마치 서양 인형을 보는 것 같다. 이름도 우리가 익히 들어오던 중국 이름과는 달리 이국적이다. 그렇다. 이들은 한족이 아닌 위구르족维吾尔族 (중국 명칭은 '웨이우얼주'이지만, 이 장에서 소수민족을 지칭할 때는 습관적으로 사용되어 온 '위구르족'을, 중국 행정 지역명으로 쓰일 때는 '신장웨이우얼'로 표기했다)이다.

위구르족 중에는 서구적인 이목구비를 가진 사람이 많다. 독자적인 위구르어와 문자가 있으며, 이슬람교를 믿는 무슬림이다. 외모, 언어, 종교 등 여러 면에서 한족과 이질적인 문화 요소를 갖고 있음에도 이들의 국적은 엄연히 중국으로, 중국의 소수민족에 속한다. 그래서일까? 디리러바와 구리나자 같은 우월한 비주얼로 조명을 받는 위구르족 스타가 있는가 하면, 다른 한편에서 끊임없이 중국으로부터 독립을 외치는 위구르족도 있다. 이들에게 무슨 일이 있었던 걸까.

한때 당에 '갑'이었던 위구르 제국

삼장법사로 유명한 당나라 승려 현장이 인도로 불교 경전을 구하기 위해 거쳐 간 '서역'의 한 부분이자, 동서양 문물과 경제 교류의 통로로 유명한 실크로드가 지나가는 곳, 바로 지금의 신장웨이우얼자치구新疆维吾尔自治区 다.

중국 북서부에 위치한 신장웨이우얼자치구의 면적은 약 163만 제곱킬로미터로 대한민국 면적의 약 17배에 해당하는데, 인구는 약 2,400만 명밖에 안 된다(2017년 말 기준). 신장웨이우얼자치구 정부의 공식 자료에 따르면 위구르족이 약 48퍼센트, 한족이 36퍼센트, 기타 소수민족들이 나머지 인구를 구성하고 있다. 실제로 신장의 북부 대도시에는 거의 한족이 대부분이고, 옛 모습이 아직 많이 남아 있는 남부에는 위구르족이 더 많이 살고 있다.

신장은 신강新疆의 중국어 발음으로 '새로운 땅'이라는 뜻이다. 1759년 이 지역을 정복했던 청나라가 잠시 러시아에 뺏긴 후 다시 탈환하면서 1882년에 붙인 이름이다. 중국공산당이 1949년 중화인민공화국을 수립하면서 이 지역을 병합한 6년 후, 중국이 1955년 이 지역을 '신장웨이우얼자치구'라는 행정 구역으로 못 박으면서 이 땅에 살던 위구르인들은 중국인이 된다. 그러면 시간을 되돌려 1759년 청나라가 이곳을 정복하기 이전으로 가보자. 이 땅의 주인과 역사는 누구의 것일까? 위구르족의 문제 역시 이 질문에서 시작된다.

위구르는 8세기(744년)에서 9세기(843년)까지 약 100년간 몽골 초원에서 위구르 제국을 건설했던 영광스러운 역사를 가지고 있다. 비록 그 기간은 짧았지만 뛰어난 비즈니스 감각으로 주변국과의 교역을 통해 부를 축적하여 유목민이었음에도 불구하고 도시를 건설하고 독자적인 문자를 만들어 썼던 문명화된 집단이었다.[12] 유라시아 패권을 장악했지만 문명화된 제국 건설을 하지 못했던 이전 시대 유목 민족인 흉노나 돌궐과는 다른 부분이다. 한창 전성기 때는 당나라에 내란이 발생하자(안사의 난) 당에 군대를 파견해 도와주었고, 심지어 그 대가로 당나라가 공주를 위구르 왕에 시집보내고 조공을 바치느라 허리가 휠 정도로 그 위세가 당을 능가하는 북방의 패권 제국이었다.

또 다른 유목 민족인 키르기스에 멸망당한 후 사방으로 뿔뿔

이 흩어진 위구르인들은 각기 다른 지역을 기반으로 간쑤 왕국
(870-1036년), 이디쿠트 왕국(850년 또는 860-1209년), 카라카니드 왕
국(840-1212년) 등을 세웠지만 13세기 몽골에 복속되었다. 그리고
1759년 청나라의 건륭제가 이 지역을 정복하면서 길고 긴 위구르
독립 투쟁의 역사가 시작된다.**13**

위구르가 돌궐의 후예라고?

중국과 위구르 독립파가 위구르 역사를 두고 벌이는 논쟁의 핵심은
위구르족이 튀르크인이냐 아니냐의 문제다. 이는 위구르족 독립의
정당성과 관련되어 있기 때문이다. 위구르 독립파는 스스로를 튀
르크 후예라 하고, 중국은 튀르크인이 아니라고 한다. 튀르크가 무
엇이길래 그러는 것일까? 튀르크^{Türk}의 사전적 의미는 "중앙아시아
전역에 거주했던, 튀르크어를 사용하는 수많은 종족, 부족, 국가"**14**
다. 학계에서는 튀르크어를 사용했던 부족을 튀르크계로 보는데 위
구르도 여기에 해당한다.

　하지만 중국의 해석은 다르다. 튀르크인인 돌궐의 지배를 받았
던 위구르족은 지배층의 언어인 튀르크어를 빌려 썼을 뿐이지 튀
르크계와는 전혀 상관없다는 것이다. 실제로 유라시아 대륙은 인
종의 용광로로 불릴 만큼 인종 구성이 대단히 복잡하다. 다른 종족
을 정복하고 정복당하는 일이 비일비재해서 A라는 유목 민족이 제

국을 건설하면 원래 그 땅에 있던 B, C, D…… 종족들은 A국가 이름의 주민으로 생활하고 지배층의 언어를 사용했다.[15] 위구르도 그런 예이며, 그들의 조상은 북방 유목 부족 중 하나인 위흘韦纥의 후예로서 위구르 제국이 멸망한 후 훗날 다른 한족과 섞이게 된다고 중국은 반박한다. 여기에 한발 더 나아가 위구르족은 '돌궐'과는 아무 관계가 없다고 못 박는다. 우선 돌궐의 이름을 보자. 돌궐突厥(중국어 발음 투줴에) 제국 당시의 명칭이 괵-튀르크Gök-Türk로, 튀르크를 국가 이름으로 쓴 최초의 튀르크계 민족이다.[16] 위구르인이 자신의 뿌리를 튀르크계인 돌궐이라고 여기면 중국이 주장하는 위흘과는 멀어진다.

위구르 독립파는 신장웨이우얼자치구를 동투르키스탄东突厥斯坦으로 부른다. 동투르키스탄은 과거 7세기 무렵 동·서 돌궐로 나뉘었던 시기의 '동쪽 돌궐의 땅'을 말한다(서돌궐은 멸망 후 서쪽 중앙아시아 지역으로 뿔뿔이 흩어졌으며 현재의 우즈베키스탄과 카자흐스탄 등이 그 후예다). 현재의 신장웨이우얼자치구의 영역과 겹치는 부분이다. 수천 년간 동튀르크계(동돌궐)의 후예로서 이 지역에 거주해온 자신들의 민족 정체성을 튀르크인의 시조인 돌궐까지 거슬러 올라가겠다는 의지의 표명으로, 청나라 지배의 유산인 신장을 인정하지 않겠다는 의미다.

위구르족은 실제 1932년과 1944년 각각 두 번 '동투르키스탄'이라는 이름의 공화국을 설립했다. 하지만 얼마 못 가 모두 중국에 강제 병합되고 말았다. 중국이 '위구르족은 돌궐족의 후예가 아니다'

라고 강조하는 데에는 위구르족이 '돌궐'의 이름을 내세워 독립 의지를 보여주기 때문이다.

세계에서 가장 감시가 심한 곳

중국 정부는 1980년대부터 신장에 한족 이주 정책을 실시했다. 위구르족의 이질성을 희석시키려는 한족 동화 정책인데, 한족에게 부가 편중되다 보니 위구르족은 경제적으로 계속 소외된다. 게다가 이슬람의 결속력을 경계한 정부가 이슬람 사원인 모스크를 폐쇄하고 종교 지도자를 감시하는 등 종교 활동을 조직적으로 방해하면서 위구르족의 불만이 커졌다. 결국 1990년대부터 이들의 반정부 시위가 본격적으로 발생하고 진압 과정에서 수많은 위구르족이 사망하는 사고가 빈발한다. '중국의 화약고'라는 별명이 붙게 된 것도 이때부터다.

2008년 베이징 올림픽 개막 나흘 전에는 자치구 내 카스^{喀什}에서 위구르족이 중국 무장 경찰에 수류탄을 던져 16명이 사망하는 사건이 일어나 중국 당국을 초긴장시켰다. 2009년에는 우루무치에서 대규모 유혈 폭동이 발생해 197명이 사망하고 1,700여 명이 부상당했다. 2013년 10월에는 위구르 일가족이 탄 승용차가 톈안먼 광장으로 돌진해 5명이 사망했다. 주로 신장웨이우얼자치구에서 발생했던 유혈 사태가 처음으로 수도 베이징, 그것도 마오쩌둥의 초상화가 걸려 있는 톈안먼 광장이라는 상징적인 장소에서 발생한 것이다.

수도의 심장부를 강타한 2013년 10월 톈안먼 광장 테러는 시진핑 주석이 '국가 분열'을 어떻게든 잠재워야겠다고 마음먹은 계기가 된다. 국가 지도자로 취임한 첫해였기 때문에 두고 봐줄 수가 없었을 것이다. 가능한 모든 첨단 기술을 동원해 위구르족에 대한 대대적인 감시 체제를 가동했다. 비둘기 모양의 드론, 수만 대의 얼굴 인식 카메라, 빅 데이터 기술이 총동원된다. 지구에서 단위 면적당 감시 도구가 가장 많이 설치되어 있는 곳이 신장이라는 말은 괜히 나온 게 아니다.

통제는 하드웨어에 그치지 않고 소프트웨어에까지 미쳤다. 위구르족 100만 명을 비밀 수용소에 감금시켜놓고 '사상 개조'를 하고 있다는 폭로도 불거져 나왔다. 위구르족이 민족 정체성으로 삼고 있는 이슬람교와 튀르크주의에 대한 생각을 지우고 사회주의 사상을 주입시키려고 한다는 서방 인권 단체의 고발이었다.

체제 유지와 금지어 목록

2018년은 중국과 미국의 무역 전쟁이 촉발한 두 강대국 힘의 대결이 불거진 해다. 미국의 관세 폭탄에 중국도 보복관세로 맞섰다. 하지만 미국의 카드가 어디 관세뿐인가. 미국과 유엔, 서방 인권 단체들이 최근 중국을 상대로 '100만 위구르족 비밀 수용소 감금' 이슈를 꾸준히 제기하고 있다. 중국은 남의 나라 내정과 주권에 간섭하지 말라며 즉각 반발했다.

신장이나 티베트는 중국의 체제 유지와 직결되는 곳이다. 이 두 곳이 분열하면 55개 소수민족이 모두 독립하겠다고 들고 일어날 판이다. 1990년대 소련 체제가 붕괴하면서 연방에 묶여 있던 민족들이 독립한 것을 지켜본 중국은 경악했고, 소수민족의 독립은 곧 중국 체제의 붕괴를 의미한다. '남의 나라 내정과 주권에 간섭하지 말라'는 말에는 '분열 세력에 단호히 대처하지 않으면 우리 체제가 무너진다, 이건 인권을 넘어 우리가 죽고 사는 문제임을 너희도 모르지 않을 텐데, 인권을 빌미로 우리 체제를 뒤흔들려는 것 아니냐'는 속내가 담겨 있다. 중국 입장에서 관세는 양보해도 체제와 직결되는 문제는 양보하지 못한다. 그래서 '위구르족 인권 탄압'은 중국을 정말 예민하게 만든다.

중국 국영 통신사인 신화사는 '뉴스 매체에서 사용하지 말아야 할 문구'를 수시로 업데이트해서 언론에 공표한다. 금지 문구 리스트는 무려 102가지나 되는데, 이 중 신장 위구르 관련 내용을 보면 다음과 같다.

신장을 '동투르키스탄'이라 부르는 것을 엄격히 금지한다. 또 신장 분열 세력을 언급할 때 '장두疆独, 신장독립분자'나 '웨이두维独, 위구르독립분자'로 부르지 않는다.[17]

앞서 설명처럼 동투르키스탄(줄여서 东突)은 위구르 독립파가 신장을 대신해 부르는 명칭으로, 자신들이 한족과는 별개인 튀르크 계임을 강조하고 분리 독립의 의지를 드러내는 말이다. 위구르족의 분리 독립을 위해 조직된 단체들의 이름에는 주로 이 동투르키스탄이 들어간다. 유엔이 테러 조직으로 규정한 위구르 무장 독립 단체인 동투르키스탄이슬람운동ETIM 이 대표적인 경우다.

과거에 많이 쓰였던 '신장 독립 세력疆独', '위구르 독립 세력维独'은 신장 '분열 세력分裂勢力'으로 교통정리가 되었다. '독립'은 부당한 침탈로부터 벗어나려는 느낌이 있는 반면, '분열'은 단결된 것을 깨뜨리는 사람들이라는 부정적인 이미지를 줄 수 있다. 독립이 주는 강렬하고 센 어감보다는 톤 다운된 면이 있어 선택한 것으로 보인다. 금지어 목록에는 이런 조항도 있다.

> 고대 민족의 명칭과 후대 민족의 명칭을 혼동하지 말 것. 예를 들면 '카자흐족', '우즈베크족'을 '돌궐족' 또는 '돌궐인'이라고 부르면 안 된다. **18**

카자흐족, 우즈베크족 역시 중국의 소수민족이다. 이들 민족의 형제들이 바로 구소련 연방에 편입되었다가 소련이 붕괴되면서 카자흐스탄, 우즈베키스탄으로 독립한 나라들이다. 아득한 옛날 돌궐 제국이 붕괴되고 서쪽으로 이동한 돌궐족의 후예들이다. 이들은 중앙아시아를 무대로 삼았던 튀르크계로 간주되는데, 중국 지역에 남은 일부 카자흐족, 우즈베크족은 이미 중국에 의해 '중화 민족' 범주에 들어와 있다. 괜히 돌궐로 불러 튀르크계를 연상시키고 분열의 빌미를 주지 말자는 것으로 보인다.

한편, 터키의 에르도안 대통령은 정부 출범 후 '튀르크 프로젝트'를 실시하고 있다. 2023년 터키 공화국 수립 100주년을 앞두고 벌이는 일종의 튀르크인 뿌리 찾기 사업이다.[19] 셀주크 제국과 오스만 제국의 역사에서 더 거슬러 올라가 '흉노와 돌궐도 자신들의 뿌리'였음을 알리려고 한다. 그래서 중국에 강제 병합된 튀르크계 위구르족에 대한 동포애적 연민이 크다. 터키로 넘어오는 위구르족을 받아주기도 한다. 이에 대해 중국인들은 말도 안 되는 소리라고 발끈한다. 과거 서돌궐 유목민의 일부가 현재의 터키로 넘어갔지만 그 수가 많지 않고 일찌감치 현지인과 융합되면서 돌궐인으로 볼 수 없다는 것이다. '서아시아의 약골'인 주제에 어디 감히 '내 구역'인 북방 초원까지 올라와 뿌리를 찾느냐며 불쾌하게 생각한다.

중국이 아니라 어떤 나라도 자국의 일부 지역이 화약고라 불리는 것을 원치 않는다. 신장이 분열, 분쟁, 테러의 온상처럼 보이지 않게 신경 쓰고 있는 중국 입장에서 '중국의 화약고 신장'은 매우 삼가는 표현이다.

통제의 시작,
동북공정

2004년 어느 날. 내가 담당하던 인터넷 사이트가 중국에서 열리지 않는다는 소식이 들려왔다. 중국 쪽을 통해 들으니 아마도 고구려 역사 관련 문제가 발단인 것 같았다. 그해 7월 중국이 자국 내에 있는 고구려 유적들을 세계문화유산으로 등재하면서 사건이 시작되었다. 지린성吉林省 지안集安의 고분과 유적 곳곳의, 고구려가 중국 역사의 일부라고 소개한 푯말이나 안내문이 언론을 통해 보도되자 '눈 뜨고 역사를 도둑맞았다'는 분노의 목소리가 전국을 뒤덮었다.

이러한 중국의 역사 왜곡이 '동북공정'이라는 이름으로 기획되고 있으며, 고구려뿐만 아니라 고조선, 발해 등 한국의 고대사를 중국 역사로 둔갑시키고 있다는 뉴스가 쏟아졌다. 내 담당 사이트도 관련 기사가 있었을 것이다. 이유야 어찌 됐든 사이트 차단의 이유를 알아야 대응할 수 있을 것 같아서 주한 중국대사관에 문의를 하니, 중국인 담당자를 연결해주었다. 수화기 너머로 그의 목소리가 들려왔다.

"웨이(여보세요)."
"안녕하세요. 다름 아니라 최근 저희 사이트가 중국에서 열리지 않는데,
혹시 동북공정 때문인……"
질문이 채 끝나기도 전에 그는 불쾌한 듯 말을 잘랐다.
"동북공정이 뭐라는 겁니까!" 철커덕.

대화는 그렇게 순식간에 끝나버렸다. 짧은 순간 여러 가지 생각이 오가다 결국 이런 결론에 도달했다. 확실한 건, 동북공정이 그에게는 매우 껄끄러운 주제였을 것이라는 사실. 게다가 그의 태도로 보아 사이트가 차단된 것은 동북공정과 관련된 중국 비판성 기사 때문일 것이라는 심증이 더욱 굳어졌다. 말로만 듣던 중국의 언론 통제를 처음으로 접하는 순간이었다.

동북공정이 뭐길래?

우선 명칭부터 살펴보자. 동북東北은 중국 동북 지역의 3개 성을 말한다. 헤이룽장성黑龙江省, 지린성, 랴오닝성辽宁省인데, 이 세 곳의 공

통점은 러시아, 북한과 국경을 맞대고 있다는 것이다. 공정工程은
프로젝트를 의미한다. 즉, 동북 지역 프로젝트[20]란 뜻이다.

이 프로젝트의 가장 대표적인 업무로는 국경을 맞댄 세 지역과
이곳에 사는 소수민족의 역사 연구로 알려져 있다. 중국사회과학
원과 동북3성 지역 역사 학술 기관이 연구를 맡은 이 프로젝트는
2002년 공식 출범했으며, 5년간의 공식 연구 기간 동안 동북 지역
의 중국 고대사를 연구하고 그 내용을 발표했다. 우리에게 충격을
주었던 것은 바로 다음과 같은 내용이다.

> 동북공정 연구에 따르면, 고구려는 중국 고대의 지방 민족 정권이다. 고
> 구려의 주요 구성원들은 중화 민족에 녹아들었다. 일부가 현재의 한민
> 족으로 흘러 들어갔을 수는 있지만, 고구려는 현재의 한민족과는 필연
> 적인 관계가 없다.[21]

고구려가 중화 민족으로 흡수되었기 때문에 중국 고대 정권 중
하나일 뿐이라는 대목이 눈을 의심케 한다. 게다가 고구려가 지금
의 한민족과 필연적인 관계가 없다는 것은, 고구려가 한민족의 후
대 왕조로 이어진 국가가 아닌 한민족과는 단절된 별개의 나라는
것을 의미한다. 그렇다면 중국은 왜 고구려를 자기 것으로 만들려
고 하는가?

시작은 간도였다?

2007년 중국의 한 저명한 교수가 인터뷰에서 이렇게 말했다. "내가 어릴 적에는 고구려, 백제, 신라 3국의 역사로 배웠지만, 요즘 교과서는 그렇게 가르치지 않는다." 그러면서 한국이 영토 욕심을 드러내는 바람에 중국이 방어적 차원에서 고구려 역사를 수정한 것이라고 설명했다.**22**

한국이 영토 욕심을 드러냈다는 것은 무슨 뜻일까? 시곗바늘을 더 돌려 2004년 8월 24일로 가보자. 동북공정으로 발생한 한중 갈등을 외교적으로 해결하기 위해 당시 중국의 외교부부부장 우다웨이武大伟가 방한했을 때, 한국 측에 비공식적으로 이렇게 말했다고 한다. "간도가 조선 땅이었다고 주장하지 않았다면, 중국도 고구려를 중국 소수민족의 국가라고 말하지 않았을 것이다."**23**

이 둘의 말은, 한국이 중국의 영토를 자신들의 땅이라 주장하는 바람에 중국이 동북공정을 할 수밖에 없었다는 뜻이다. 이게 무슨 의미인지는 동북공정 연구 소개에 간접적으로 언급되고 있다.

> 동북아 지역에 세계의 이목이 쏠리는 현재, 중국의 동북 지역이 전략적으로 매우 중요한 위치가 되었다. 그런데 어떤 국가의 연구 기관, 학자, 일부 정치인이 정치적인 목적을 위해 의도적으로 역사적 사실을 왜곡, 거짓 주장을 퍼뜨리는 바람에 동북변경 지역의 역사와 현황에 대한 학술적 연구를 하게끔 되었다.**24**

이 말은 이렇게 해석할 수 있다. 중국이 1980년대 개혁·개방을 하면서 동북 지방이 정치·경제적으로 많은 변화를 맞이하게 된다. 탈북자들이 국경을 마주한 동북 지방으로 넘어 들어오는 한편, 이 지역의 조선족들은 한중 수교 이후 한국으로 이주해 경제 활동을 시작한다. 탈북자, 조선족, 한국인, 이 세 집단의 공통점은 한민족이라는 것이다. 서로의 교류가 빈번해지면 아무래도 민족적 정체성이 각성된다.

그런데 소수민족의 정체성이 높아지는 상황을 중국이 달가워할 리 없다. 분리 독립의 위험성이 그만큼 커지기 때문이다. 가뜩이나 신경 쓰이는데 '어떤 국가'가 동북 지역을 자꾸 건드린다. 바로 한국이다. 1994년 북한 김일성 사망, 1995년 대기근 발생으로 북한 정세가 불안해지자 통일 후를 대비해 '간도 문제'를 제기해야 한다는 목소리가 우리 정치권 일부에서 나오기 시작한 것이다.

현재 지린성 동남부 지역에 해당하는 간도[25]의 연고권 문제는 한국 내에서도 '우리 땅이었다, 아니다'로 의견이 나뉘는 논란의 지역이다. 간도를 되찾아야 한다는 입장은, 일본이 청나라와 일명 '간도협약'을 맺으면서 청나라에 간도를 내어주었기에 이 협약은 무효일 뿐만 아니라, 간도를 포함시키지 않은 채 중국과 현재의 국경선을 정한 북한이 붕괴되면 중국과 경계선을 다시 논의해 간도를 되찾아야 하지 않겠느냐는 주장이다.

애초부터 간도는 청나라 땅이었기 때문에 영유권 분쟁 자체가 성립할 수 없다는 입장인 중국은 더 이상 동북 지역을 그대로 두고 볼 수 없다고 판단한다. 조선족의 민족 정체성 회복을 차단하고, 한국이 역사적인 연고권을 들먹이며 자신의 영토를 노리려는 싹을 아예 잘라버려야겠다고 생각한 것이다. 결국 이 지역을 중국 역사로 만들기 위해 학자들을 동원하여 이론적 토대를 만든 것이 동북공정이라고 할 수 있다.[26] 동북공정은 주권, 영토, 사회 통합 등 여러 가지 문제를 고려한 방대한 프로젝트이지만, 간도가 그 방아쇠를 당기는 데 어느 정도 역할을 한 것으로 보인다는 시각이 있다.

간도와 만주, 그리고 역사 문제

중국은 간도間島. 垦島, 만주滿洲라는 명칭을 좋아하지 않는다. 두 가지 이유가 있는데, 첫째는 두 곳 모두 중국에게 큰 치욕을 안겨준 일본과 관련이 있기 때문이다. 과거 일본은 괴뢰국인 '만주국'을 세워 동북 지역을 식민지화했을 뿐만 아니라 간도 지역에 '간도성'을 설치했다. 중국에게 간도와 만주는 일본 제국주의를 연상시키는 단어다. 만주국을 가짜 괴뢰 국가라는 '위만주국僞滿洲国'으로 부를 정도다.

둘째는 한민족과 관련된 동북 지방 영토의 연고권 문제 때문이다. 앞서 말한 것처럼, 1990년대 우리 정치권과 일부 학계에서 나온 '간도 되찾기 운동'으로 중국은 경기를 일으켰다. 그런데 간도 되찾기 운동보다 한발 앞서 중국을 경악시킨 것은 '만주를 수복하자'는 구호였다고 한다. 1980년대 군사정권 시절 군부대 정신 교육의 일

환으로 전개된 운동이다.27

수많은 조선인들이 이주해 땅을 개간하며 고단한 삶을 이어갔던 간도와 독립운동이 펼쳐졌던 '뜨거운 만주 벌판'은 우리에게 짙은 민족적 감정이 묻어나는 곳이지만, 중국에게는 '일본 냄새'가 풍기는 단어다. 중국인과 대화할 때는 간도와 만주보다는 랴오닝성, 헤이룽장성, 지린성을 포괄하는 뚱베이东北로 표현하는 것이 무난하다.

중국은 한국과의 관계에서 역사 문제가 쟁점이 되는 것을 가급적 피하려고 한다. 2004년 한국에서 동북공정 논란이 한창이던 때에도 중국은 거의 보도를 하지 않아 동북공정이 무엇인지 잘 모르는 사람도 많았다. 언론통제의 기준을 발표하는 것도 아니어서 정확한 이유는 알기 힘들지만, 짐작은 해볼 수 있다.

가장 큰 이유는 정치적 이익 때문일 것이다. 댜오위다오钓鱼岛와 남중국해南中国海, 중국명칭은中国南海처럼 당장의 경제·안보와 직결된 영유권 분쟁 사안은 외교적 갈등을 불사하고라도 국익을 지켜내지만, 한국과는 동북 지역에 영유권 분쟁이 존재하지 않는다. 1990년대 북한 정세가 불안해지면서 북한 급변 상황과 혹시 모를 급작스러운 통일 후를 겨냥해 만든 동북공정으로 역사 문제가 불거졌을 뿐이다. 언론을 통해 이슈화되어봤자 국제적 논쟁만 키우는 꼴이라 정치적 이익에 전혀 도움이 되지 않을 것으로 판단한 것이다.

'한국은 중국의 일부였다' 해프닝도 마찬가지다. 2017년 미중 정상회담 후 트럼프 대통령이 한반도와 중국의 관계에 대해 시진핑 주석과 대화를 나누다가 나온 이야기라고 한다. 우리나라에서 난리가 났다. 우리 언론은 일제히 '시진핑이 패권적 역사 인식을 트럼프에게 그대로 드러냈다'고 보도했다. 우리 언론에 따르면 "한국은 중국의 일부였다"는 말을 한 사람은 시진핑이었기 때문이다. 하지만 트럼프의 말이 보도된 미국 매체의 원문을 보면 약간 애매하다. 시진핑이 실제로 그렇게 말을 했을 수도 있고, 트럼프가 자의적으로 해석해서 붙인 것으로도 볼 수 있다.28 중국 매체에서는 아예 아래 제목처럼 시진핑을 쏙 빼고 트럼프만 전면 부각시킨다.

> 트럼프 '한국은 중국의 일부였다'…… 전문가: 중국은 역사 문제를 일으키지 않는다.29

관련 기사에서 시진핑은 일절 언급되지 않았다. 발언의 주체가 애매하기도 하고, 외교 논란으로 번질 수 있는 내용에 국가 주석을 엮는 것은 중국에서 상상할 수 없는 일이다. 또한 한국이 수천 년간 독립국가였음을 전문가 의견까지 덧붙여 길게 소개하면서 '우리는 그렇게 얘기한 적 없다'는 취지를 강조한다. 2017년 4월이면 한국에 곧 새로운 대통령이 탄생할 즈음으로, 사드(고고도미사일방어체계) 문제로 얼어붙었던 한중관계를 개선시킬 계기를 맞은 때다. 국민감정에 기댄 역사 문제가 확대되는 것이 국익에 도움이 되지 않는다고 판단한 중국의 언론 전략으로도 읽힌다.

김수현과 전지현은
억울하다

장면 1. 2007년

창춘 동계 아시안게임 쇼트트랙 시상식장. 시상대에 올라 메달을 목에 건 한국 선수들이 무언가를 적은 종이를 한 명씩 손에 들고 높이 들어 보인다. 종이에 쓰인 것은 "백두산은 우리 땅"이다. 이들의 '백두산 세리머니'로 중국이 발칵 뒤집혔다. 왜 이런 퍼포먼스를 했는지 선수들에게 묻자 돌아온 대답은 이랬다. "중국이 백두산을 창바이산으로 불러 화가 났다."

장면 2. 2014년

드라마 〈별에서 온 그대〉로 중국에 수많은 '도민준 폐인'을 만들어낸 김수현이 극중 파트너인 전지현과 중국 생수 브랜드 광고 모델로 나섰다가 뜻하지 않게 국내의 비난 여론에 부딪혔다. 생수병에 인쇄된 취수원이 백두산이 아닌 '창바이산'으로 표기된 것에 언론과 네티즌들이 발끈한 것이다. 사람들의 비판이 이어지자 김수현과 전지현은 광고 모델을 계속할지 갈팡질팡하다가 결국 광고를 계속 진행하기로 해서 사람들의 불만이 더욱 커졌다.

창바이산 생수와 백두산 세리머니에는 공통된 정서가 있다. 바로 '우리의 백두산을 중국이 뺏으려고 한다' 또는 '백두산은 온전히 우리 것이다'라는 한국인의 심리적 거부감이다.

'백두산을 빼앗긴다'는 두려움

우리의 백두산을 중국이 호시탐탐 노리는 것 같은 기분이 드는 것은 동북공정 트라우마 때문이다. 동북공정 프로젝트 기간이었던 2002년에서 2007년 사이에 중국이 '고구려 역사를 빼앗아간다'는 두려움이 전 국민에 확산되었다. 중국이 역사에 이어 '드디어 우리 백두산까지 빼앗으려는 마각을 드러냈다'고 여기게 된 계기는 2006년 창바이산 공항 건설이다.

기존에는 백두산 관광을 하려면 옌지延吉에서 자동차를 타고 다시 200킬로미터가 넘는 길을 가야 했다. 그런데 백두산 국립공원에서 15킬로미터밖에 떨어져 있지 않은 창바이산 공항이 세워지면 옌지를 건너뛸 수 있기 때문에, 백두산을 조선족자치주에서 떼어놓으려는 중국의 속셈으로 보는 언론 보도가 나오기 시작했다.[30] 이 때부터 우리 언론에 비친 중국의 백두산 가로채기, 일명 '백두산 공정'은 대략 다음과 같이 정리된다.

- 중국의 10대 명산으로 지정
- '창바이산' 표기 확산
- 창춘 아시안게임 성화의 백두산 채화
- 대대적인 관광객 유치와 광천수·인삼 산업 활성화

중국이 백두산 일대에서 진행하는 모든 사업은 우리의 허락도 없이 함부로 자기네 소유로 만들겠다는 야심을 드러낸 것이라고 여기게 된다. 중국이 백두산을 뺏는다고 보는 데는 다음과 같은 인식이 있기 때문일 것이다.

- 백두산은 우리 민족의 성지요 영산靈山이다.
- 일제강점기와 남북 분단을 겪으며 백두산 일부를 중국에 넘겨줄 수 밖에 없었지만,
- 통일 후 영유권을 놓고 시비를 따질 수 있는 공간이다.

정리하면, 결국 백두산은 원래 온전히 한민족의 산인데, 중국이 자국의 산으로 만들려고 한다는 믿음을 읽을 수 있다. 그런데 이러한 믿음을 한번쯤 짚고 넘어가야 한다.

백두산에 대한 오해들

우선 백두산 영유권, 즉 백두산에 대한 지분을 우리가 100퍼센트 갖고 있을 것이라고 여기는 사람들이 간혹 있는데, 현실은 그렇지 않다. 백두산 천지를 북한이 54.5퍼센트, 중국이 45.5퍼센트로 나누어 갖고,[31] 그 경계를 기준으로 중국과 북한의 국경이 나뉜다. 1962년 중국과 북한이 맺은 국경조약인 '조중변계조약'에 따른 것이다. 따라서 영토 경계상 '백두산이 우리만의 땅이다'라는 생각은 일단 틀렸다.

여기까지 알고 있는 사람들은 많지만, 정서적으로 도무지 중국이 백두산 일부를 점유하는 것을 받아들이기 힘들어하는 사람도 많다. 공항을 짓고, 관광객을 유치하며, 생수를 뽑아 올리는 것이 민족감정상 배 아플 수는 있어도, 중국 영유권 안에서 이루어지는 개발을 두고 '왜 우리와 상의 없이 하느냐'고 주장하는 것은 중국 입장에서 당연히 받아들이기 힘들다.

가장 논쟁적인 것은 백두산 국경 획정 과정에 문제가 있었기 때문에 통일 후 영유권 문제에 대비해야 한다는 주장이다.

- 백두산정계비(조선 숙종)에 대한 해석 이견으로 우리가 영토 손해를 봄
- 간도협약으로 간도를 잃음(일제강점기)
- 조중변계조약(1962년)으로 백두산 절반을 잃음
- 국제법상 일제의 간도협약은 무효이며, 통일 후에는 옛 간도와 백두산을 되찾아야 함

이러한 주장은 역사학계의 여러 관점 중 하나로, 간도를 중심으로 한 북방 영토 귀속 문제는 우리 내부에서도 다양한 의견이 있다 (동북공정 편 참조). 중국은 백두산정계비와 관련해 당시 조선이나 청나라 모두 해석의 이견이 없었고, 훗날 일본의 침략 논리가 만들어 낸 간도 확장에 오히려 한국이 편승하고 있다는 점을 들어 반박한다. 역사 문제는 관점에 따라 다르게 해석될 수 있는 여지가 많기 때문에 학파 간, 국가 간 역사 논쟁은 있을 수 있지만, '잃어버린 백두산'을 되찾아야 한다는 주장은 영유권 문제로서 중국 입장에서는 영토 침탈로 여겨진다.

우리는 창바이산长白山이라는 명칭을 사용하지 않는다. 마찬가지로 중국에서는 공식적으로 백두산이라는 이름을 쓰지 않는다. 백두산과 창바이산. 이 두 명칭 모두 현재는 한국과 중국이 배타적으로 사용하고 있다. 하지만 백두산은 이름과 민족 상징성에서 우리와 중국이 공유하는 부분이 많다.

우선 명칭을 보면, 아주 오래전부터 백두산은 태백산, 장백산(창바이산의 한국 발음)으로도 불려왔다. 《조선왕조실록》에도 장백산이 백두산과 함께 등장하는 것을 보면, 과거에는 이를 혼용했다는 것을 알 수 있다. 또 백두산이 한민족에게는 단군의 탄생지로 민족의 영산인 것처럼, 훗날 청나라를 세운 만주족의 뿌리가 되는 여진족이 태동하고 근거지가 된 지역도 백두산으로서 만주족에게 '민족의 성산'으로 여겨지고 있다.[32] 1년 내내 눈이 쌓여 있는 산꼭대기의 모습을 묘사한 '긴 흰 산'이라는 의미의 만주어를 의역한 것이 창바이산ㅊ白山의 어원이라는 게 중국 측 설명이다. 즉, 백두산은 한중 양국 모두 민족의 성지인 셈이다.

결국 백두산이 됐든, 창바이산이 됐든 이 지역을 근거지로 해서 살아가는 민족들에게는 보편적으로 삼고 싶은 시조 탄생 배경이었을 것이다. 여러 민족이 일정한 범위의 공간에서 살아갈 때, 교집합 문화가 생기는 것은 자연스러운 현상으로 해석될 수 있다.

백두산 대 창바이산 논란, 그후

동북공정으로 감정이 예민해졌던 시기를 훌쩍 넘기고 나니 창바이산을 대하는 우리의 시선도 많이 차분해졌다. 중국과 북한이 백두산 영유권을 나누어 갖고 있다는 기본 전제하에, 창바이산을 중국의 고유명사로 받아들이는 분위기가 생겨나고 있다. 종종 '백두산(중국 명칭 창바이산)'이라고 병기하여 표기하는 경우도 있다. 중국 역시 '창바이산'으로 부르는 것은 변함없지만, 한국과 관련 있는 이슈는 백두산으로 표기한다. 2018년 9월, 남북 정상이 북측 백두산 정상에 함께 올랐던 장면이다.

김-문, 백두산 천지 앞에서 사진…… 머리 위로 맞잡은 손
金正恩和文在寅白头山天池前合影 牵手过头顶 **33**

물론 북한 쪽 백두산에서 이루어진 행사이니 백두산을 쓰는 것이 맞다. 《환구시보环球时报》 같은 민족주의 성향의 매체는 처음부터 끝까지 창바이산으로 쓰긴 했지만, 거의 대부분의 매체가 '백두산'으로 뉴스를 소개했다. 끝부분에는 백두산이 중국과 북한의 경계에 있고 한민족이 백두산을 민족의 발상지로 여기고 있다는 설명도 잊지 않았다.

백두산이 중국에서는 창바이산이고 우리에게만 민족의 성산이 아니었음을 조금씩 알게 된 것처럼, 중국 역시 창바이산을 한민족과 공유하고 있다는 점을 숨기지 않는 것은 백두산이 일방적으로 누구의 소유가 아닌 공동의 자연 유산이란 인식이 생긴 것으로 봐야 한다. 과거 백두산을 지우려고 애썼던 중국의 모습과 비교하면 한결 유연해진 모습이다.

하지만 김수현과 전지현의 생수 사건을 문제 삼는 가십 TV 프로그램이 여전히 전파를 타는 걸 보니, 백두산발 갈등의 씨앗이 완전히 없어진 것 같지는 않다. 알프스 몽블랑도 프랑스, 스위스, 이탈리아가 공동 자연 유산으로 관리하는 사례를 본보기로 삼는 지혜를 발휘해야 한다는 한 역사학자의 견해에 귀 기울이게 된다.**34**

백두산? 창바이산? 중국어로 어떻게 말할까

중국인과 이야기할 때, 그들의 언어 습관을 고려해 창바이산으로 말한다고 해서 백두산 주권을 포기하는 것은 아니다. 그들이 부르는 고유명사일 뿐이다. 그럼에도 차마 창바이산이 입에서 떨어지지 않는다면 '바이터우산白头山'이라고 말해도 무방하다. 그렇게 말했다고 '우리 산 빼앗아간다'고 여길 중국인은 없을 것이다. 다만 상대방이 생소해할 수는 있다. 잘 모르겠다는 눈치라면 "중국 명칭으로 창바이산"이라고 한번 설명해주면 된다.

하지만 중국 쪽 백두산에 올라 태극기를 펼쳐 들고 "백두산은 우리 땅"이라고 외치는 것은 심사숙고해야 할 일이다. 우리 민족의 성산이라는 벅찬 마음은 이해하지만, 입장을 바꿔서 북측 백두산에 오른 중국인이 오성홍기를 꺼내들고 "창바이산은 중국 땅"이라고 외친다면 우리도 기분 좋을 리 없다. 배타적인 소유권을 주장하는 순간 다른 한쪽은 영유권 도발로 받아들여 불필요한 갈등으로 이어질 수 있다.

3장

금기의 최고봉,
정치 문제

굿즈는 되고
하소연은 안 된다

"'홍위병' 복장으로 웨딩 사진 찍는 커플들, 이유가 뭐죠?"

"'홍위병' 차림에 한 손엔 '홍보서'1 들고 졸업 사진 찍은 대학생들, 어떻게 생각하시나요?"

중국의 유명한 정보 교류 소셜미디어에 올라온 질문이다. 홍위병 차림이 무엇이길래 이런 질문이 나올까? 홍위병紅卫兵, 홍보서紅宝书는 문화대혁명文化大革命(1966-1976년, 줄여서 문혁)을 상징하는 아이콘으로, 홍위병 코스프레는 이를 연상시킨다. 공식적인 통계는 없지만, 문화대혁명은 목숨을 잃은 사람만 많게는 수천만 명에 달한다는 추정이 나올 정도로 중국 현대사에 길이 남을 사건이다. 이 기간 동안 서로 죽이고 죽는 학살의 중심에 홍위병의 역할도 적지 않

출처: 바이두

☆ 문혁을 연상시켜 논란이 된 56둬화 공연.

앉기에 이런 질문들이 나온다. 어떻게 홍위병 옷을 입고 밝게 웃으며 사진을 찍을 수 있는지 묻는 것이다. 질문 아래에는 이런 댓글들이 달린다. "지나간 과거일 뿐이다", "걸핏하면 비판을 유도하려고 이런 질문을 올린 게 더 홍위병스럽다" 등등. 홍위병 코스프레를 젊은이들의 문화로 봐야지 과거와 연결시킬 필요는 없다는 분위기다.

그런가 하면 중국이 야심차게 결성한 사회주의 찬양 걸그룹 '56둬화 56朵花'(꽃송이라는 뜻으로 중국의 56개 민족을 상징하는 56명 멤버로 구성)가 2016년 인민대회당(우리의 국회의사당)에서 문화대혁명 시기 포스터를 배경으로 당시의 혁명 가곡과 시진핑을 우상화한 노래를 불러 '지금 문화대혁명을 재현하자는 거냐'는 비판 여론을 불러일으켰다. 문화대혁명 코스프레와 혁명가가 논란이 된다는 건 사회적으로 이 사건을 보는 시각이 나뉘어져 있다는 것을 의미한다. 이 사건이 누군가에게는 여전히 불편하고 민감한 문제일 수 있다는 얘기다.

문화대혁명이란 무엇인가

- 자식에게 고발당한 부모가 군중들 앞에 끌려 나와 처형당한다.
- 중학생들이 스승을 강단에서 끌어내려 집단 폭행한다.
- 서열 3위 권력자가 하루아침에 트랙터 공장으로 쫓겨난다.

문화대혁명 시기 중 일어났던 일들 중 일부 사례다. 이 일들은 개별 사안이지만, 하나의 공통점이 있다. 바로 기존 질서를 '뒤집어엎자'는 것이다. 자식이 부모를 해하고, 학생이 스승을 죽이고, 권력자가 노동자로 내몰리는 것은 모두 기존 질서를 뒤엎는 행위다.

뜻밖에도 이러한 일이 기존 질서의 가장 정점에 있던 인물인 중국의 초대 주석 마오쩌둥(1893-1976년)에 의해 시작되었다. 지도자인 그가 왜 그랬을까? 서구에 '문혁학'이 있을 정도로 문화대혁명은 대단히 복잡한 사건이기 때문에 몇 가지 원인으로 이를 설명하는 건 불가능하다. 그럼에도 문혁을 일으킨 책임자인 마오쩌둥을 빼고 이 사건을 이야기하기는 어렵기에 그와 관련해 가장 많이 설명되는 문혁의 원인과 경과를 살펴보도록 하자.

중화인민공화국의 창업자인 마오쩌둥은 정권 수립(1949년) 후 사회주의 이념노선을 줄기차게 밀어붙였다. 이런 신념의 일환으로 '무산계급인 농민이 중심이 된' 공업화를 이루어야 한다며 1958년 대약진大躍進운동을 벌이지만, 공업화는 고사하고 굶어죽는 사람만 수천만 명에 이를 정도로 철저히 실패하고 만다. 이 일로 인해 마오쩌둥은 권력 일선에서 물러나고, 류샤오치와 덩샤오핑이 구원 등판해 경제를 회복시킨다.

그런데 이들의 자본주의적 정책으로 인해 계급적 불평등이 생기고, 그토록 타파해야 한다고 부르짖었던 관료주의가 당내에 출현하면서 마오쩌둥은 위기감에 빠진다. 그는 민중이 들고 일어나 잘못된 기득권을 뒤집는 것이야말로 사회주의 혁명을 계속 이어나가는 것이라 여기고 군중을 선동한다. 문화대혁명의 정식 명칭이 '무산계급 문화대혁명'인 것도 무산계급의 정신문화로 해이해진 사회를 다시 다잡자는 것이다. 마오쩌둥은 "공산당 내부에 자본주의 길을 걸으려는 세력이 있으니 공격해야 한다"는 언론 플레이를 펼치고, 사회주의 이상과 마오쩌둥 사상에 심취한 10대와 20대 학생들이 그의 뜻을 지지하는 '홍위병'[2]을 자발적으로 조직한다.

문화대혁명이 시작된 1966년부터 1968년까지 약 2~3년간 앞에 열거한 사례들처럼 기존 질서를 뒤엎는 일대 혼란이 펼쳐진다. 자본주의파, 지주, 지식인 들은 말할 것도 없고 기득권 세력의 정점인 공산당 간부들 역시 '반혁명분자'라는 꼬리표가 붙어 폭행당하거나 대중들의 공격을 받았다. 권력 2인자였던 류샤오치는 숙청당해 감옥에서 죽고, 덩샤오핑은 트랙터 공장으로 쫓겨났다.

하지만 그다음에 벌어진 일은 마오쩌둥도 전혀 예상치 못한 것이었다. 홍위병도 출신과 사회적 배경에 따라 분열되고 자신이 더 '사상적으로 붉음'을 증명하기 위해 서로 죽이는 혁명 배틀이 펼쳐졌다. 결국 1968년 마오쩌둥은 군을 투입해 홍위병을 강제로 해산시켜 농촌으로 쫓아버린다. 이후에는 마오가 중용하던 사인방四人幫(장칭, 왕훙원, 야오원위안, 장춘차오)이 주축이 되어 문화대혁명 '시즌 2'를 주도한다. 지식인, 학자, 문인, 예술가 등이 반동분자로 낙인 찍혀 온갖 수모를 당한다. 문혁은 마오쩌둥이 1976년에 사망하면서 마침표를 찍는다. 공식적인 통계는 없지만 1966년부터 1976년까지 10년 동안 반혁명분자로 몰려 사망한 사람이 많게는 2,000만 명에 달한다는 추측이 있을 정도로 중국 현대사의 커다란 비극으로 남았다.

이처럼 마오쩌둥의 잘못된 이상주의 집착과 권력투쟁이 문혁이라는 집단 광기를 빚었다는 게 보편적인 해석이지만, 문혁을 마오쩌둥을 비롯한 당시 대중들의 악마적 광란으로만 봐서는 안 된다는 시각도 있다. 문혁을 직접 겪은 중국의 유명 소설가 한샤오궁韓少功은 인간의 이익 추구라는 관점에서 문혁을 입체적으로 보여준다. 한쪽을 누르면 다른 한쪽이 솟아오르는 풍선처럼, 물질적인 이익 추구가 금지당하면 사람들은 대체할 만한 다른 것, 이를테면 종교나 이념 같은 정신적인 가치에 매달려 사회적 인정을 추구한다는 것이다. 금욕적인 중세 시대에 마녀 사냥이 유행했던 것처럼 말이다. 금전적 이익 추구가 금지당했던 문혁 시기는, 나의 혁명 정신이 남들보다 더 투철함을 보여줘야 정치적 이익을 누릴 수 있었다. 홍위병과 군중이 세포 분열하듯 찢어져 서로 죽이고 때려 부순 이유다. 마오쩌둥이 이러한 인간 본능까지 예측한 것은 아니었다.3

왜 마오쩌둥 사진이 톈안먼 광장에 걸려 있나?

중국공산당 지도부는 이 엄청난 국가적 재난에 대한 입장을 정리하느라 골머리를 앓았다. 수많은 회의와 수정 작업을 거쳐 3년 만인 1981년에 그 결과를 발표했다. 요약하면 이렇다.

> 문화대혁명은 건국 이래로 당과 국가, 인민에게 심각한 좌절과 손해를 끼쳤다. 마오쩌둥은 좌경화한 잘못된 이론으로 문혁을 일으키고 이끌었다.4

중국공산당은 마오쩌둥의 논리가 잘못된 관점이라고 못 박는다. 중국적 상황을 고려하지 않고 사회주의 이론을 융통성 없이 자의적이고 폭력적으로 해석해 나라를 재난으로 빠뜨린 것으로 정리한다. 그런데 왜 마오쩌둥 사진은 여전히 톈안먼 광장에 걸려 있는 것일까?

중국공산당은 이렇게 말한다. 그 난리 속에서도 어쨌든 당을 지

☆ 마오쩌둥의 사진이 내걸린 톈안먼 광장

켜주지 않았느냐고. 당이 사인방, 린뱌오 같은 권력 찬탈 세력의 수중에 떨어지지 않도록 막아준 것, 덩샤오핑을 숙청했음에도 불구하고 다시 중용해 결국 당도 지키고 오늘의 중국을 있게 만들었다는 것이다.[5] 이것이 마오쩌둥이 위대한 지도자인 이유이며, 문혁의 실수를 3할이라 하면 국가를 창업하고 당을 지킨 공적은 7할로 봐야 한다는 것이다.[6]

하지만 속내는 체제 유지에 방점이 찍힌다. 당이 최고 통치 기구인 중국으로서는 당이 쓰러지면 중화인민공화국의 존재 기반이 무너진다. 이는 문혁 때 직접 경험한 바다. 창업자를 부정하면 대중들이 공산당을 비판할 수 있는 여지를 준다. 그가 좋아서라기보다 체제 유지상 상징적으로 톈안먼에 계속 초상화가 걸려 있어야 하는 것은 바로 이 때문이 아닐까.

공산당의 흑역사라 교과서에서도 짧게만 언급되고 넘어가기 때문에 젊은 세대는 50년 전 문혁을 '레트로' 상품으로만 소비한다. 홍위병 코스프레를 위한 문혁 굿즈가 온라인 쇼핑몰에서 판매되고 그 시절을 패러디한 식당이 성업 중이다. 문혁을 경험한 60, 70대 노년층들 중에는 마오쩌둥을 존경하고 그 시절이 좋았다며 향수를 느끼는 사람들도 적지 않다. 문혁이라는 사건의 복잡함과 민감함을 드러내는 부분이다.

문화대혁명의 시시비비 가리기

문혁 때 모든 국민이 똑같이 박해를 받은 건 아니다. 당시 혁명의 주체로 대접받았던 그룹인 노동자와 농민 출신들은 오히려 이때가 살기 좋았다고 하는 사람들도 많다. 배고팠지만 적어도 평등한 시절로 기억하기 때문이다. 우리 사회에서 산업화 시기인 1970년대에 막연한 향수를 느끼는 사람이 있는 것과 비슷하다. 반대로 지식인, 지주, 자본가, 관료 들은 가장 호되게 당한 계층이었다. 이렇듯 출신 성분, 계급에 따라 경험이 천차만별이다 보니 하나의 사건을 두고 사회적 공감대를 형성하기 어렵다.7

그러면 문혁 당시 힘들었던 사람들은 모두 피해자였느냐 하면 그것도 아니다. 가족과 스승에 돌팔매질을 해야 했던 '가해자' 역시 정신적 후유증이 크기는 마찬가지다. 내가 살려면 누군가를 고발하거나 죽여야만 했다. 같은 계층 안에서도 파벌이 갈리고, 가해자와 피해자의 상황이 역전되기도 했다. 초기에 홍위병의 조리돌림을 당했던 당 간부가 훗날 복권되어 자신을 박해했던 홍위병에게 보복한다. 한 개인이 피해자이면서 가해자가 되기도 하고, 개개인의 원통함은 그 대상이 가족, 이웃, 사회와 온통 뒤섞여버렸다.

이런 상황에서 당은 문혁을 마오쩌둥의 사상적 오류로 규정한 후 덮어버렸다. 다른 해석이 끼어들 틈이 없다. 국가의 책임은 없으니 개인은 억울해도 어디 가서 하소연할 곳이 없다. 사회적 공감대가 이루어지지 않은 문혁의 상처를 꺼내봤자 개인과 사회의 분열만 생기는 구조다. 문혁은 중국 당국으로서는 계속 닫아두고 있어야 할 판도라의 상자다.

좌경과 사인방

닥치는 대로 반혁명 세력으로 몰아 국가 혼란을 불러온 문혁의 경험 때문에 중국은 사회주의 체제이면서도 '좌경左傾(왼쪽으로 치우침)'이라는 말에 민감하다. 극단적으로 왼쪽으로 치우친 좌경은 늘 경계의 대상이다. 공산당 역시 문혁을 마오쩌둥의 잘못된 좌경 노선 때문에 일어난 재난이라고 규정했다.

하지만 더 큰 두려움은 '이상적인 사회주의를 실천하자'와 같은 극단적인 대중 선동이지 않을까. 소외된 계층일수록 이런 극단적 좌경 선동이 매력적일 수밖에 없다. 현재의 불평등한 사회는 순수한 사회주의가 아니기 때문이다. 실제 마오쩌둥의 선동으로 각 지역의 공산당 조직이 대중의 공격을 받고 점거됐었다. 사상 초유의 굴욕을 당한 공산당은 좌경, 즉 사회주의 이념을 지나치게 고취하는 행위를 경계한다. 체제 전복으로까지 이어질 수 있기 때문이다.

대표적인 예가 2009년 무렵부터 시작된 전 충칭시 당 서기였던 보시라이薄熙来의 창홍타흑唱红打黑 캠페인이다. 창홍은 '붉은 (혁명) 노래를 부르자', 타흑은 '부정부패를 몰아내자'는 뜻으로, 순결하고 깨끗한 사회주의 이상을 실현하자는 취지의 운동이었다. 부패 관료, 기업가를 대대적으로 색출하자 충칭 시민들이 열렬한 지지를 보냈고, 보시라이는 일약 전국 스타가 되었다.

하지만 억지로 죄를 뒤집어씌우는 경우도 많은 것으로 알려져 논란이 일었다. 게다가 TV, 라디오에서는 문혁 시대 마오 찬양가가 계속 흘러나왔다. 문혁을 연상시키는 보시라이의 대중 선동적인 행동은 중앙 지도부의 눈 밖에 단단히 났다. 차세대 지도자로 승승장구하다가 시진핑에 밀린 것도 '좌경' 캠페인 때문이라는 분석이 나오는 이유다.

따라서 중국에서는 극단적인 좌경을 문자로 쓸 때는 좌에 따옴표를 붙여 '좌'경이라고 쓴다. 사회주의 체제인 중국은 좌경 자체는 '진보를 추구하고 인민을 동정하는 경향'이라고 해서 후한 점수를 주지만, 극단적인 좌경은 '현실을 벗어나 공상에 빠져 헛된 모험을 하는 경향'으로 정의하며 보통의 좌경과 구분하기 위해 따옴표를 사용한다. 다분히 폄하하는 의미가 담겨 있다.[8]

이러한 '좌'경 노선의 대표적인 행동 대장들이 바로 문혁 시대 마오쩌둥의 사인방이었다. 이들은 중국인들이 존경하는 지도자인 당시 저우언라이 총리를 비판했고, 덩샤오핑을 자리에서 내쫓았다. 사인방으로부터 박해받은 공산당 원로들도 한둘이 아니었다. 마오쩌둥이 죽자 공산당 지도부가 가만히 둘 리가 없었다. 이들 사인방은 권력 찬탈 죄목으로 처벌당하고, 국가 창업자라서 대놓고 욕하기 힘든 마오쩌둥을 대신해 공산당과 중국인들의 문혁 공식 욕받이가 되었다.

그런데 사인방이 우리나라로 건너와서는 '4명의 반역 패거리'라는 함의는 없어지고 그저 '4명'이라는 의미만 남는다. 이를테면, 한국 축구 해외파 사인방, ○○당 사인방, 어벤저스 사인방 내한처럼 말이다. 최근에는 우리 예능 프로그램이 중국에서 꽤 인기를 얻다 보니 MC들의 인지도도 꽤 높아지고 있는데, 예를 들어 이런 내용을 전달한다고 하자. "한국 예능 MC 사인방인 유재석, 박명수, 신동엽, 강호동⋯⋯." 상황을 잘 모르는 중국인들이라면 이들이 한국 예능계를 대표한다기보다 업계에서 안 좋은 쪽으로 유명한 사람으로 오해할 수도 있다. 오랜 세월 힘들게 지금의 명성과 커리어를 쌓아 온 이들로서는 정말 억울한 일이 될지도 모른다.

같지만 다른 말, 공사

한국관광공사, 한국도로공사, 한국전력공사……. 우리나라 정부가 공공 사업을 위해 세운 회사들이다. '공적인 일을 하는 회사'라는 의미로 한 자 公社를 쓴다. 그런데 중국에서는 공사가 전혀 다른 의미로 쓰인다. 이는 대약진 시기 몇 년 못 버티고 실패한 공산주의 이상사회 실험이었던 인민공사人民公社에서 비롯된 것이다.**9** 여기서 공사公社는 행정과 경제활동이 하나로 결합된 마을 커뮤니티로 볼 수 있다. 그러다 보니 우리의 '○○公社'를 보고 어리둥절해하는 중국인도 있다. 한국에도 인민공사가?

우리의 역사적 맥락이 있으니 공공기관 명칭 자체를 굳이 다른 말로 바꿀 필요까지는 없지만, 중국인과 접촉이 많은 기관이라면 그들의 언어 습관에 맞추는 것도 한번쯤 생각해볼 일이다. 한국관광공사가 그 예다. 공사 홈페이지의 다국어 지원 서비스 중, 중국 대륙 이용자들을 대상으로 한 중국어 간체자 페이지를 보면, 회사 명칭을 한국여유발전국韩国旅游发展局으로 표기했다. 중국의 관광공사격에 해당하는 국가여유국国家旅游局에서 '여유국'을 차용한 것이다. 중국인들에게 기관의 정체성을 직관적으로 보여주는 작명 스타일이다. 다른 공사들에 비해 중국인들의 접촉이 많을 수밖에 없는 기관의 성격상, 유연한 커뮤니케이션으로 보인다. 또한, 중국어 번체판에서는 한국관광공사韩国观光公社 명칭을 그대로 유지했다. 번체를 사용하는 대만, 홍콩 지역은 대약진, 문혁과 상관없는 지역이기 때문이다.

삭제된 숫자
1.9.8.9.6.4

장면 1

인기 예능 방송 프로그램 〈비정상회담〉은 각국 청년들이 유창한 한국어로 다양한 이슈에 대해 서로 의견을 나눠 인기를 끌었다. 2016년 말 우리나라의 촛불 탄핵 집회가 한창이던 때, 출연자들은 각국의 시위 문화에 대해 이야기를 주고받았다. 누군가가 중국에도 톈안먼 사건이 있지 않았느냐고 묻는다. 질문을 받은 중국인 패널은 당황하며 두 손으로 귀를 틀어막고 이 말을 반복한다. "아, 난…… 아무것도 들리지 않아요, 아무것도 안 들려요."

장면 2

영화로도 만들어진 《붉은 수수밭》의 작가 모옌莫言. 그에게 2012년 노벨문학상을 안겨준 작품은 소설 〈개구리〉다. 중국 정부의 폭력적인 산아제한 정책**10**을 비판하는 내용인데, 소설 속에서 문화대혁명 시기가 그려진다. 그런데 톈안먼 사건에 대해서도 문학작품을 통해 언급해줄 수 있느냐는 한 서양 학자의 물음에 그는 당황하며 이렇게 속삭인다. "(사건 후) 15년이 지나기 전까지는 안 돼요."**11**

우리는 〈비정상회담〉의 중국인 패널과 작가 모옌의 반응에서 직감할 수 있다. 톈안먼 사건은 중국인들에게 대답을 회피하고 싶을 정도로 민감한 사안이라는 것을. 1989년 6월 4일에 발생한 톈안먼 사건은 중국에서(특히 공적인 장소에서) 입 밖에 꺼낼 수 없는 금기 중의 금기다. 톈안먼 사건뿐만 아니라 사건이 발생한 6월 4일을 의미하는 숫자 6.4, 1989.6.4 등은 중국 포털에 검색 금지어로 올라가 있고, 소셜미디어에서도 차단당한 단어다.

매년 6월 4일마다 고강도의 인터넷 검열이 작동할 뿐만 아니라, 톈안먼 광장 주변 지역 경계가 강화되는 것을 보면 30여 년이 지난 지금도 행여나 그날을 기억하는 사람들이 있지 않을까 신경 쓰고 있다는 방증이다. 아예 사람들 머릿속에 6.4라는 숫자 자체를 지우고 싶은지도 모른다. 30년 전인 1989년 6월 4일, 수도 베이징의 심장부 톈안먼 광장에서는 무슨 일이 일어났던 걸까?

청년 편에 섰던 지도자의 죽음

1989년 4월 15일, 베이징 소재 대학생들이 후야오방胡耀邦 전 총서기의 죽음을 애도하기 위해 톈안먼 광장에 모이기 시작한다. 처음에는 추모 대회 성격으로 시작했지만 집회 규모가 점점 커지더니 이내 군중들 사이에서 '부패를 타도하자'는 구호가 번지기 시작한다. 그간 누적되었던 불만이 터져 나온 것인데, 어떤 일이 있었는지 시계를 12년 전인 1978년으로 되돌려보자.

마오쩌둥 사망 후 실질적인 국가 지도자로 떠오른 덩샤오핑은 문화대혁명으로 망가진 나라의 경제를 재건하기 위해 1978년부터 그 유명한 개혁·개방을 실시한다. 정치적으로는 사회주의 체제를 유지하고 경제적으로는 시장경제를 도입하는, 인류 역사상 전무후무한 실험이었다. 이때 특정 지역만 우선 시장경제를 도입해 그 지역을 부자로 만든 다음 점차 다른 지역으로 부를 확산시키겠다는 플랜을 가동한다.

이러한 경제특구를 중심으로 놀라운 경제성장을 이어갔지만 부작용도 속출했다. 중국에 그 전에 없던 자영업자, 자본가 같은 다양한 계층이 생겨나면서 지역 간, 계층 간 빈부 격차가 발생하기 시작한 것이다. 게다가 경제특구에 최대한 자율성을 주다 보니 지방정부 관료들의 힘이 막강해진다. 외자 유치 인허가 과정에서 관료들이 뇌물을 챙기면서 부패가 만연하고,12 힘들었지만 다같이 '못 살았던' 사회적 동질감이 깨지기 시작한 것이다.

한편으로는 사회 분위기가 비교적 자유로워지면서 정치 개혁에 대한 목소리가 커지고 대학가에서는 민주화를 요구하는 대자보가 자주 내걸렸다. 1986년에는 허페이合肥 중국 과기대에서 민주화 시위가 발생하기도 했다. 지금의 사회 분위기로는 상상하기 힘든 장면이 무려 30년 전에 있었던 셈이다. 당시 개혁 성향이던 후야오방 총서기는 시위 학생들을 설득하려는 '물러터진' 행동을 보이는 바람에 강경 진압을 원하던 보수파에 찍혀 결국 자리에서 물러나고 만다.13 1989년 4월 15일 후야오방의 서거는 그를 기억하는 대학생들을 끌어모았고, 정치·경제·사회에 쌓여 있던 불만과 열망이 한꺼번에 터져 나오는 도화선이 되었다.

피로 물든 톈안먼

추모 대회에 시민과 지식인도 가세하면서 집회는 정치적 시위로 변해간다. 시위대는 민주화 요구를 번번이 묵살하는 보수파 지도부의 퇴진과 부패 관리 엄벌을 요구한다. 지도부 내에서는 보수파와 개혁파가 사태 해결을 두고 팽팽하게 맞선다. 보수파는 강경하게 대응해 일이 더 커지기 전에 이들을 해산시켜야 한다고 주장했고, 당시 자오쯔양赵紫阳 총서기를 중심으로 한 개혁파는 대화와 협상을 통해 이들을 진정시켜야 한다는 입장을 고수하느라 계속 시간만 흘러간다.

마침 자오쯔양 총서기가 북한을 방문한 틈을 타서 강경파인 리펑李鵬 총리가 4월 26일 《인민일보人民日報》에 '이 시위는 폭동이자 사회주의 체제를 부정하는 반혁명 세력의 음모'라는 취지의 글을 기습적으로 발표한다. 성난 시위대에 기름을 부은 격이다. '덩샤오핑 물러가라'는 구호까지 터져 나오기 시작한다. 총서기는 자오쯔양이지만, 덩샤오핑은 군사위주석으로서 군 통수권자이자 상왕 정치를 하는 실제 권력이기 때문이다. 자오쯔양은 톈안먼 광장의 시위 현장에 직접 나와 시민들에게 더 이상 시위를 확산시키지 말고 자제해줄 것을 눈물로 호소한다. 시위대 편에 서준 것이다.

하지만 이미 언론을 통해 시위대가 폭도로 규정된 이상 덩샤오핑의 마음도 강경 진압으로 흘러갔다. 결국 지도부는 5월 19일 계엄령을 선포했고, 자오쯔양은 더 이상 힘쓰지 못하고 총서기직을 사퇴한다. 군대가 톈안먼 광장 주위를 포위하기 시작했지만 학생과 시민들은 여전히 시위를 풀지 않았다. 대치가 이어지던 6월 4일 새벽. 톈안먼 주변으로 대기해 있던 탱크가 시위대를 가차 없이 밀어버리고 인민해방군은 인민을 향해 총을 난사한다. 그렇게 시위는 막을 내렸다. 얼마나 많은 사람들이 사망하고 다쳤는지 현재까지 공식 발표는 없지만, 사망자가 2,000명에 이를 것이라는 외부의 추측도 있다.[14]

중국 정부는 이 사건에 대해 "폭도들이 관공서와 교통 시설을 파괴해 당 지도부의 결단하에 사태를 진정시켰다"[15]고만 짤막하게 언급한다. 정부 발표처럼 사태는 진정됐지만, 공산당은 자신의 손에 인민의 피를 묻히고 말았다. 당시 진압 결정을 내리도록 한 덩샤오핑의 연설을 보면 그 말이 사실인 것 같기도 하다.

> 우리는 피 흘리는 것을 원하지 않지만, 두려워하지도 않는다. 우리에게
> 는 아직 300만의 군대가 있다. 20만 명이 죽는다 해도 국면을 통제하고
> 20년의 안녕을 쟁취할 것이다.**16**

일종의 '본보기'를 보여주겠다는 결의였을까? 그랬다면 덩샤오핑의 생각은 주효했던 것 같다. 이 진압 작전 이후 중국 사회에서 민중들이 두 번 다시 민주주의를 입 밖에 내고 들고일어난 적은 없으니까 말이다.

톈안먼 사건, 6.4, 1989.6.4

당연하지만 톈안먼 사건天安门事件과 관련된 모든 것은 금기 사항이다. 앞서 설명한 6.4六四나 1989.6.4.一九八九六四로 표현하는 것뿐만 아니라 톈안먼 사건과 관련된 어떠한 활동도 금지된다. 학술 연구는 물론이고 문학작품, 영화 등 대중문화 소재로 사용되는 것도 금기시된다. 같은 역사적 재난이었던 문화대혁명이 소설과 영화의 소재로 쓰인 것과는 대조적이다. 문혁 때는 덩샤오핑도 숙청당했었고 공산당도 공격을 받았던 터라 마오쩌둥 사후에 마오의 오류로 잘못

을 정리할 수 있었다.

그러난 톈안먼 사건은 '인민을 해방시키기 위해 만든 군대'인 인민해방군을 동원해 인민을 짓밟았으니 아무리 사회 안정을 위해서였다고 주장해도 떳떳할 리 없다. 당시를 목격했던 사람들은 깊은 상처로 남았고, 당 지도부의 손에 묻은 피는 선명하다. 중국 대륙에서 결코 공론화될 수 없는 이유다. 당시 희생당한 학생들의 부모 모임인 '톈안먼 어머니회'만이 매년 6월 4일 즈음에 미국의 인권 단체를 통해 정부의 진상 규명을 요구하고 있지만, 오히려 이들에 대한 감시와 통제가 최근 들어 더욱 강해지고 있다는 후문이다.

중국이 가급적 거론하지 않으려고 하지만, 역사적인 사건으로 언급할 때 당국이 에둘러 쓰는 표현이 있긴 하다. '1989년 정치 사태—九八九年政治风波'다. 바이두백과에서 검색하면 1989년 정치 사태에 대한 설명은 단 여섯 줄이다.[17] 한 사건이나 이슈에 거의 팔만대장경급 방대한 설명을 하는 바이두백과답지 않은 궁색한 모습이다.

그러던 것이 2019년부터는 이마저도 아예 없는 페이지로 뜬다. 톈안먼 사건 30주기를 맞아 그마저도 빼버린 모양이다. 대신 공산당 기관지인 《인민일보》의 공산당 역사 코너에는 '1989년 정치 사태'[18]에 대한 설명이 남아 있다. 바이두백과의 설명과 다른 점이 있다면 시위대가 폭도라는 점을 좀 더 길게 설명하고 정부의 대처에 관해서는 "결단을 내려 사태를 진정시켰다"라는 말이 전부다.

톈안먼 사건과 관료

톈안먼 사건과 관련해 더욱 민감해진 말이 있다. 바로 관료官僚 다. 마르크스는 국가를 부르주아 계급의 억압 도구로 보고, 그 권력을 지지하는 관료제를 폐지해야 한다고 주장했다.19 따라서 사회주의 중국에서도 관료나 관료주의는 늘 경계해야 할 대상이었는데, 모진 현대사를 겪으며 이는 더욱 예민한 단어가 되었다. 그 첫 번째 시기는 문화대혁명 때다. 마오쩌둥은 공산당 내부의 '관료주의'를 공격해야 한다고 대중을 선동했고, 결국은 덩샤오핑 등 당 지도부가 대중들의 공격을 받고 모진 수모를 겪었다.

두 번째는 바로 톈안먼 사태 때다. 이 사건을 촉발한 원인 중의 하나도 바로 이 관료로, 학생들이 들고 나온 구호 중 하나도 '부패한 관료를 타도하자'였다. 민중에게는 타도의 대상이자 지도자에게는 경기를 일으키는 단어가 된 것이다. 시진핑이 권력을 잡자마자 한 일도 부패 관료 처벌이다. 이들을 잘 처리하지 못하면 민중의 분노를 불러일으킬 수 있다는 중국 지도자의 트라우마에 가까운 인식을 엿볼 수 있다.

우리에게도 관료는 긍정적인 말이 아니지만, 부정적인 상황이 아닐 때에도 '정부 관료들'이라는 단어를 종종 쓴다. 우리 언어 습관대로 무심코 '중국 관료들'이라고 말하면 아마 듣는 중국 관리가 겉으로 내색은 안 하겠지만 속으로 불쾌해할 수도 있다.

'정치심사'에도 들어가는 1989의 흔적

군사독재 시절. 우리도 한때 공무원이나 대기업에 응시할 때. 또는 직장에서 진급할 때 특정 지역 출신은 배제된다는 말이 있었다. 정치적 '불순분자'로 봤기 때문이다. 중국도 정치적 불순분자를 가려내기 위해 거치는 절차가 있다. 일명 '정치심사政審'인데, 당 조직에 들어갈 때 정치 이력을 검증하는 단계라고 볼 수 있다. 응시자가 '문혁' 기간에 미성년이었음을(홍위병으로 날뛰며 당을 공격하지 않았음을 증명), 1989년 정치 사태 때 어떠한 불량 활동에도 참여한 적이 없음을. '파룬궁'은 사교 집단이라는 당의 결정을 지지함을 명확히 드러내야 한다. 여기에 증명되는 내용은 중국이 정치적으로 가장 민감하게 여기는 종합 세트라고 볼 수 있다.[20]

'정치심사' 중 개인의 정치적 배경 소명 부분

3. 本人政治历史情况

×××同志，无政治历史问题。"文革"期间尚未成年，故不予审查。在1989年的政治风波中，×××同志没有参与任何不良活动，同党中央保持了高度一致。在对待"法轮功"问题上，×××同志完全拥护党中央的正确决定，自觉与"法轮功"邪教组织划清界限，做到不信、不练、不传。

톈안먼 사건이 또 있다?

바이두백과에서 '톈안먼 사건天安门事件'으로 검색하면 관련 내용이 제법 많이 나온다. '어? 금지된 단어가 아니잖아'라고 생각할 수 있지만, 그것은 1989년 6월 4일에 발생한 그 톈안먼 사건이 아니다. 1976년의 4.5운동四五运动을 말한다. 1976년 4월 5일에 발생한 이 사건 역시 민중의 항의 시위로서 톈안먼 광장에서 발생했다. 문화대혁명 시기 당시 대중들의 지지를 받던 저우언라이 총리가 서거하자 그를 애도하기 위해 군중들이 모여들었다가 나중에는 사인방을 성토하고 문혁을 부정하는 시위로 성격이 바뀌게 된다. 결국 사인방과 당시 지도부에 의해 진압되고 강제 해산을 당한다.

당시 군중들이 '악당' 사인방을 규탄하고 사인방에 의해 내쫓긴 덩샤오핑을 옹호했기 때문에, 이 시위는 여러모로 '정의로운 항거'로 역사에 남게 되었다. 덕분에 '톈안먼 사건'이라는 이름을 쓰도록 허용되었다. 하지만 아무래도 1989년 시위를 떠올릴 수도 있기 때문에 중국에서는 '4.5운동'이 공식적인 용어다. 민중이 지지하는 지도자의 서거를 계기로 촉발된 시위라는 점에서 1989년 시위와 판박이다. 1차는 맞고 2차는 '틀린' 것은 역사는 승자의 기록이기 때문인지도 모른다.

마법에 걸리는 시간,
3월과 10월

2014년 7월. 카톡과 라인이 중국에서 먹통이 되는 바람에 중국 내 교민이 큰 불편을 겪어야 했다. 먹통 사태는 8월 말까지 이어졌다. 2017년 3월에는 이미지 공유 글로벌 소셜미디어인 핀터레스트도 열리지 않더니, 2018년 10월에는 급기야 네이버 카페와 블로그도 중국에서 열리지 않았다. 다른 지역에서는 별문제 없는 서비스들이 중국에서만 열리지 않기에 '차단설'이 고개를 들었다.

　카톡과 라인의 먹통 사태는 신장웨이우얼자치구의 무장 폭력 단체들의 테러 활동에 한국의 소셜미디어가 사용되고 있다는 첩보에 따라 이에 대응한 것이라는 중국 당국의 이례적인 '친절한' 설명이 있었지만, 대부분 이런 일을 중국이 공식적으로 확인해주는 경우는 없다. 시진핑 주석이 상하이에서 열리는 국제 행사에 참석하기 때문에 보안이 강화되었을 것이라든가, 탈세에 연루된 판빙빙 잠적을 두고 한국이 가짜 뉴스를 너무 많이 퍼뜨린 것에 대한 보복 조치였을 것이다 등등의 추측만 무성했다. 실제로 그런 이슈들 때문에 차단했을 가능성도 높다. 게다가 중국의 언론통제가 어제오늘 일은 아니다. 하지만 '접속 불능'이 특별히 강하게 작동하는 시기가 있다. 바로 최고 수준의 '검열 마법'이 펼쳐지는 3월과 10월이다.

그렇다면 왜 3월과 10월인가? 이때 중국의 대표적인 중요 정치 대회인 전인대, 정협, 당대회가 열리기 때문이다. 회의 기간 동안에 중국의 최고 권력자들이 총출동하고, 이들의 동정과 중요한 정책 발표 내용은 중국뿐 아니라 전 세계 초미의 관심사다. 그런데 중국과 해외 미디어에서 다루는 내용이 종종 엇갈린다. 중국에서는 공산당과 지도부의 결정에 대한 '용비어천가'뿐이다. 왜 그런 정책과 결정이 나오게 되었는지 메스를 들고 해부하는 건 외국 매체의 몫이다. 온갖 정보원과 전문가를 동원해 사안을 분석하거나 때로는 공산당 지도부의 치부까지 후벼 파니 중국 당국으로서는 여간 성가신 게 아니다.

신경 쓰이는 것은 이뿐만이 아니다. 전 세계 카메라가 중국에 집중되어 있는 이 기간은 신장 위구르나 티베트 분리 세력이 그들의 목소리를 전달하기에도 좋은 때여서 불청객이 잔칫상에 재 뿌리는 일도 막아야 한다. 그러다 보니 매년 3월에 열리는 전인대와 정협, 5년에 한 번씩 10월(또는 11월)에 열리는 당대회 기간은 온오프 공간에서 최고 수준의 검열과 보안이 이루어진다. 닮은 듯 달라 보이는 이들 회의에서는 무엇이 이루어지는 걸까?

3월 두 개의 회의, 전인대와 정협

3월에는 정협과 전인대 두 회의가 열린다. 보통 초순에 개막해 2주 간 열리는데, 두 회의가 항상 세트로 붙어 다니며 연달아 열리기 때문에 이 둘을 묶어서 흔히 '양회兩会'라고 한다. 같은 시기에 함께 열리는 것은 정체성이 비슷하기 때문인데, 두 회의의 본질은 '인민의 참여'에 있다.

우선, 정협이 전인대에 앞서 열린다. 알쏭달쏭한 이름의 중국 정치 행사는 정식 명칭을 보면 어느 정도 회의의 정체성을 가늠할 수 있다. 정식 명칭은 '중국인민정치협상회의中国人民政治协商会议'인데, 이름에서 보듯 중국 인민들(국민들)이 정치 관련 협의와 토론을 하는 회의다. 공산당이 모든 것을 결정하는 정치체제가 아닌가 싶지만, 중국의 국가명이 '중화인민공화국'임을 떠올리면 인민이 참여하는 제도적 장치가 없는 것이 오히려 이상하다. 정협이 그중 하나다.

중요한 정치적 결정은 공산당 엘리트 지도층이 하지만, 특정 안건들에 대해서는 다양한 사회 구성원이 협의와 토론을 하도록 만든 논의의 장이 정협이다. 사회·경제 구조가 복잡해지면 다양한 이해 당사자들이 생긴다. 그래서 각계 인사가 모여 다양한 의견을 내놓고 조율하도록 만든 것이 이 회의의 취지다.

소수민족, 종교, 문화·예술, 노조, 재계 등을 포함한 34개 영역의 인사 2,000여 명이 정협 위원으로 참여한다. 워낙 각계각층에서 모인 터라 정협 위원들은 늘 카메라 세례를 받는다. 농구 선수 야오밍, 영화배우 청룽, 주성치 같은 대중 스타 위원들은 물론이고, 시대별로 뜨는 산업군의 '자본가'가 정협의 중요 멤버로 등장한 지도 꽤 된다. 최근에는 ICT 산업이 중국 경제의 성장 동력이 되면서 바이두 리엔훙 회장, 샤오미 레이쥔 회장 등이 회의에 참여해 관련 산업 정책에 목소리를 내어 주목을 끌었다.

이처럼 각계를 대표하는 인사들이 특정 안건을 제안하거나 토론을 거쳐 의견을 조율하는 것이 정협의 역할이다. 물론 중요 정책을 엘리트 지도자들이 독단적으로 결정하지 않고 인민들에게 '충분히 민주적으로' 협의할 기회를 주어 공산당 지배의 정당성을 부여하는 절차일 뿐이라고 깎아내리는 시각도 있다.

정협에서 협의되고 의견 조율을 거친 정책은 정협 개막 이틀 후에 열리는 '전인대'에서 의결된다. 정협은 심의기구이고, 전인대는 의결기구인 셈이다.[21] 전인대의 정식 명칭은 중화인민공화국전국인민대표대회中华人民共和国全国人民代表大会다. 우리는 보통 전인대로 줄여 부르지만 중국에서는 전국인대全国人大 또는 인대人大로 부른다.

전인대에서는 전국 인민의 대표들이 한자리에 모여 법 제정과 개정, 국가 예산 심의 비준을 진행한다. 우리의 국회에 해당하는 입법기관이다. 게다가 전인대를 통해 국가 지도자들이 정식 임명되기

출처: shutterstock

☆ 전인대 기간에는 엄중한 언론통제가 이루어진다.

때문에 국가 최고의 권력기관으로 간주된다. 이는 당의 안건에서 지도자까지 추인하는 권력이 인민에게 있다는 의미에서다. 그런데 이 전인대 대표들이 정말 평범한 인민들로 구성된 것이냐 하면 그건 아니다. 각 행정 지역에서 선출된 3,000여 명의 대표들 중 3분의 2 이상이 공산당원이며 성장, 당서기, 군 고위 간부 등 고위층들이 대표를 맡고 있어, 전인대는 평범한 인민의 대표라기보다 군과 당원으로 구성된 엘리트 집단이라고 할 수 있다.[22]

전인대 기간에는 국무원총리가 정부 업무 보고를 하는데, 경제성장률, 소비자물가, 국방비 예산 등 향후 1년간 중국 경제의 방향을 가늠할 수 있는 중요한 수치가 발표된다. 양회의 하이라이트라고 할 수 있다. 이 밖에도 고위급 인선안, 국가기구 개편, 헌법 수정안 처리 같은 정치적 사안은 늘 국제사회의 관심을 끄는 이슈인데, 바로 이 점이 중국 당국이 신경을 곤두세우는 이유다. 지도부 구성이나 정치 환경 변화와 관련된 추측성 보도를 용납하지 않기 때문이다.

2018년 3월의 양회를 예로 들어보자. 시진핑 주석이 지난 5년간의 집권 1기를 마무리하고 집권 2기를 맞이하는 첫 양회였는데, 권력 기반 강화로 보이는 조치들이 줄줄이 마련되었다. 헌법 조항에 국가주석 3연임 제한 규정 삭제와 '시진핑 사상'을 넣은 것이 가장 뜨거운 이슈였다. 시진핑 주석의 권력 기반 강화로 해석되었기 때문이다. 많은 중국인들은 '상관없다, 지금처럼 안정적으로 국정 운영을 해준다면 더 집권해도 문제없다'고 생각한 반면, 일부 중국 지식인과 유학생들은 '시진핑 주석의 장기 집권과 독재의 길'이 열렸다고 비판했다. 해외 일부 중국 유학생들은 소셜미디어를 통해 'Not my president' 운동을 벌이기도 했다.

이로 인해, 매년 양회 때마다 언론통제가 있었지만 특히 2018년 3월 양회 기간은 더욱 철통 보안이 이루어졌다. 온라인과 소셜미디어에서 황제나 장기 집권을 연상케 하는 검색어, 이를테면 종신제終身制, 위안스카이袁斯凱, 시황제習皇帝 같은 단어의 차단은 물론, '독재자의 길 걷는 시진핑' 같은 말들이 넘쳐나는 해외 언론 보도가 중국 내로 유입되는 것을 막기 위한 삼엄한 언론통제가 이루어졌다.

10-11월 당대회, 5년마다 오는 예민한 시간

당대회의 정식 명칭은 중국공산당전국대표대회 中国共产党全国代表大会 다. 공산당의 전국 대표들이 모이는 대회로, 공산당 전당대회라고 보면 된다. 앞서의 전인대와 정협이 인민 참여형 정치 행사라면, 당대회는 공산당 엘리트 행사다. 5년에 한 번씩 열리고 다음 당대회가 열리기 전까지 5년 동안이 한 회차다. 예를 들어 가장 최근인 2017년 10월 18일에 열렸던 당대회는 제19차였고, 5년 후인 2022년에는 제20차가 되는 식이다.23 개최 시기는 2002년 이후부터는 보통 10월이나 11월이다.

당대회에서는 지도부의 업무 보고를 심사하고 당장(당의 헌법) 수정 등 공산당의 중요 문제들을 처리하지만,24 가장 중요한 역할은 연설을 경청하고 지도부의 결정을 통과시키는 것이다.25 그중에서도 국제사회가 가장 관심을 가지는 이슈는 지도부 선출이다. 당대회에서 선출된 공산당 지도부가 앞으로 5년간 중국을 이끌어가기 때문이다.

국가주석, 부주석, 총리, 부총리급 등 정부 최고위직의 임기는 5년, 두 차례까지 연임할 수 있어 보통 최고위직은 10년간 임기가 보장된다. 1982년부터 이 제도가 정착이 되어 뒷자리가 2로 끝나는 해는 총서기를 포함한 지도부가 전원 교체되고, 5년 후인 7로 끝나는 해는 최고위직이 연임되어 집권 2기를 준비한다. 당대회에서 선출된 지도부는 바로 다음 해 끝자리가 3과 8로 끝나는 해에 전인대

비준을 거쳐 새 지도부로 데뷔한다. 시진핑 총서기를 예로 들어보자.

다음 그림과 같이 시진핑은 2012년에 지도자로 선출되어 다음 해인 2013년 전인대에서 정식 임명되었다. 5년 후인 2017년에는 연임을 해 집권 2기를 맞이했고, 다음 해인 2018년에는 총서기로 재임명되었다. 이처럼 당대회를 통해 새로운 지도자 선출이 이루어지는 2와 7로 끝나는 해, 그리고 비준이 이루어지는 그다음 해까지를 '권력교체기換屆時期'라고 부른다. 이 시기는 모든 통제가 철저히 이루어지는 때다. 관례대로라면 시진핑 집권 10년이 끝나는 2022년 새로운 지도자를 선출하겠지만, 앞서 언급한 대로 2018년 헌법에서 국가주석 3연임 제한 규정을 삭제했기 때문에 시진핑이 계속 집권을 이어나갈지, 아니면 새로운 인물에게 자리를 넘길지가 초미의 관심사가 되고 있다.

인선에 대한 예상 보도가 중국에서는 나오지 않기 때문에 당대

● 시진핑 총서기의 임명과 연임 과정 ●

회가 열리는 해는 지도자 그룹에 대한 추측과 예측이 외부 세계에서 홍수처럼 쏟아진다. 당내 파벌 간 힘겨루기를 통해 누가 밀리고 누가 득세했다는 내용은 단골 이슈다. 하지만 공산당은 지도부 갈등이 밖으로 드러나는 것을 금기 중의 금기로 생각한다. 이는 권력 투쟁으로 인해 문화대혁명 같은 대참사를 겪은 뼈저린 경험 때문이라는 분석이다.[26] 내부 분열이 자칫 체제 붕괴까지 몰고 올 수 있다고 생각하는 것이다.

시진핑이 지도자로 선출된 2012년과 집권 2기를 시작한 2017년 당대회 시즌은 그야말로 모든 것이 꽉 막혔다. 특히 시진핑이 선출되던 2012년은 권력투쟁설로 전 세계가 시끄러웠던 한 해였다. 당대회가 열리는 인민대회당 주변의 물 샐 틈 없는 삼엄한 경비는 기본이었고, 기습적인 불온 유인물 살포를 막기 위해 인민대회당 앞을 지나는 택시는 창문 손잡이를 아예 작동되지 못하게 한다든가, 리모콘 조종 비행기 장난감 구매 시 실명을 등록해야 한다든가,[27] 야외에서 풍선을 날리는 것조차 금지했다. 2012년 당대회 기간의 풍경이었다.

2017년 10월 18일 19차 당대회는 5년 전보다 보안과 통제, 검열이 심해지면 심해졌지 덜하지 않았다. 베이징 지하철은 승객들을 대상으로 검문검색을 실시하는 바람에 출퇴근 대란을 겪어야 했고, 당국이 술집 등 유흥업소에 당대회 기간에 문을 닫아달라고 요청했다는 글이 소셜미디어에 돌기도 했다. 한국인들이 사용하는 카카오톡, 해외에 서버를 둔 왓츠앱도 당대회를 앞두고는 서비스가 차단되었다. 혹시 모를 테러에 대한 우려도 있지만, 최고 지도자의 위상이나 차기 지도부 선임 문제를 왈가왈부하는 것은 폐쇄적인 엘리트 집단이 받아들이기 힘든 내용들이다. 이런 '불온한' 정보들이 중국 내부로 확산되는 것을 막는 일이 당대회 시기의 중요한 업무다.

보도 금지어

통일된 어젠다를 공유하고 확산시키는 것은 중국공산당에게 최고의 언론 덕목이다. 그러므로 본질을 흐리는 가십, 사회 비판적인 민감한 뉴스는 백해무익한 요소로 여겨질 수밖에 없다. 특히 수많은 정책과 보고가 쏟아지는 양회와 당대회 같은 정치 행사 기간에는 더욱 그렇다. 아예 '보도 금지어 리스트'라는 것을 만들어 언론에 하달한 것으로 알려졌다.[28] 3월에 열리는 양회를 바로 코앞에 둔 시점이었다. 다음은 그중 몇 가지 내용이다.

- 티베트 대표의 '시진핑 배지' 착용 관련 내용은 신화사 원고를 사용할 것
- 전인대 대표 위원 국적 문제
- 의제를 희화화하지 않기[29]
- 종교 시설 철거 등 종교와 관련된 민감한 문제

- 대만 및 북한 문제는 신화사 보도 이용

- 경제가 잘 돌아가고 있다는 내용 외에 부동산, 외환 시장, 증시 관련 어떤 뉴스도 안 됨

- 스모그 문제(지난주 양회 개막 시 베이징의 공기 오염 수준이 위험 수준에 도달)

이 리스트를 보면 중국 당국이 어떤 문제를 민감하게 여기는지 엿볼 수 있다. 늘 민감하게 여기는 소수민족 문제(티베트 대표들의 '시진핑 배지' 착용)를 비롯해 전인대와 정협의 위상 문제(국적, 의제 희화화), 종교 문제, 대만과 북한 문제, 경제 문제, 환경오염 문제 등이다.

스모그와 마크 저커버그의 실수

페이스북 창업자 마크 저커버그의 중국 사랑은 유별나다. 아내가 중국인일 뿐만 아니라, 2015년에는 칭화대에서 '무려' 중국어로 20분간 연설을 해 중국인들의 호감을 샀다. 중국에서 차단된 페이스북이 다시 서비스될 수 있도록 구애 작전을 펼친 것이다. 러브콜은 다음 해인 2016년에도 이어진다. 3월 18일 톈안먼 광장 앞에서 조깅하는 모습이 페이스북에 올라와 화제가 된 것이다.

그런데 이번에는 다른 이슈가 부각되었다. 하필이면 엄청난 스모그가 베이징을 덮어버린 날이라 전 세계는 마크 저커버그의 중국 사

랑보다는 뒤로 펼쳐진 뿌연 톈안먼 광장에 더 놀라워했다. 타이밍
도 안 좋았다. 양회가 열리는 3월은 중국이 부정적인 이슈는 안 보
여주고 싶은 때인데, 국제적인 유명 명사가 베이징의 미세 먼지를 전
세계에 알린 셈이다. 중국 입장에서는 체면 구길 일이다. 페이스북은
아마 어쩌면 이때 '미운 털' 점수 1점을 획득했을지도 모른다.

8월, 루머의 백화점 베이다이허 회의

베이다이허北戴河는 수도 베이징으로부터 동남쪽으로 300킬로미터 떨
어진 바닷가 휴양지인데, 매년 여름 전 현직 최고 지도자들이 이곳에
서 회의를 연다. 피서를 겸해 열리는 회의라 비공식으로 진행된다. 대
개 7월 말 또는 8월 초에 회동하는데 이때도 만만찮게 통제 시스템이
가동된다. 그해 10-11월에 있을 공산당 엘리트 회의인 중앙위원회 전체
회의에서 논의될 정치적 의제와, 또는 당대회에 있을 최고위층 선출 문
제를 베이다이허 회의에서 사전 조율하는 것으로 알려져 있기 때문이다.
특히 공산당 원로들이 자신들의 후계 라인을 만들어 '상왕 정치'를 하려
는 것으로 알려져 내부 권력 투쟁에 대한 해외 언론의 관심이 폭발적
이다.
시진핑이 선출되던 2012년부터 몇 년간은 해마다 베이다이허 회의가
열리는 6월부터 8월까지 언론통제가 극심해졌다. 시진핑이 권력 기반
을 공고히 다지느라 정치적으로 혼란한 시기였기 때문이다. 다음은 이
기간에 베이다이허 회의에서 다뤄졌다는 내용이거나 관련 루머들인데
중국에서는 철저히 봉쇄되었다.

• 2012년 8월. 연초에 터진 보시라이 사건('2012년, 검열의 전성시대 개막'

참고)의 여파로 베이다이허 회의에서 당내 파벌 간 정치적 타협이 있었을 것이다.

- 2014년 8월. 보시라이와 손잡고 시진핑의 반대편에 섰던 것으로 알려진 정치 거물 저우융캉을 어떻게 처리할 것인지 논의되었다.
- 2015년 8월. 톈진 항구 폭발 사고가 장쩌민 측의 시진핑 암살 기도다.
- 2016년 6월. '리위안차오 부주석 낙마설'이 화제가 되었다. 시진핑의 공청단파 견제다.

한편, 집권 1기 동안 권력 집중 작업을 해온 시진핑은 베이다이허 회의가 원로들이 참여하는 은밀한 회의로 비치는 것을 경계한 것 같다. 2017년 8월 베이다이허 회의에서는 원로들과의 회동 자체가 이루어지지 않았다는 소식이 전해지면서 과거 30년간 이어져 내려오던 집단지도체제가 시진핑 1인 체제로 굳어졌다는 관측이 널리 퍼졌다. 하지만 2018년 8월에는 시진핑의 최측근이자 책사인 왕후닝 상무 위원이 회의에 보이지 않자 시진핑 1인 체제 강화가 암초를 만난 것이 아니냐는 추측이 나돌았다. 당국이 의도하든 그렇지 않든 외부 세계가 베이다이허 회의에 대한 관심을 거두지 않는 한 6~8월도 이래저래 민감한 시기를 벗어나기는 힘들어 보인다.

당·방·파·군,
파벌 금지

태자당 · 공청단파 · 상하이방. 중국 뉴스를 관심 있게 지켜본 사람이라면 이런 이름들이 익숙할 것이다. 중국의 정치 파벌이라고 알려진 세 그룹은 지난 25~35년간 중국의 권력 암투를 상징하는 키워드였다. 지도자들을 '파벌'로 줄 세우기도 하는데, 태자당은 시진핑 · 보시라이, 공청단파는 후진타오 · 리커창, 상하이방은 장쩌민 · 저우융캉 하는 식이다.

이런 파벌 분류가 자주 언급되는 시기는 주로 핵심 지도부가 교체되는 때다. 여기서 핵심 지도부는 중앙정치국상무위원회中央政治局常务委员会를 말한다. 중국 정치 엘리트 피라미드에서 가장 꼭대기에 있는 그룹이자 중국을 이끌어가는 최고 권력 7인으로 구성된다.30 이 7인 지도자 체체를 가리켜 '집단지도체제'라고 한다. 시진핑도

이 7인 중 한 명이다.

중국은 지도자를 직접선거로 뽑지 않는 데다가 최고 권력 7인의 결정 과정도 공개되지 않기 때문에, 세대교체 시기마다 상하이방이 지고 공청단파가 득세했네, 파벌들이 치열한 암투를 했네, 하는 식의 권력투쟁설이 해외 미디어의 단골 안줏거리였다. 하지만 이런 파벌 스토리는 외부 세계에서나 유통되지 중국 내부에서는 절대 이슈화되지 않는다.

태자당, 상하이방, 공청단파 그리고 시자쥔

파벌의 출발은 태자당太子黨이다. '혁명 1세대의 자제들' 혹은 '공산당 원로의 자제들'로 알려진 그룹이다. 혁명 1세대나 공산당 원로는 중화인민공화국의 개국 공신들인데, 이들이 건국 당시 당·정·군 등 국가의 주요 요직을 다 맡았다. 그리고 그들의 자녀와 손자들이 아버지 대의 권력, 명예, 부를 고스란히 승계했는데, 이들을 가리켜 태자당이라고 한다.

사회주의 체제에서 세습이 어떻게 가능할까 싶은데, 그 발단은 세대교체에 있다. 1980년대 초반, 개국 멤버들이 나이가 들어가자 덩샤오핑은 통치 그룹의 세대교체 고민이 커진다. 이때만 해도 지도부의 선발과 임기에 관한 규정이 없다 보니, 원로들이 제 발로 자리를 내어줄 리 없었다. 그래서 생각해낸 것이 원로 간부들의 자제들에게 당·정·군 요직을 물려받도록 한 것이다.

자녀들은 어려서부터 아버지의 사회주의 혁명 과정을 지켜봤기 때문에 공산당 체제에 대한 충성심도 높을 것이고, 자식에게 기득권을 물려준다는 데 어느 부모가 거부하겠는가. 원로들의 저항 없이 자리를 내놓게 할 수 있었으니 일석이조였다.[31] 다음은 태자당으로 세대교체가 이루어지던 시기의 기사다.

> 중공의 원로 지도자 자제들 중 상당수가 당·정·군의 중요 포스트에 자리 잡고 있는 것으로 밝혀져 서방 세계의 관심이 모아지고 있다. 특히 홍콩의 일부 신문들은 각 분야의 요직에 있는 지도급 인사 자제 그룹을 '태자당'이라고 호칭, 이는 지도층 인사의 자제들에 대한 특혜로 빚어지는 중공 사회의 병폐라고 꼬집기도 한다. 고대 족벌 정치의 유산이 혁명 후에도 그대로 잔존해 있다는 것이다.[32]

이 기사에서 태자당의 어원을 엿볼 수 있다. 족벌 정치라고 한 것처럼, 태자당은 중국 왕조 시대 태자의 사조직으로 때로는 정치 세력화를 꾀해 말썽을 일으키기도 했다. 태자당이라는 말은 사회주의 중국 수립 이후에는 혁명 1세대의 가족들이 '지도자 타운'에 모여 사는 것으로 시작해 훗날 부와 명예, 권력을 세습하는 특혜를 누리는 과정에서 차용됨으로써 이들을 바라보는 곱지 않은 시선이 담기게 되었다.

자녀가 여러 명인 경우 한 명만 정계로 진출할 수 있기에 나머지 자녀들은 금융, 석유, 부동산 관련 국유 기업 수장을 한자리씩 꿰차면서 중국 경제의 노른자위를 차지했다. 원로 1세대뿐만 아니라 장쩌민, 원자바오, 후진타오, 주룽지 등 후대 지도자들의 자제들도 통신, IT, 금융, 문화 등 거의 모든 분야를 거머쥔다.

한편, 덩샤오핑에 의해 후계자로 발탁된 장쩌민은 상하이시 당서기 출신으로 1992년에 총서기에 올랐다. 태자당 출신이 아닌 장쩌민은 중앙에서의 기반이 약했기 때문에 자신과 같이 상하이에서 정치 경험을 쌓은 인물들을 대거 중앙에 발탁했다. 이들을 상하이방上海帮으로 분류하는데, 장쩌민 집권기인 1992년부터 10년간, 그리고 후진타오 집권 후 장쩌민이 뒤에서 훈수 정치를 이어가던 2000년대 후반까지 전성기를 누렸다. 이들의 세력 범위가 확대되어 상하이에서 정치 경력을 쌓지 않은 인물도 등장하면서 장쩌민 계파를 의미하는 '쟝파이江派' 혹은 '쟝시江系'라는 명칭도 사용된다. 17기 상무위원 자칭린, 저우융캉, 18기 상무위원 장더장, 왕치산, 장가오리가 대표적 인물이다.**33**

공청단파共青团派(또는 퇀파이团派)는 공산주의청년단共产主义青年团, 즉 공청단 출신들로 이루어진 인맥 관계다. 공청단 출신이라는 말은 공산당 엘리트 지도자의 길을 걷는다는 의미다. 장쩌민의 뒤를 이어 지도자에 오른 후진타오와 리커창 총리가 대표적인 공청단파다. 이들은 태자당과 장쩌민 계열의 상하이방에 밀려 약세를 면치 못하다가 후진타오가 집권하면서 도약의 기회를 맞는다. 후진타오 전 주석의 집권 기간인 2002년에서 2012년까지 공청단파는 중앙과 지방 정부 요직에 배치되면서 세력을 키웠다. 그러나 시진핑 집권 후, 후진타오 전 주석의 최측근 링지화令計劃 전 통일전선공작부장이 부패 혐의로 처벌되면서 공청단파 '솎아내기' 작업이 시작된다.

시진핑 2기가 시작되는 2017년 하반기부터는 공청단파가 본격적으로 권력 핵심에서 밀려나는 조치들이 내려진다. 리커창 총리가 전담해온 경제 업무도 시진핑에게 넘겨진 상태고, 리위안차오 전 부주석은 비리 혐의로 낙마한다. 한때 포스트 시진핑으로 꼽혔던 후춘화(현 국무원 부총리)의 차기 리더설은 쑥 들어가버렸다.

시진핑 집권 2기가 시작되면서 시자쥔習家軍이 태자당, 공청단파, 상하이방을 대체한다. 시자쥔은 직역하면 시진핑 가문의 사병들이라는 의미로 '시진핑의 사람들'이 주요 부처 수장으로 앉기 시작하면서 나온 말이다. 주로 시진핑이 푸젠, 상하이, 저장 등 지방 도시에서 지도자 경력을 쌓을 때 함께 일했던 부하들이 그 주인공이다.

집권 2기 정치국상무위원회 7인 중 시진핑 총서기와 리커창 총리를 제외하고 새로 선출된 5명의 면면을 보면 모두 시진핑 측근으로 물갈이된 것을 알 수 있다. 리잔수栗战书 (전인대 상무위원장), 왕후닝王沪宁 (중앙서기처 서기), 자오러지赵乐际 (중앙기율검사위 서기)가 대표적인 시자쥔으로 손꼽히고, 왕양汪洋 (정협 주석)과 한정韩正 (부총리)은 각각 공청단파와 상하이방 계열로 분류되지만 시진핑파로 돌아섰다는 분석도 있다. 국가주석 3연임 제한 폐지를 통해 이론적으로는 시진핑의 종신 집권까지 가능하게 된 상황에서 당분간은 시진핑의 사람들이 권력의 핵심을 계속 차지할 것으로 보인다.

당, 방, 파, 군

태자당, 상하이방, 퇀파이, 시자쥔. 이 4개의 파벌 명칭은 해외에서 붙인 꼬리표로 중국에선 언급하지 않는 게 좋다. 중국 기업, 정부와 교류할 때는 더더욱 삼가야 할 용어다. 그 이유는,

첫째, 중국 정치 환경에서 '파벌'이란 있을 수 없는 단어이기 때문이다. 중국공산당장정 中国共产党章程 (공산당 최고 규범)은 당원이 지켜야 할 규정 중 당내 파벌을 엄격히 금지하고 있다.**34** 분파가 생기면 공산당의 지도력에 균열이 생기고 결국은 각 민족의 단결과 사회 안정을 깨뜨릴 수 있다고 생각한다. 정치적 친소 관계에 따른 인맥이 형성되는 것까지는 어쩔 수 없다 해도 이것이 정치 세력화하는 단계로까지 이어지면 문제가 심각해진다.

2012년 보시라이, 저우융캉, 쉬차이허우, 링지화 같은 고위급 지도부가 은밀히 시진핑의 집권을 막으려 했던 것으로 알려진 사건은 문화대혁명 시기 이후 전대미문의 권력 투쟁 사건이었다. 중국 당국은 이를 반역으로 간주하고 무기징역을 선고한 바 있다. 이 경우는 파벌주의가 극단적으로 진행된 케이스이지만, 일반적인 상황에서도 태자당, 상하이방, 퇀파이, 시자쥔 같은 분류법은 공산당 이념상 거론될 수 없는 단어다.

둘째, 파벌론은 더 이상 유효하지 않기 때문이다. 지난 30년간 파벌론은 홍콩 및 해외 매체들에 의해 중국 지도자들을 태생적(태자당) 인맥과 정치적 출신(상하이방, 공청단파, 시자쥔) 성분에 따라 나눈

개념으로 중국 내부의 권력 갈등을 해석할 때 등장하는 단골 그룹이었다. 태자당, 상하이방, 공청단파가 권력 교체기마다 권력을 삼분한다는 견해가 주를 이루었다.

그러나 최근 시진핑 측근인 시자쥔이 득세하면서 이른바 이 3파벌은 옛말이 되었을 뿐 아니라, 이 각각의 그룹이 첨예하게 대립하는 파벌인지조차 의심하는 견해가 대두하기 시작했다. 외부에서 분류하듯이 각각의 계파로 칼처럼 나뉘지 않았다는 것이다. 시진핑 총서기만 해도 태자당이면서 상하이시 서기 출신이라 굳이 정치 이력만 보면 상하이방으로도 볼 수 있다. 시진핑의 오른팔인 왕치산王岐山도 태자당이면서 친장쩌민 계열로 분류된다. 어떤 이는 공청단 출신이면서도 태자당이기도 하다. 또 상하이방으로 분류되었지만 시진핑에 충성을 다짐해서 시자쥔으로 돌아섰다는 이도 있다. 파벌로는 설명되지 않는 권력의 재편이 일어났기 때문에 파벌론으로 권력 구조를 나누는 것은 중국 정치를 모르고 하는 말이라는 비판이 나오는 상황이다.

셋째, 태자당과 상하이방이 가진 민감성이다. 지배계급의 세습이 본질인 태자당은 당사자들에게는 난감한 단어다. 1949년 중국 건국부터 지도자들끼리 한군데 모여 살기 시작하면서 특권층임을 자처했고, 1980년대 들어 권력과 부의 승계가 조직적으로 이루어지면서 전체 국민의 1퍼센트도 안 되는 사람들이 국가 권력과 부의 90퍼센트 이상을 독차지하게 된다. 심지어 1989년 6월 4일 톈안먼 사건 때 시위대가 태자당 비리 척결을 외칠 정도였다. 그럼에도 이들 주위로 권력과 부의 집중, 부정부패 현상은 점점 더 커져간다. 중국의 세습 권력을 비꼬는 단어인 태자당을 태자당 자신이 좋아할 리 없다.

상하이방은 결정적으로 문화대혁명 기간 마오쩌둥이 사인방에게 "당신들 네 명의 '상하이방'은 경거망동하지 말라"며 주의를 주면서 유명해졌는데,[35] 이들 네 명 모두 상하이 출신으로 마오쩌둥 사후 국가 체제 전복죄로 처벌받으며 중국 현대사에서 악당의 아이콘이 되었다. 장쩌민을 비롯해 상하이에서 정치 경력을 쌓은 지도자들을 '상하이방'으로 묶어서 부르는 것은 국가 체제를 위협했던 반역자들을 연상시킨다. 공산당 체제의 풍토상 입에 올리기 힘든 금기 중의 금기다.[36]

한편, 전통적으로 중국 문화에서 무리를 만드는 것이 그렇게 권장되는 풍토는 아니라는 중국 학자의 주장도 눈여겨볼 만하다. "군자는 모이기는 하되 무리 짓지는 않는다君子群而不党"(《논어》)나, 송나라 때 등장한 '정당'이 훗날에까지 부정적인 단어로 사용되었다는 것에서 집권층이 사리사욕을 채우기 위해 무리 짓는 것을 경계해온 분위기가 있다는 것이다. 또 청나라 붕괴 후 각 지방이 독립을 선포하고 300여 개 정당과 정치조직으로 나라가 분열된 경험을 겪은 중국으로서는 공산당의 '파벌·분파주의' 금기가 단순히 공산당 지도 이념을 넘어서 분열의 폐해를 겪은 역사적 경험이 결합된 산물이라는 시각이다.[37]

권력 2세, 어떤 말들이 있을까

태자당은 어떤 경우에도 중국에서는 입에 올리기 힘든 말이다. 하지만 공산당 원로의 2세대라는 의미만으로 한정해서 써야 할 경우도 있다. 이때 사용할 수 있는 말들은 다음과 같다.

• 훙얼다이红二代, Red Generation

태자당을 달리 표현할 수 있는 가장 적합한 용어다. 훙红은 사회주의 혁명, 얼다이二代는 2세대로 공산당 원로의 2세대라는 뜻이다. 훙얼다이 역시 특권 계층으로 볼 수 있지만, 태자당이 주는 부정적인 느낌에 비할 바가 아니다. 훙은 '공산당=사회주의 혁명=국가에 공을 세운'을 뜻하기 때문이다. 태자당을 달리 표현할 수 있는 가장 무난한 용어다. 비슷한 단어로 훙써꾸이주红色贵族, 이른바 '홍색귀족'이 있는데, 아무래도 '귀족'이 들어가니 어감상 훙얼다이에 비해 특권층 느낌이 더 강하다.

• 까오깐즈디高干子弟

까오깐즈디는 고위 간부高干의 자제子弟를 말한다. 고위 간부의 기준은 국장급, 시·성장급, 사단장급 이상의 직위를 말하기 때문에 공산당 원로 그룹보다는 범위가 좀 더 넓다. 따라서 태자당을 포함해 특권 계층을 좀 더 폭넓게 규정한 말이라고도 할 수 있다. 태자당과의 혼맥 등을 통해 경제개발 이익을 독차지한 그룹이기 때문에 특권층 냄새가 강하다.[38]

• 관얼다이官二代

관얼다이 역시 고위 공무원官 2세라는 의미지만, 부정적인 어감이 강하다. 갑질을 하거나, 사건 사고를 일으키다가 사회 뉴스를 장식할 때가 있어 부모의 권세에 기대어 안하무인으로 행동하는 부류로 인식된다.

2012년, 검열의 전성시대 개막

한 남자가 미 영사관으로 뛰어들었다. 정치적 망명을 요청하는 그의 요구에 미국이 난처해하는 사이, 그를 잡으러온 정체 모를 차량들이 몰려와 영사관 주위를 둘러쌌지만 이내 당국에 의해 해산된다. 망명을 거절한 미국은 그를 중국 당국에 넘겼고, 구금된 그는 중국의 '차기 대선 주자'로 여겨지는 보스의 비리를 폭로하기 시작하는데…….

스파이 영화의 한 장면 같지만 2012년 2월 6일 중국 청두에서 실제로 일어난 사건이다. 그 유명한 보시라이薄熙来 사건의 서막이다. 영사관으로 뛰어어간 남자는 당시 충칭시 당서기 보시라이의 오른팔이었던 부하 왕리쥔王立军(당시 충칭시 공안국장)이었다.

시진핑이 국가 최고 지도자로 오르기 전에 일어났던 이 사건을 계기로 시진핑과 함께 차기 리더 중 한 사람으로 꼽혔던 보시라이는 철저히 몰락한다. 하지만 이는 서막에 불과했다. 왕리쥔의 미 영사관 진입 사건이 중국 정국을 강타한 규모 8.5급 지진이었다면, 그후 크고 작은 여진이 계속 이어진다. 21세기 들어 가장 요동쳤던 중국의 2012년은 '왕리쥔 미 영사관 진입 사건'에서 시작된다.

2012년 봄, 무슨 일이 있었던 걸까

왕리쥔의 미국 영사관 진입은 보시라이 부인의 '막장급' 사건에서 비롯되었다. 보시라이의 부인 구카이라이谷开来가 불륜 상대였던 영국인 사업가를 살해한 사건을 상사에게 보고했다가 좌천당하자 위기를 느낀 왕리쥔이 기밀 서류를 들고 미 영사관으로 진입해 미국과 딜을 하려고 했다. 부담을 느낀 미국은 왕리쥔을 중국 당국에 넘겨주었고 칼자루를 쥔 당국이 가만히 있을 리 없었다. 사건이 일어난 지 약 한 달 후 보시라이가 당 기율 위반 혐의로 체포된다. 하지만 그게 끝이 아니었다.

나흘 후인 2012년 3월 19일에는 보시라이가 가담한 쿠데타 기도가 있었다는 소문이 퍼진다. 설사 루머라 해도 쿠데타는 1970년대 말 사인방의 '권력 찬탈' 사건 이후 처음 등장한 표현일 정도로 정국이 몹시 불안하다는 방증이었다. 2012년은 11월 당대회에서 새로운 지도자가 선출되는 권력 교체기였기 때문이다. 중국은 지도자가 바뀔 때마다 내부적으로는 치열한 권력 싸움을 벌였지만, 바깥 세상에는 비교적 평화로운 얼굴로 지도자 교체를 선포해왔다. 그런데 보시라이 사건으로 인해 정국이 심하게 요동치고 있다는 것을 외부 세계가 다 알게 된 것이다.

왕리쥔이 영사관에 진입한 2012년 2월부터 터지기 시작한 중국발 정국 불안 이슈는 그해 전 세계 언론이 요리하기에 더없이 좋은 안줏감이었다. 지도부의 갈등을 드러내고 유통시키는 것을 최고의 금기로 여기는 중국 당국이 가만히 있을 리 없다. 해외 언론사의 중문판 사이트는 중국에서 아예 '찾을 수 없는 페이지'라고 뜨거나, 아니면 설사 접속이 되더라도 페이지가 다 열리기까지 너무 느려서 이용을 할 수 없을 정도가 되었다.

중국 현지 언론, 인터넷, 소셜미디어에서도 '쿠데타'(중국어로 軍事政變 또는 政變)라는 표현은 물론이고 사건 당사자들의 이름은 입력도, 검색도 할 수 없게 막아놓았다. 이때부터다. 시진핑이 지도자가 된 이후 언론통제가 심해졌다는 말이 있지만, 더 정확히는 2012년 2월부터 중국의 무시무시한 통제와 검열의 시대가 막을 올린 것이다.

정적 숙청의 도구가 된 '부패와의 전쟁'

인터넷 정치 시사 미디어 펑파이澎湃에는 재미있는 이름의 코너가 있다. 호랑이 포획기(중국명 打虎记). 다소 생뚱맞아 보이는 코너명에 마우스를 갖다 대면 부제 격에 해당하는 제목이 나온다.

중국 제일의 반부패 보도 플랫폼中国反腐败报道第一平台.**39**

코너에 들어가면 내용이 더 명확해진다. 각 행정 지역 지도자, 지역 군 조직 핵심 간부, 국영 기업 간부 등 고위 공무원과 당 간부들의 부패 연루 소식을 다루고 있다. 어떤 관리들이 무슨 항목으로 적발되고 처벌받았는지 하루에도 수십 건씩 뉴스가 올라온다. 사실 펑파이뿐만 아니라 뉴스를 다루는 거의 모든 플랫폼에서 부패 관리 처벌 뉴스만 따로 모아놓은 코너가 마련되어 있다. 그런데 왜 호랑이일까? 이는 2013년 1월 시진핑이 회의 석상**40**에서 한 말에서 비롯되었다.

"호랑이, 파리를 동시에 잡겠다'老虎' '苍蝇'一起打."

호랑이는 고위 공무원이고, 파리는 대중과 접촉이 많은(관공서 민원창구 등) 하급 공무원을 말한다. 즉, 부패 공무원들은 지위 고하를 막론하고 가차 없이 엄벌에 처해 국가 기강을 바로 세우겠다는 것이다. 시진핑이 총서기로 정식 임명되기 두 달 전,**41** 인민들에게 전한 첫 번째 어젠다는 바로 부패 척결이었다. 부패 관리 문제는 사실 어제 오늘 일이 아니다. 해가 갈수록 대담해지고 우리 돈으로 수십조 원에 달하는 부정 축재 규모는 흔한 일이 되었다. 땅에 떨어진 공무원에 대한 신뢰를 수습하지 못하면 통치의 힘을 얻지 못할 것이라는 절박함이 있었다.

시진핑 집권 6년간 부패 혐의로 처벌받은 중국 공직자는 35만 명으로, 전체 공직자 1,250만 명(2016년 기준) 중 2퍼센트가 넘는 인원이다.[42] 이 부패 척결 운동은 시진핑 집권 2기에도 계속되고 있다. 역대 어떤 지도자들도 이렇게 대대적으로 오랫동안 부패 관리 처벌 운동을 벌인 적이 없어 중국 내에서 큰 호평을 받고 있지만, 해외의 시각은 좀 다르다. 시진핑이 권력 기반을 다지기 위해 이 캠페인을 시작했다는 것이다. 다시 말해 반부패 캠페인, 그중에서도 '부패 호랑이' 잡기는 반대파 숙청을 위한 구실이라는 논리다.

보시라이 구속을 시작으로 거물급 지도자 세 명이 줄줄이 부패 혐의로 체포되었다. 2014년 6월 쉬차이허우 군사위 부주석, 같은 해 12월 저우융캉 정치국 상무위원과 링지화 통일전선 공작부장이 체포된다. 각각 중국의 군·경찰, 사법, 정보 분야의 최고 사령탑으로 여겨지는 호랑이 중의 호랑이다. 이 네 명 모두 조직 내 막강한 권세를 이용해 부정부패를 일삼아 당의 규율을 어긴 죄명으로 무기징역에 처해졌지만, 특히 보시라이와 저우융캉은 불법적인 정치 사조직을 만든 죄목이 명시됨으로써 간접적으로 이들이 권력에 욕심을 냈다는 것을 암시하고 있다.[43]

이들이 각자 처한 정치적 위기 상황 때문에 서로 손을 잡고 시진핑이 권좌에 오르는 것을 막으려 했고, 시진핑은 이들 '신사인방'을 처벌함으로써 자신의 정적을 제거한 것으로 해외에 알려졌다.[44] 시진핑에 대한 공격이 실패로 끝난 보시라이 사건은 오히려 시진핑에게 부패와의 전쟁을 내걸고 반격할 수 있는 기회를 제공한 것으로 분석된다.[45]

언론통제는 2012년 전후로 나뉜다

보시라이 체포 후 한동안 중국 웨이보에서는 보시라이가 '두껍지 않은 선생'이란 이름으로 둔갑한다. 중국어로 부허우셴성不厚先生, 즉 보시라이의 성인 '보薄'(얇을 박)를 '두껍지 않은'이란 뜻의 '부허우不厚'로 바꿔 표기한 것이다. 소셜미디어와 인터넷상에서 중국 당국의 '보시라이' 이름 입력 차단 조치에 따른 중국인들의 궁여지책이었다. 이름 입력도 못 하게 하는 마당에 해외 뉴스가 중국 내로 유입되는 것은 더욱 철저하게 막지 않겠는가.

2012년을 기점으로 중국 언론통제는 이전과 다른 양상으로 펼쳐진다. 후진타오 정권 시절에도 언론통제와 검열은 존재했지만 주로 일부 민감한 사안, 이를테면 파룬궁, 소수민족, 반일 시위 격화 등 개별 사안에 대해서만 여론을 통제했다면, 왕리쥔 사건 이후에는 전방위적인 폐쇄적 언론통제 조치가 계속 이어진다. 2012년 한 해에만 있었던 굵직한 사건을 보면 다음과 같다.

- 왕리쥔 사건(2012.2.6)

- 보시라이 충칭시 서기직 해임(2012.3.15)
- 베이징 도심에 전차와 장갑차 출현 소문, '쿠데타설'(2012.3.19)
- 보시라이 부인 구카이라이 사형집행 유예 선고(2012.8.20)
- 보시라이의 공직과 당직 박탈, 사법 처리 결정(2012.9.28)
- 시진핑 총서기 선출, 18차 당대회(2012.11.8)

보통은 이 중 한 가지 사건만 있어도 중국 당국이 초긴장할 일
인데, 한 해에 핵폭탄급 이슈들이 연이어 터지고 보시라이와 관련
된 쉬차이허우, 저우융캉, 링지화 등 이른바 시진핑 집권 반대 세력
으로 알려진 거물들의 체포와 재판이 2016년 여름까지 이어지면서
언론통제는 시진핑 체제에서 '일상'이 된다.

권력투쟁, 정적, 쿠데타

당의 분열이 곧 체제의 붕괴로 인식되는 중국에서 권력투쟁, 정적,
쿠데타는 극도로 민감한 정치 금기어다. 이는 문화대혁명 당시 당
지도부의 권력투쟁으로 당이 공격받고 체제가 위협당했던 중국의
트라우마 때문이다. 설사 전 국민이 다 알고 있더라도 당내 지도부
의 싸우는 모습은 절대 보여줄 수 없다.

특히 '쿠데타설'은 중국 정치체제에서 전대미문의 소문이었다.
보시라이를 지지했던 저우융캉이 보시라이의 체포를 막기 위해 개

인 병력을 동원했다는 쿠데타설이 2012년 3월 소셜미디어에 돌기 시작했다(실제로 탱크가 동원됐는지 아닌지는 여전히 논란이 분분하다). 소셜미디어상에 쿠데타 설을 언급한 네티즌은 당장 체포됐고, 웨이보의 댓글 쓰기 기능을 3일간 정지시켜 쿠데타설의 확산을 철저히 막을 정도로 '쿠데타'는 중국에서 유포되면 안 되는 용어다.

그런데 쿠데타를 암시하는 듯한 중국식 표현이 있다. 다음 문장을 살펴보자.

저우융캉과 보시라이 등은 법치를 짓밟았고, 당의 단결을 해쳤으며, 비조직정치활동을 꾀했다.**46**

중국 스스로가 쿠데타가 연상되는 용어를 사용해서 비슷한 수준의 모의가 있지 않았나 하는 추측을 낳았다. 바로 '비조직정치활동非组织政治活动'이라는 말 때문이다. 이 단어는 저우융캉과 보시라이의 죄목을 말하면서 2015년 처음 등장했다. '공식적인 조직이 아닌 정치활동'란 이 알쏭달쏭한 말을 중국의 한 전문가는 이렇게 해석한다.

사인방 같은 행태를 보이면서 권력을 획득해 대중의 정치적 태도에 영향을 미치려 하는 행위다.**47**

사인방 같은 행태란 마오쩌둥 사후 중국의 권력을 찬탈하려고 했던 반역 행위를 말하는 것으로, 이들이 비슷한 행위를 했다는 뜻이다. 언론통제를 한다고 해도 이미 알 만한 사람은 알아버린 만큼, 이들 '반역자 세력'에게 납득될 만한 처벌 이유가 필요했을 것이다. 어쩔 수 없이 빙빙 돌려 말하긴 했지만, 이 말도 중국이 그다지 꺼내고 싶지는 않았을 것이다.

권력 서열은 없고
의전 서열은 있다

중국은 평창 올림픽 개막식에 시진핑 주석이 참석하는 대신 권력 서열 7위의 한정 상무위원을 파견하겠다고 밝혀왔다.**48**

중국에 관한 우리 언론 보도에서 최고 권력자인 시진핑을 제외한 고위급 지도자들을 언급할 때 거의 빠지지 않고 등장하는 것이 인용 기사처럼 이름 앞에 붙는 '서열 ○위'라는 말이다. 이들 이름 앞에는 왜 서열이 붙는 걸까? 중국도 자국 지도자 이름 앞에 우리처럼 서열을 붙일까?

우선 첫 번째 질문부터 살펴보자. 예를 들어, 전인대 상무위원장, 부주석, 정협 주석 같은 직함은 얼핏 봐도 고위급인 건 알겠는데, 우리 정치체제에는 없는 명칭이다. 체제가 다르니 1인자를 제외하고 지도자들이 권력 구조에서 어느 정도 위상인지 감이 잘 안 온다. 하지만 이름 앞에 서열 ○위가 붙는 순간 어느 정도 중요한 인물인지 직관적으로 이해가 된다. 언론이 친절하게 붙여준 일종의 부연 설명인 셈이다. 하지만 중국에서는 지도자 이름 앞에 서열을 붙이지 않는다. 그렇다면 서열이 없는 걸까? 실제 중국의 권력 구조는 위계질서가 명확한 특징을 가지고 있다.

중국의 피라미드 권력 구조

중국의 지도자들은 일반 국민이 아닌 공산당 엘리트 당원들에 의해 계단식으로 선출된다. 아래 단계 엘리트들이 위 단계 지도자들을, 그 위 단계는 좀 더 상위 단계의 지도자들을 선출하는 방식이다. 지도부의 상층부로 갈수록 숫자가 적어지기 때문에 피라미드 형태에 비유되곤 하는데, 아래와 같은 절차로 지도자들이 선출된다.

전국 대표(약 2,300명) → 중앙위원(250명 + 후보 120명) → 중앙정치국원 (25명) / 중앙정치국상무위원(7명)

화살표 오른쪽으로 갈수록 최상위 지도부 그룹이다. 중앙위원들 안에서 중앙정치국원, 중앙정치국상무위원을 결정하기 때문에 중앙위원 그룹부터 중국 정치 엘리트 리더 그룹으로 볼 수 있다. 권력의 최고 정점은 단연코 가장 오른쪽 중앙정치국상무위원이다. 7명으로 구성된 이들이 중국을 이끌어가는 핵심 지도자들이다. 우리가 '권력 서열 ○위'라고 부르는 사람들은 대개 이 상무위원들을 말한다. 2017년에 시작된 시진핑 집권 2기의 최고 7인은 다음과 같다.

1. 총서기, 중공중앙군사위주석, 국가주석 (시진핑)
2. 국무원총리 (리커창)
3. 전국인대상무위원회위원장 (리잔수)
4. 정협주석 (왕양)
5. 중앙서기처서기 (왕후닝)
6. 중앙기율검사위서기 (자오러지)
7. 부총리 (한정)

가장 정점에 있는 사람이 시진핑이다. 과거 몇 차례 순서 변동이 있긴 했지만, 대개 위의 직함 순서대로 표기되고, 공식석상에 등장할 때도 이 순서대로 입장한다. 일종의 의전 순서로 볼 수 있다. 그러면 이 순서가 권력 서열일까? 우선 이들의 순위나 서열을 정한 명문화된 규정이 없다. 따라서 중국에서는 우리처럼 '권력 서열 ○위'를 붙이는 일은 절대 없다. 게다가 중국은 지도자의 순서를 언급하는 것 자체가 정치적으로 불편했던 과거의 경험이 있다. 이름의 순서가 의전 순서 이상의, 사실상 권력 서열이었음을 보여주는 일들 때문이다.

의전 서열에 민감한 이유

1950년대 대약진운동을 실패로 이끈 마오쩌둥이 정치적 위기에 몰리면서, 주석에 오른 류샤오치가 지도자 명단 2순위에 이름을 올렸다. 그러나 마오쩌둥의 반격이 시작되면서 명단에서 이름이 여덟 번째로 밀려나고, 결국에는 권력 2인자가 순식간에 반동분자로까지 몰려 비참하게 죽고 만다. 이름의 순서가 권력의 향방, 심지어는 생사가 달린 문제로까지 연결될 수 있음을 보여준 사건이었다.

2013년에도 흥미로운 일이 있었다. 시진핑이 총서기로 취임한 후, 장쩌민 전 총서기가 자진해서 의전 명단에서 자신의 이름을 뒤로 빼달라고 한 것이다. 이게 무슨 상황이었을까. 중국에서는 공산당 원로가 서거하면 지도자들의 조의 명단이 미디어를 통해 발표된다. 독특한 것은 현직 지도자뿐만 아니라 이미 퇴임한 전직 지도자들까지 이름을 올리는 것인데, 중국에서 '의전 서열礼宾排序'이라고 부를 정도로 중요한 서열 정치학이 여기서 발동한다.

핵심은 바로 이 전직 지도자들에 있다. 후임 지도자에게 막강한 권력이 쏠리는 것을 막기 위해 전임 지도자가 군 통수권(군사위주석)만은 후임 지도자에게 넘겨주지 않고 틀어쥔 상태로 정치적 영향력을 행사해왔다. 덩샤오핑과 장쩌민이 이 '훈수 정치'의 대표적 인물들이다. 신임 지도자에게는 눈치 봐야 할 '시어머니'가 늘 있었던 셈인데, 특히 장쩌민은 후진타오 집권 시절(2002-2012년) 내내 의전 서열에서도 현직 지도부를 제치고 후진타오 바로 뒷자리에 이름을 올릴 정도로 막강한 영향력을 발휘했다.

변화가 생긴 것은 시진핑 시대부터다. 전임 후진타오는 군 통수권까지 모든 권력을 시진핑에게 넘겨주었다. 장쩌민의 지긋지긋한 영향력을 차단하기 위한 계파 간 타협의 산물이었다는 얘기도 나왔지만, 어쨌든 후진타오가 손 털고 나왔으니 그 전 지도자인 장쩌민도 계속 버틸 수는 없었을 것이다. 앞서 말한 것처럼, 2013년 장쩌민은 자진해서 의전 서열에서 이름을 뒤로 빼달라고 했고, 실제로 그의 이름은 상무위원 최고 7인 뒤에 나오게 된다.

관영 매체는 장쩌민이 '높은 인격'을 보여주었다며 대대적으로 치켜세웠다. 현직 지도부에다 원로들 이름까지 끼워 넣느라 서열 정리가 어려웠는데, 자진해서 뒤로 빼달라고 하니 고민거리 하나를 줄인 셈이다. 지도자의 서열 문제를 언급하지 않는 중국 풍토상 매우 이례적인 일이었다. 장쩌민의 '셀프 레벨 다운'은 한편으로 공산당 권력 시스템에서 상왕 정치가 끝났음을 간접적으로 시사한다. 그래서였을까. 장쩌민을 치하하는 뉴스 외에는 중국에서 의전 서열 뒤에 감춰진 권력 시스템을 언급하는 기사들은 삭제되었다.**49** 지도부 내부의 일은 더 이상 알려고도 언급하지도 말라는 신호다.

• 성 서기와 성장, 누가 더 높을까?

성장, 시장, 구장은 중국 행정 단위인 성, 시, 구의 수장이다. 여기까지는 익숙하다. 그런데 성 서기, 시 서기, 구 서기도 있다. 우리에게 '서기'라는 명칭은 생소하고 성장, 시장은 익숙하기 때문에 흔히 서기가 '-장'에 비해 중요하지 않은 직책 같다. 결론부터 말하면, 전혀 아니다. 중국은 당이 모든 것을 영도한다. 이 말은 당이 사회의 깊숙한 곳까지 침투해 들어간다는 뜻이기도 하다. 중앙 정부는 물론이고, 각 지방 행정기관, 심지어는 기업체까지 당 조직을 설치해 공산당의 슬로건과 정책을 좀촘히 확산시켜 하나의 이데올로기로 군중을 이끌어간다.[50]

이를 위해 동원되는 시스템 중 하나가 바로 각 기관마다 설치되는 당위원회党委员会이며, 그 리더가 바로 서기书记(공식 명칭은 당위서기党委书记)다. 그래서 행정기관, 기업, 학교 등 모든 단위에 해당 기관장과는 별도로 당위원회 서기가 존재한다. 성장, 시장, 구장 같은 기관장이 전문 행정을 담당한다면, 서기는 정책, 인사, 예산 집행 권한을 갖고 있다. 기관장을 관리 감독하는 업무 역시 포함되므로 기관장이 서기의 눈치를 볼수밖에 없는 구조다. 서기가 기관장보다 더 높은 권한을 갖고 있다고 봐야 한다.[51] 성 서기, 시 서기 등 서기 직함을 중국어로 부를 때는 성서기省书记, 시서기市书记가 아닌 '성/시의 당위원회 서기'란 의미로 성위서기省委书记, 시위서기市委书记로 불러야 한다.

• 시진핑 총서기? 국가주석?

당·정·군 최고 직책인 총서기, 국가주석, 군사위주석을 겸임하고 있는 시진핑이 서열 1위임은 두말할 필요가 없다. 그중에서도 시진핑을 명실공히 서열 1위로 만든 것은 총서기总书记(中共中央总书记의 줄임말)다. 공산당이 모든 것을 이끌어가는 체제인 중국에서는 당의 최고 리더 직함인 총서기가 권력 피라미드의 정점에 위치하기 때문이다. 앞에서 설명한 것처럼 당 조직의 리더가 서기인데, 이들 서기의 전체 대표라는 의미로 총서기를 사용한다.**52**

반면에 우리에게 시진핑은 국가주석国家主席 타이틀이 더 익숙하다. 국가주석은 국가를 대표하는 직급으로, 외교 사절을 맞이하거나 대외 조약 체결 비준 등의 업무를 수행한다. 시진핑이 해외를 방문해서 상대국 원수와 만날 때는 공산당의 리더가 아닌 국가 행정 수반으로서 만나는 것이기 때문에 국가주석 직함을 쓴다. 이 때문에 우리에게는 총서기보다는 국가주석 직책이 더 친근하게 느껴진다. 하나는 당, 하나는 국가수반으로서 각각의 역할이 다르지만, 당의 영도 범위는 정부도 포괄하기 때문에 국가주석의 권한은 총서기에 비할 바가 못 된다. 한편, 중국 내부의 정치 활동은 공산당 지도자 신분으로 이루어지기 때문에 시진핑에 총서기 직함이 반드시 붙는다.

★

4장

중국에 대한 관용적 수사

중국인은 모두
왕서방?

이웃 나라 국민을 비유하는 말치고 좋은 표현은 별로 없다. 가까이 붙어 있는 만큼 부대낄 일도 많기 때문이다. 대표적인 앙숙 관계인 영국과 프랑스가 그렇다. 가난한 프랑스 서민들이 개구리까지 잡아 먹은 것을 두고 영국인들이 프랑스인을 '개구리'라고 놀려대고, 프랑스인들은 소고기 굽는 방법을 하나밖에 모르는 단조로운 음식 문화를 가진 영국인을 '구운 쇠고기'로 비아냥거린다.[1] 이렇게 상대의 문화를 두고 서로 조롱하는 정도는 애교 수준이다. 하지만 한국과 중국이 서로를 부르는 경멸적 표현은 애교라고 하기엔 묵은 감정이 짙게 배어 있다.

굴욕의 역사가 만든 빵즈와 짱꼴라

이웃 나라를 경멸하거나 조롱하는 말은 역사적 경험이 깔려 있을 수밖에 없다. 우선 중국의 경우를 살펴보자. 중국인이 일본인을 비하해서 부르는 말로는 르번구이즈日本鬼子(일본 귀신), 샤오르번小日本 (소일본)이 있다. 구이즈鬼子(귀신)는 원래 중국인이 외래 민족을 욕할 때 쓰던 말로, 서양 열강이 중국 대륙에 상륙했을 때 하얀 피부에 푸른 눈을 가진 서양인이 아마도 귀신처럼 느껴졌던 모양이다. 독일 귀신, 미국 귀신 이런 식으로 부르다가 일본이 중국을 침략하면서부터는 일본인에게도 귀신을 붙이기 시작했다. 샤오르번도 마찬가지다. 키 작고, 나라도 훨씬 작은 일본이 스스로를 '대일본제국주의'라고 부르는 것을 비꼬아 샤오르번으로 부르기 시작했다.2

인도인을 비하하는 말인 인두아싼印度阿三(인도 아삼)도 있다. 인도의 유명 차 생산지인 '아삼'이 연상되긴 하지만, 그보다는 다른 이유가 더 많이 거론된다. 영국군은 조계지인 상하이에 인도인 보초를 세웠는데, 질서를 유지한다는 명목으로 인도인 보초가 툭하면 중국인들을 상대로 폭력을 쓰는 바람에 중국인들은 인도인이 영 못마땅했다. 그런데 인도 경비들이 상관인 영국인들에게는 말끝마다 "써Sir!"를 붙이는 모습을 보고, 상하이 사람들은 '써'를 경멸의 뜻이 있는 싼三으로 음역하고 호칭 앞에 붙는 접두사 아阿를 붙여 아싼阿三으로 부르기 시작했다고 한다.3 말하자면 '인도 써쟁이들' 같은 느낌이랄까. 중국인에게는 거칠게 굴면서 주인에게 아부하는 인도인의 모습을 조롱한 것이다.

한국인을 비하하는 말은 조금 생뚱맞아 보인다. 까오리빵즈高丽棒子 또는 줄여서 빵즈棒子로 부른다. 이 단어는 우리로 치면 거의 짱깨, 짱꼴라급으로 한국인을 낮춰 부를 때 지금도 정말 많이 쓰이는 표현이다. 직역하면 고려 몽둥이란 뜻인데, 왜 이런 별명이 한국인에게 붙었을까? 대표적인 한 가지 설을 살펴보자. 과거 중국인들은 조선을 습관적으로 계속 고려라고 불렀다. 문제는 왜 몽둥이냐는 것인데, 옛 중국 민간에서는 몽둥이, 즉 빵즈는 '-놈'이라는 경멸적 의미가 있었다. 그래서 산둥빵즈山东棒子(산둥놈), 산빵즈陝棒子(산시놈), 충빵즈穷棒子(가난뱅이놈)처럼 쓰이기도 했다. 그런데 근대에 이르러 일제의 중국 침략 과정에서 함께 들어온 일부 조선인들이 일본인보다 더 앞장서서 나쁜 짓을 하는 바람에 중국인들 머릿속에 부정적인 이미지로 남았고 그때 붙여진 고려놈, 즉 까오리빵즈가 지금까지 한국인을 비하할 때 쓰이는 대표적인 말이 되었다는 것이다.4

일본인, 인도인, 한국인을 비하하는 이런 명칭들에는 공통점이 있다. 청조 말기 서구 열강과 일본 제국주의 침탈을 겪은 중국인들의 굴욕적인 역사가 녹아 있다는 것. 이 점에서 우리가 중국인을 비하해 부르는 명칭도 비슷한 특성이 있다.

짱꼴라가 그렇다. 일본이 한족 중국인을 비하해 불렀던 장코로에서 유래한 이 말은 청국노清国奴, 즉 청나라 노예라는 뜻이다. 이 단어가 조선에 전해지면서 짱꼴라가 된다. 짱깨 역시 마찬가지다.

19세기 말부터 조선에 유입되기 시작한 중국인들이 중국 현지의 가성비 좋은 비단, 삼베, 모시를 한국에 들여와 주단포목점을 하면서 큰돈을 벌었는데, 가게의 경영과 관리를 담당했던 중국인 사장을 장구이掌柜(금고 관리)라 부른 것에서 유래되었다고 한다.

이렇게 포목점뿐만 아니라 이발소, 양복점 등의 분야에서 뛰어난 장사 수완을 발휘한 이들 장구이는 조선에서 부자의 대명사가 된다. 정치·경제 주권을 일본에 모두 뺏긴 한국인들에게 부자 중국인이 좋게 보일 리 없다. 게다가 자신들만의 배타적인 네트워크를 형성해 한국인과의 교류가 부족했던 중국인에 호의를 가지기 더 어려웠을 것이다.[5] 장구이에서 유래된 짱깨가 돈만 밝히는 중국인이라는 혐오 정서를 깔고 있음을 어렵지 않게 유추할 수 있다.

또 다른 혐오 표현, 왕서방

중국이나 한국 모두 공적인 공간에서 까오리빵즈나 짱깨, 짱꼴라 같은 비속어를 사용하지 않는 것은 상식이다. 그런데 유독 우리 미디어가 중국인을 지칭할 때 즐겨 쓰는 표현이 있다. 왕서방이다. '비단 장수 왕서방' 같은 노랫말이 보여주듯이 왕서방은 주단포목점을 했던 장구이, 즉 짱깨의 점잖은 버전이다.

그러다 보니 남의 나라에서 돈 좀 번, 우리 먹을 것도 없던 한국에서 야금야금 자기 잇속 챙긴 비릿한 돈 냄새가 이들에게서 물씬

풍긴다. '재주는 곰이 부리고 돈은 왕서방이 번다'는 속담에는 '애먼 놈에게 우리 것 다 뺏기겠다'는 경계심이 고스란히 배어 있다. 먹고살기 힘들었던 식민 시대의 피해 의식은 한 세기가 훌쩍 지난 오늘날에도 중국인을 묘사할 때 자주 소환된다.

자금력을 앞세운 '왕서방'의 습격
북한 농업 경협······ 왕서방에게 뺏길 건가

여기서 보듯 '왕서방'은 돈과 관련이 크다. 특히 중국 자본이 우리나라나 세계 시장에 진출하는 경우에는 '왕서방'과 '습격', '뺏는다'는 말이 찰떡궁합을 이룬다. 근현대사에 각인된 중국에 대한 경계심이 그대로 드러난다. 하지만 중국 자본뿐만 아니라 소비자를 가리킬 때도 왕서방은 매우 유용하게 쓰인다.

中 왕서방 모시기 적극적인 일본······ 2020년 전자비자 우선 적용
'얼리 어답터 왕서방 잡아라'······ 현대차, 중국 IT 기업과 손잡다

사실 뉴스 생산자 입장에서 왕서방은 매력적인 단어다. '중국 자본', '중국인 관광객', '중국 소비자' 같은 건조한 단어보다 왕서방이 독자의 시선을 확 잡아끌기 때문이다. 글자 길이가 짧아지는 것도 큰 장점이다. 가독성과 경제성이 왕서방을 선호하는 이유다. 여기에 왕서방을 묘사하는 그림도 추가된다. 사나이의 배는 십중팔

구 옷이 터질 듯 두둑이 나왔으며, 메기 같은 수염에 찢어진 눈이다. 이쯤 되면 중국(인)은 아무리 봐도 비호감 그 자체다. 탐욕스러운 왕서방의 힘은 강력하다. 막강한 자본력을 앞세워 전 세계 경제를 다 먹어 치울 것만 같은 공포와 함께 중국(인)에 대한 비호감이 우리 머릿속을 파고든다.

왕서방은 사드로 인해 양국의 갈등이 심했던 2016년에는 361건, 2017년에는 228건이 사용되었다(네이버 뉴스 검색 결과. 578개 언론사). 한편, 사드 갈등이 한바탕 지나가고 얼어붙었던 양국 관계가 풀리기 시작한 2018년에는 왕서방 사용이 170여 건으로 줄었다. 중국과 사이가 안 좋을 때는 왕서방을 자주 사용하고, 관계가 나아지면 덜 사용되는 것을 보면 왕서방에 확실히 부정적인 이미지가 있다는 것을 알 수 있다.

다민족 감수성이 필요하다

돈만 밝힌다고, 우리보다 낙후되었다고, 돈 벌러 온 불법 체류자라고 무시했던 대상이 시끄럽게 군다고, 돈 자랑한다고 다시 경멸의 대상이 되었다가, 이제는 경제 전쟁에서 무엇 하나 이기는 것이 없으니 공포의 대상이 되어버렸다. 한국에서 중국인은 교류의 역사만큼이나 오래된 조롱과 혐오, 경계의 대상이다. 역사적 경험에서 비롯된 이런 복합적이고 불편한 국민감정이 생기는 걸 막을 수는 없다. 하지만 파급력이 강한 미디어에서 비하적인 언어를 사용한다면 얘기가 달라진다. 한중관계가 좋지 않을 때 왕서방이 더 자주 언급되는 것만 봐도 그렇다. 콘텐츠의 내용을 떠나 용어에서 드러나는 중국 혐오는 선정적이다.

여성과 남성, 난민자에 대한 혐오가 불거지는 현실은 경제적으로 팍팍한 시대를 살고 있다는 방증이다. 요즘 같은 글로벌 시대에, 우리나라뿐만 아니라 경기 침체를 겪는 나라들은 자국민의 경제적 어려움을 내부의 이주민이나 외부로 돌리는 경향이 있다. 조선족의 흉포한 몇몇 살인 사건 때문에 한때 조선족을 잠재적 범죄자로 봤던 우리의 시각도 그렇다.

법무부에 따르면, 2017년 말 기준 국내 체류 외국인은 약 243만 명으로, 전체 인구의 4.21퍼센트를 차지하고 있다. 이 중 중국 국적 보유자는 101만여 명으로 전체 외국인의 46.79퍼센트를 차지해 가장 규모가 큰 이주민 집단이 되었다.[6] 경제협력개발기구OECD는 한 나라의 인구에서 외국인이 차지하는 비중이 5퍼센트를 넘으면 일반적으로 다민족 사회로 분류한다. 다민족 사회 진입을 눈앞에 둔 우리 사회에 다민족 문화 감수성이 있는지는 의문이다. 중국은 이민족과 어울려 살아본 수천 년의 역사가 있지만, 한국은 이질적인 집단과 어울려 살아가는 법을 잘 몰라 범죄가 발생하면 집단 전체에 반감을 가지게 되는 배타적인 문화가 있다는 조선족 출신 학자의 말이 뜨끔하게 다가온다.[7]

다민족 감수성을 확산시키기 위한 노력이 없는 것은 아니다. 국가인권위원회는 짱꼴라, 짱깨, 왕서방을 '자제 요망 비하 발언'으로 선정했다.**8** 물론 짱꼴라, 짱깨를 쓰는 미디어는 없다. 하지만 왕서방은 여전히 자주 사용된다. 강제 규정이 아니라서 제재를 받는 것은 아니지만 확실히 다민족 감수성이 떨어져 보이는 게 사실이다. 중국인과의 커뮤니케이션에서 '왕서방'을 그대로 쓰는 사람은 없을 것이다. 보통은 중국인 투자자中國投資者(줄여서 중자中資. 중국 자본) 또는 중국 소비자中國消費者, 아니면 그냥 중국인이라고 하듯이 미디어에서도 왕서방을 '중국인'이라고 전달하는 날이 오기를 기대해본다.

중국인 출입 금지

2000년대 중반 명동의 한 상점에 '중국인 출입 금지' 게시문이 붙어 중국인들이 한바탕 분노했다. 점주가 왜 그런 게시문을 붙였는지 정확한 이유는 알려지지 않았으나, 막 해외여행을 나서기 시작한 중국인에 대한 일종의 비호감을 표출한 것이라 추측된다. 이제는 중국 소비자를 위해 출입구에 레드 카펫을 깔아줘도 시원찮을 판이다.

중국인 출입 금지는 현실감 떨어지는 이야기 같지만 최근에 재연되어 또다시 중국에서 논란이 됐다. 한 편의점 점주가 중국인들이 물건은 사지 않고 어지럽히기만 하자 안 좋은 감정이 생겨 출입 금지 게시문을 붙였다고 한다. 중국에서는 당장 한국에 관광하러

가지 말아야 한다는 비난이 빗발쳤다.

출입 금지를 당해 기분 좋을 사람은 없다. 하지만 중국인에게 '중국인 출입 금지'는 조금 더 특별하다. 서구 열강이 중국을 침탈했던 19세기 말 조계지였던 상하이의 와이탄 공원에 중국인은 출입할 수 없었다. 조계지 입구에는 '자전거와 개 출입 금지', '서양인을 모신 하인을 제외한 모든 중국인 출입 금지'라는 푯말이 붙었다. 졸지에 개와 중국인이 동급이 된 거다. 중국인이 뼈에 사무치게 모욕적으로 여기는 '개와 중국인은 출입 금지华人与狗不得入內'라는 말은 여기서 비롯되었다. 'OO인 출입 금지'는 누구라도 불쾌하지만 중국인에게는 개와 중국인이 동급이 되었던 과거의 트라우마가 다시 작동한다.

중화
모욕

스포츠 브랜드 광고 한 편이 중국인들의 감정을 상하게 했다. 국내에서 큰 인기를 끈 드라마의 주인공으로 출연해 중국에서도 한참 인지도를 올리고 있던 광고 모델 P 씨에게 '국가 앞에 스타 없다'며 중국에 들어올 생각도 하지 말라는 비난이 쏟아졌다. 이 일이 있자 우리 언론에서는 "'P 씨 광고, 중국 모욕했다' 중 언론들 반한 여론 부추겨"(경향신문), "'P 씨 광고가 중국 모욕' 한류 스타 때리기 본격화"(mbn), "중국 P 씨 광고 논란 거세지는 '한한령'에 한류 스타 피해 급증"(아시아경제) 같은 보도를 내보내기 시작했다.

제목을 가만히 보면 중국이 광고를 구실 삼아 반한 감정을 부추긴다는 뉘앙스가 있다. 그도 그럴 것이 광고가 나온 시점은 2016년 8월로 사드 배치가 양국의 현안이 되면서 한국 연예인들의 중국 활

☆ 논란이 된 스포
츠 브랜드 광고
동영상.

동이 줄줄이 취소되고, 중국이나 우리나 서로의 감정이 본격적으로 안 좋아지기 시작한 때다. 한국이 못마땅하던 중국은 울고 싶은 데 뺨 맞은 격일 수도 있고, 우리는 한류 차단을 통한 중국의 경제적 보복이 시작됐다고 느끼는 것도 무리는 아니다.

하지만 영상을 보면 중국의 과도한 한류 스타 때리기로만 볼 수는 없다. 날렵하고 잘생긴 P 씨에 비해 '만리장성 남'은 작고 뚱뚱하다. 일단 비주얼에서 많이 밀린다. 게다가 만리장성 남은 어떤 여성으로부터 느닷없이 뺨을 맞고 P 씨에게는 댄스 배틀과 바둑에서 모두 패한다. 마지막 장면은 승자인 P 씨가 빙그레 웃는 모습. 만리장성 남이 뺨을 맞고, 연거푸 지는 모습은 누가 봐도 대놓고 중국인을 골려주려는 의도로밖에 읽히지 않는다.

이렇게 중국(인)이 모욕당하는 사례를 아예 중국에서는 중화 모욕 사건辱华事件으로 부른다. 꽤 자주 있는 일이라는 의미다. 외국인 눈에는 별것 아닌 일로 너무 호들갑 떠는 건 아닌가 하지만, 이 거창한 이름에는 나름의 사연이 있다.

미개인이거나 사악하거나

1840년 아편전쟁에서부터 무너지기 시작한 청나라 제국은 천하의 조롱거리로 전락한다. 영국의 신식 무기에 칼과 창으로 맞서다 패배한 청은 세계와 단절된 낙후된 나라로서 정부 관리나 백성들은 서양인의 눈에 모두 야만인으로 취급된다. 여인들의 기형적인 전족과 남성들의 우스꽝스러운 변발은 미개함의 정점을 찍는다. 특히 머리 절반은 빡빡 밀고 뒷머리는 길게 땋아 내린, 이 도무지 납득하기 어려운 헤어스타일은 서양인들이 아예 '돼지 꼬리'로 부르며 조롱했던 단골 놀림거리였다.

영국이 강제로 열어젖힌 문을 통해 서구 열강이 하나둘 중국으로 줄지어 들어오더니, 급기야 1894년 청일전쟁에서 아시아 국가인 일본에까지 패배하자 외세가 하이에나처럼 달려들어 중국을 뜯어먹기 시작한다. 백성들 사이에 외세에 대한 반감이 커지면서 민간에서는 불교와 도교 요소가 결합된 수련 단체인 의화단義和團이 결성된다. 이들은 맨주먹 수련만으로 외세의 총탄을 끄떡없이 몸으로 다 막아낼 수 있다며 권술拳術을 보급했는데 뜻밖에도 이것이 사람들에게 먹혔다. 한심한 정부에 대한 기대를 접고 맨몸으로라도 외세를 막아보자는 백성들의 슬픈 자구책이었으리라.

의화단은 서양 선교사와 기독교도들을 살해하거나 교회, 외국에서 부설한 철도, 학교, 전선 등 외국 문물과 관련된 것이면 닥치는 대로 파괴했다. 외세가 증오스럽기는 청 황실도 마찬가지여

☆ 맨주먹 의화단을 과장
해서 그린 독일 풍속화.

서 이들의 반외세 폭동을 암묵적으로 지지한다. 무능한 정부의
'폭동 외주화'였다. 이 와중에 독일 외교관이 살해되는 사건이 벌
어진다. 외국 열강들이 가만히 있을 리 없었다. 1900년 8월 14일,
영·프·독·미·일 등 8개국 연합군이 베이징으로 밀고 들어와 의
화단을 잡는다며 무고한 민간인들까지 살인·강간하며 쑥대밭으로
만들었다. 결국 사건은 청의 사죄와 6년간 재정 수입에 맞먹는 천
문학적인 배상금 지불로 마무리됐다.9 대포를 앞세운 서양 제국에
맞서 제대로 된 무기도 없이 맨주먹 수련으로 총탄을 막으려는 의
화단의 이미지는 청의 미개함을 상징하며 서양의 조롱을 받았다.

혐오와 공포는 한 끗 차이다. 19세기 중반부터 중국인들은 가까
운 동남아시아부터 머나먼 미국까지 이주 노동을 떠났다. 중국인들
의 지독한 가난과 열강의 식민지 건설에 필요한 값싼 노동력이라는
이해가 서로 맞아 떨어진 결과다. '더럽고, 미개한' 중국인들이 미
국의 서부 개척과 철도 부설을 위해 몰려들자 현지인들의 경계심이
커졌고, 일자리를 뺏긴다는 생각에 미국인들은 1870년대부터 중국

인을 노골적으로 배척하기 시작했다. 청과 이웃한 러시아에서도 봉건사상에 찌든 미개한 중국인들이 서양 무기로 무장하는 날에는 시베리아까지 쳐들어올 수 있다는 중국 위협론이 대두한다. 마침 서양인들을 살육한 의화단 사건은 당시 서구에서 유행하던 중국 혐오를 부채질해 중국에 복수를 요구하는 목소리가 커진다.

하지만 이는 청을 거리낌 없이 약탈하기 위한 명분 쌓기였다. 청을 야만과 사악함의 대상으로 만들어야 문명국이 청을 정복하는 것이 정의로운 행동이 되기 때문이다.[10] 의화단 사건 후, 기껏해야 '무지몽매한 돼지꼬리 머리'였던 중국인은 급기야 1912년 영국 소설가에 의해 '악당'으로 변신한다. 그의 이름은 푸만추傅滿洲.

소설 속 푸만추는 중국 황실 패밀리 출신으로 천재 과학자이지만 테러 조직을 이끄는 악당으로 묘사된다. 소설이 어쩌나 인기였던지, 그를 주인공으로 한 만화, 카툰, TV 시리즈, 영화가 무려 40년간이나 제작되었다. 청나라 마고자를 입고 가느다란 팔자수염을 기른 음험하고 차가운 표정의 푸만추는 꽤 오랫동안 서구인의 뇌리에 비호감 중국인을 각인시키는 데 톡톡히 역할을 했다.[11]

출처: 위키피디아

☆ 서구인의 중국인 비하를 보여주는 대표적인 캐릭터, 푸만추.

"청말의 변발, 우리도 아프다"

머리를 빡빡 밀고 뒷머리만 남겨 땋아 내려뜨린 헤어스타일은 지금 보면 우스꽝스럽기 그지없지만 나름의 이유가 있다. 늘 말 타고 전쟁하는 유목 민족에게 휘날리는 앞머리는 거추장스럽고, 이들이 사는 북방 지역은 물이 부족해서 머리를 자주 감기도 힘들었을 테니 다 깎아버리고 뒷머리만 남겨놓은 것이라는 설이 있다.**12**

말 타고 다닐 일 없는 한족은 당연히 이런 까까머리를 할 이유가 없었다. 만주족에게 정복당하고 변발을 강요당했을 때 차라리 목숨을 끊겠다며 머리카락을 고수했던 한족이다. 그랬던 그들이 불과 200년 만에 '변발을 자르느니 죽겠다'며 한사코 변화의 바람에 맞섰다. 1840년 아편전쟁부터 1911년 청나라 멸망에 이르는 동안 서구 열강에 그렇게 두들겨 맞으며 낙후되면 당한다는 것을 체감했으면서도 대중들의 낡은 관념은 깨기 힘들었다. 특히 서구와 일본으로 유학을 다녀와 서구 사상에 눈을 뜬 중국 지식인들은 '변발'로 대표되는 낡은 세상과 결별하지 못하는 대중의 어리석음과 노예근성을 아파했다.

대표적인 인물이 중국의 계몽주의 작가인 루쉰이다. 그는 자신의 유명한 작품 《아큐정전阿Q正传》에서 주인공인 동네 부랑자 아큐를 통해 당시 중국 사회에 만연한 노예근성과 뿌리 깊은 후진적 사고방식을 비판한다. 그중 하나는 오늘날 우리들에게도 익숙한 '정신 승리법'이다. 남을 업신여기면서 자신의 자존감을 채우는 중국인 특유의 사고방식이다. 아큐는 '변발을 잘라버리고 외국 물 먹고 온 도련님'을 가장 싫어했다. 그런 아큐를 주인공으로 내세운 것은 전근대, 봉건사상, 우매함, 노예근성으로 점철된 중국인을 통렬하게 비판하기 위해서였다.

여전한 오만과 편견

2018년 11월, 이탈리아 명품 브랜드 D&G가 중국인을 대상으로 광고를 제작했다. 젓가락을 든 중국 여성이 피자를 어떻게 먹어야 좋을지 몰라 쩔쩔매다가 결국은 젓가락으로 겨우 찢어 먹는, 시종일관 바보스럽고 우스꽝스러운 장면이었다. 이해하기 힘든 콘셉트의 이 광고는 (심하게 말하면) 서구인의 시선이 청나라 말기, 즉 문명화되지 않고 모자라 보이기까지 한 중국인에 머물러 있는 건 아닌가 하는 생각을 하게 만들었다. 중국인들은 서양인의 중국인 경멸과 오만이 뼛속 깊이 남아 있다며 분노했고, 이 해프닝은 대표적인 '중화 모욕' 사건에 올랐다.

중국인을 '얼간이'로 그리는 건 우리도 마찬가지다. 한 연예기획사가 제작한 영상이 '중화 모욕죄'로 입방아에 올랐다.[13] 변발과 청나라 복장을 한 두 남자가 서로 등을 맞대고 포승줄로 묶여 있는 장면에서 '우리는 돼

☆ 논란이 된 D&G 광고.

지다'라는 자막이 흐른다. 역사적 배경은 차치하고 장면 그 자체로 기분이 상하는 대목이다. 어떤 중국인에게는 19세기 말 청나라를 비웃는 서양의 풍속화가 연상되었을지도 모른다.

다시 앞에 언급한 '만리장성 남'을 보자. 또다시 힘자랑하는 중국이 얄미워 광고로나마 시원하게 중국을 혼내주자는 누구의 아이디어였을까? 의도는 잘 모르겠지만, 뺨 맞고 대결에서 연거푸 지는 '만리장성 남'을 보면서 중국인들 머릿속엔 서구 열강에 두들겨 맞던 그때의 기억이 소환되지 않았을까.

우리가 예민한 걸까?

퀴즈. 다음의 사진 중 중국에서 논란이 된 광고는 무엇일까? 정답은 이 4개 광고 모두다. 물론 정도의 차이는 있다. 첫 번째 샤넬 광고부터 살펴보자. 밀짚모자를 쓰고 샤넬 가방을 대나무 들것에 걸어 어깨에 멘 여성. 전반적인 분위기에서 B급 정서가 흐른다. 게다가 그녀가 걸어가는 길은 가짜 명품 가방 판매로 유명한 뉴욕의 차이나타운. 아직까지 중국을 짝퉁이나 만들어 파는 싸구려 나라로 비유하느냐며 논란이 됐다.

두 번째는 D&G '러브 차이나' 캠페인 광고. 베이징 곳곳에서 촬영된 화보는 아름답고 부유해 보이는 여성 모델과 아주 소박하게(?) 보이는 현지인을 대비시키는 바람에, 꼭 이렇게 중국의 추함을 보

① 샤넬 차이나타운

② D&G 러브 차이나 캠페인

③
버버리 설날 대가족

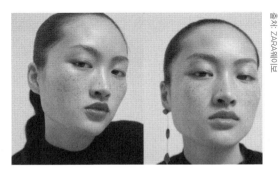

④
ZARA 주근깨 모델

4장　중국에 대한 관용적 수사　　**177**

여주고 싶었느냐며 중국인들의 항의를 받았다. 세 번째는 2019년 춘절을 기념해 중국의 대가족을 표현한 버버리 화보다. 전반적인 색감과 모델들의 표정이 을씨년스럽고 우울해 보인다며 중국인들이 거부감을 나타냈다. 어떤 이들은 중국의 불경기를 암시한 것 아니냐며 의혹을 제기하기도 했다.

네 번째. ZARA의 2019년 새 광고에서는 주근깨가 있는 중국 여성이 몽롱한 표정을 짓고 있다. 일부 중국인들이 '중국을 추한 이미지로 만들었다'며 항의했다. 물론 여기에 동의하지 않는 반대 의견이 더 많았다. 언론이나 많은 중국인들은 '별것도 아닌 것에 중화모욕을 다 갖다 붙인다'며 쓸데없이 예민하게 구는 행동을 피곤해했다. 날것, 꾸미지 않은 것도 아름다움으로 간주하는 패션 업계의 심미관을 이해하지 못한 시각이라는 의견이다. 그렇다면 나머지 광고들도 패션계의 독특한 심미관으로 해석할 수 있을까?

사실, 이건 심미관 플러스알파의 문제다. 명품 브랜드가 자신을 카피한 짝퉁을 패러디하는 것은 서구에서는 '핫'한 마케팅이다. 하지만 짝퉁 오명에서 기를 쓰고 벗어나고 싶어 하는 중국에게는 '정치적으로 올바른' 마케팅 기법이 아니다. D&G 캠페인은 현지의 모습을 꾸밈없이 보여주겠다는 의도였을지 모르지만 현지인과 모델의 비주얼 격차가 너무 심하다. 같은 캠페인을 펼친 일본 편 광고에 나온 일본인들은 깔끔하고 세련됐다. 중국인 입장에서 보면 의도적으로 편향된 연출로 느껴지는 것도 무리가 아니다.

세 번째와 네 번째는 '심미관'의 영역이다. 우울해 보이거나, 난해해 보이거나, 날것 그대로의 이미지가 중국에서 논란 없이 받아들여지려면 시간이 좀 더 필요해 보인다. 밝고, 긍정적이고, 아름다운 면을 전파하고 싶어 하는 사회주의 선전 체제에서 틀을 벗어난 심미관은 아직 아슬아슬하다.

중국인을 묘사한 불편한 삽화

우리 미디어에 등장하는 중국인 삽화는 대개 중국인들을 왜곡해서 묘사하는 경우가 많다. 변발, 도포와 마고자, 반구형 모자, 수염만 있으면 중국인을 손쉽게 형상화할 수 있기 때문이다. 이런 삽화가 들어간 콘텐츠는 많은 경우 '중국인이 세계 곳곳의 회사와 부동산은 다 사들인다'는 식의 내용이 많다. 그들의 모습은 탐욕스럽거나, 경박해 보이거나, 혹은 교활해 보여 다분히 경멸적이다. 악당 '푸만추'의 모습이 오버랩되기도 한다. 우리 눈으로 봐도 매력적인 모습과는 거리가 한참 있는데, 하물며 중국인의 눈에는 어떨까. 미개하거나 사악한 변발 중국인을 그린 19세기 서양 그림으로도 충분히 굴욕적이었다. 21세기 들어서까지 그 시대의 복장으로 여전히 '어글리'하게 그려진 모습을 달가워할 중국인은 많지 않다.

☆ 중국인을 왜곡해서 묘사하는 삽화.

　중국인을 묘사한 삽화에는 머리를 깎지 않

☆ 한족 헤어에 만족
복장?
(기사 내 삽화 참고)

고 상투 튼 남성이 청나라 시대 마고자14를 입고 있는 경우도 있다. 머리카락을 그대로 남기고 상투를 틀어 올린 것은 한족 전통 헤어스타일이다. 한족의 헤어와 만족의 의상이 결합된 퓨전 스타일인데, 이는 난센스다. 머리카락을 남기면 목 잘릴 각오를 해야 했던 청나라 건국 초기의 살기등등한 정책에 한족 남자가 머리를 밀지 않고 살 재간은 없었다. 우리 눈에는 이런 삽화도 중국인 느낌이 충분히 전달되지만, 중국인과 커뮤니케이션을 할 때는 상대의 문화에 대한 이해가 부족한 것으로 비춰질 수도 있다.

미식에 눈뜬
중국인?

솥을 씻고 물을 조금 붓는다 / 불은 있는 듯 없는 듯 약하고 뭉근하게 /
천천히 익게 기다려, 서두르지마 / 궁극의 맛은 불 조절에 있어 / 이렇
게 아름다운 돼지고기, 가격도 착해……

노래 같기도 한 이 글은 900여 년 전 돼지고기를 예찬한 〈저육송
猪肉頌〉의 한 대목이다. 지은이는 소동파라는 이름으로 널리 알려진
북송 시대의 문인 소식苏轼(1037-1101)이다. 미식가로도 유명한 그
는 귀향 간 곳에서 우연히 개발한 레시피로 맛있는 돼지고기 조림
을 해먹으며 즐거워했다. 이 요리법은 우리에게도 익숙한 동파육东
坡肉의 원형이다.

오늘날 중국인들이 가장 즐겨 먹는 육류가 돼지고기지만, 소동

파가 살던 북송 시절만 해도 돼지고기는 하층민이나 먹는 저급한 고기로 여겼다. 부자들은 주로 생선과 양고기를 먹었다. 명대에 들어서야 돼지고기가 궁중 요리 메뉴에까지 들어갈 정도로 널리 보급되기 시작했다고 하니, 중국인들이 돼지고기를 거부감 없이 먹게 된 역사가 생각보다 길지는 않다.

한편, 소는 농사짓는 '도구'로서의 역할이 컸기 때문에 역대 왕조에서도 소를 식용으로 하는 것을 금했다. 또 일을 많이 하다 보니 근육이 질겨져서 식감도 별로다. 새끼도 적게 낳을 뿐만 아니라 풀이 없는 겨울에는 사료 공급도 까다로워 돼지에 비해 훨씬 돈이 많이 드니 소고기 식용은 비경제적이었다. 명대 이후로 돼지고기 요리법이 다양하게 개발되면서 계층을 뛰어넘어 중국인의 혀를 사로잡은 반면, 소고기는 늘 돼지고기에 밀렸다. 그러던 중국인이 소고기를 먹기 시작했다며 뉴스를 장식했다. 하지만 식문화의 변화로 소개되는 것이 아니라 '글로벌 포식자'라는 꼬리표를 달고서다.

중국인의 입은 블랙홀인가

소고기에 맛 들린 왕서방 탓에 국제 육우 가격이 천정부지로 뛰어오르고 있다 …… 경제력이 뒷받침된 중국인들이 비교적 저렴한 닭이나 돼지고기 대신, 값비싼 미국산 고급 소고기를 먹기 시작한 것이다.[15]

미국 시장에서 소고기 가격이 사상 최고치를 찍었다는 국내 언론의 기사인데, 주로 '중국인이 소고기를 먹기 시작하니 국제 소고기 가격이 올라가고 있다'는 점에 초점을 맞추고 있다. 지갑이 두둑해지면 먹을 수 있는 것이 어찌 소고기뿐일까. 원래 식탁에 오르지 않던 해외의 식재료에도 지갑이 열리기 시작한다. 여기에 인공지능과 빅 데이터 활용 등 첨단기술이 결합된 세계 최고 수준의 물류를 자랑하는 중국이 해외 먹거리를 찾지 않는다면 그게 더 이상할 지경이다.

하지만 이런 중국을 보는 시각은 대개는 이렇게 정해져 있다. "참치 · 와인 이어 버터값 들썩, 대륙의 포식 어디까지?", "고급화된 왕서방 입맛에 고삐 풀린 소고기 값", "중국이 크루아상 맛에 눈뜨니 이런 우려가?", "중국인이 '아보카도'를 먹기 시작하자 전 세계가 울었다" 등등.

중국인들이 돈 좀 생겼다고 다 먹어 치우는 바람에 가격이 오르게 생겼다는 뉘앙스로 느껴지는 건 단지 기분 탓일까? 중국인은 뭐든지 먹어 치우는 게걸스러운 사람이라는 이미지를 지우기 힘들다. 다분히 선정적이다. 게다가 내용을 좀 더 자세히 들여다보면 모든 것이 중국 탓이라는 논리에 과장과 왜곡이 있는 경우도 있다.

소고기를 예로 들어보자. 확실히 중국인의 소고기 소비량은 해마다 늘고 있다. 2012년에서 2016년까지, 중국의 1인당 소고기 소비량은 33퍼센트가 늘었는데, 마침 같은 기간 중국 도시 거주 가정의 가처분 소득도 38퍼센트 증가했다. 소득의 증가와 소고기 소비량이 정비례한다는 것을 보여주는 수치다.**16** 다시 앞에서 언급한 "소고기에 맛 들린 왕서방……"이라는 기사를 살펴보자. 소고기의 가격 상승 원인을 이렇게 분석한다.

1. 중국인이 미국산 소고기를 먹기 시작했다.
2. 미국의 육우 공급이 계속 감소하고 있다.

우선 1번. 기사가 나온 시점은 2014년 2월. 광우병 파동으로 중국은 2003년부터 미국산 소고기 수입을 금지했다가 2017년이 되어서야 수입을 재개한다. 2014년은 여전히 미국산 소고기 수입이 금지되던 때로, 미국산 소고기가 중국 시장에 유통되던 때가 아니다(밀수되는 미국산 소고기는 어쩔 수 없다 치더라도). 이 기간 동안 중국은 미국산 대신 호주, 뉴질랜드, 브라질, 아르헨티나 등에서 소고기를 수입했다. 중국의 수요가 점점 늘어나니 국제 소고기 가격에 영향을 미쳤고, 미국도 간접적인 영향을 받았을 수는 있다. 하지만 2014년 미국산 소고기 값 폭등은 적어도 중국인이 미국산 소고기를 먹기 시작해서 생긴 직접적인 결과는 아니다.

2번. 미국의 육우 공급 감소는 맞다. 기사의 출처인《월스트리트 저널》의 보도에서는 가뭄으로 인해 사료 작황이 흉년이었고 그러다 보니 소 공급이 줄어든 데다 대체재인 돼지까지 바이러스가 돌아 돈육 생산량이 대폭 감소해, 결국 소고기 가격 급등으로 이어졌다고 분석하고 있다. 주요 원인이 미국 시장 변동에 초점이 맞춰져 있다.[17] 물론 그 전부터 미국 언론에서는 중국의 닭, 돼지고기 수요가 늘면서 미국 농가가 중국 시장의 주요 공급지가 될 것이라는 보도가 계속 나왔지만,[18] 미국산 소고기 값 상승은 미국 국내 요인이 주요 원인이다. 그럼에도 불구하고 해당 기사뿐만 아니라 국내 언론에서는 '싹쓸이', '블랙홀' 같은 자극적인 용어가 반복되었다.

소고기 소비를 소득 증가로만 연결시키는 것은 문제의 한 면만 보는 것이다. 주머니 사정이 넉넉해진 이유도 있지만, 돼지고기와 가격 차이가 줄어든 것도 한 원인이다. 2016년 초 중국은 돼지고기 값이 크게 올라 거의 소고기 가격에 육박하게 된다. 게다가 여러 나라에서 소고기를 수입하다 보니 가격이 떨어져 국내 소고기보다 훨씬 저렴하게 되었다. 국내 소고기보다 싸고 돼지고기와 가격이 비슷해지니 소비자들이 수입 소고기에 눈을 돌리게 된 측면도 있는 것이다.[19]

소고기뿐일까. 2017년 하반기의 '프랑스 버터 대란'을 소개하는 보도도 대부분 이런 방향이다. "중국인 크루아상에 눈뜨니 프랑스 버터 대란". 제목에서 이미 프랑스 버터 가격의 인상 주범은 중국인이라는 명제를 깔고 시작한다. 정말 그럴까? 《블룸버그》의 내용을 살펴보자.

2015년 프랑스 버터가 과잉 생산되어 가격이 하락하자 2016년에는 생산량을 줄인다. 그러자 2017년에는 다시 공급량 부족으로 가격이 인상된다. 프랑스 버터 생산자와 유통업계는 매년 2월 버터 가격을 정해 1년간 고정 가격으로 공급한다. 그런데 중간에 버터 물량이 딸리다 보니 생산자는 가격을 올려서 공급하고 싶어한다.

여기서 버터를 인상된 가격에 사지 않으려는 유통업계와 제값받고 팔려는 생산자 간의 샅바 싸움이 벌어진 것이다.[20] 생산자가 '너 아니면 팔 곳이 없을까 봐' 하는 마음으로 판로를 중국과 미국 등 버터 소비 대국으로 틀어서 제값, 즉 올린 가격으로 판매하자 결국 프랑스 마트에서는 버터 구경하기가 더 힘들어졌고 가격은 폭등하게 되었다. 생산자와 판매자 간의 갈등과 유통 과정에서 생긴 문제가 프랑스 버터 대란의 핵심이다.

사실 이런 복잡한 상황을 다 설명하면 지루해서 아무도 안 읽는다. 중국인들의 버터 수요가 늘어난 현상만을 핀셋으로 콕 집어 '중국인들의 입맛이 고급화됐다, 크루아상에 눈떴다'로 포장하면 이야기가 훨씬 흥미진진해진다. 우리 미디어의 선정적인 보도 관행이다. 그중에서도 '비호감' 중국인 이슈는 언제나 시선 끌기에 좋다.

하지만 종합적인 분석을 뒤로하고 한 가지 요인만 끄집어내 부각시킬 경우 남는 건 사실 왜곡이다. 실제로 2017년 10월 25일과 26일 이틀간 버터 대란 뉴스가 집중적으로 나온 시기에 '중국인 크루아상에 눈뜨니', '크루아상에 맛들인 중국인' 같은 자극적인 제목을 똑같이 사용한 기사가 무려 약 45개나 된다. 요즘처럼 핸드폰으로 제목만 보는 시대에 'OO에 눈뜬 중국인' 같은 복제 기사는 '중국인=포식자' 혐오 이미지를 확대재생산시킨다.

- 우리가 먹기만 하면 가격이 오른다고? 한국 언론 '버터 가격 상승은 중국인 입맛 바뀐 탓' 我们一吃价格就涨? 韩媒称黄油涨价就因中国人口味变了
- 한국 매체, 소고기 등 물가 상승은 중국인 돈 생겼기 때문 韩媒 : 韩国 牛肉等物价上涨系因中国人有钱了
- 한국 식품 가격 상승에 중국 탓 '중국인이 뭘 먹기만 하면 오른다' 韩国食品价格上涨怪中国 : 中国人喜欢吃啥啥涨价

이러한 제목들은 한국의 관련 보도가 중국에 소개된 경우다. 그들도 참치, 아보카도, 버터 가격 상승에 자신들의 수요 증가가 직간접적으로 연관되어 있는 정도는 알고 있다. 하지만 모든 것이 중국 탓이라는 보도는 앞에서도 설명했듯이 문제다. 게다가 '입맛이 고급화되더니', '돈 좀 생기니 다 먹어 치운다'와 같은 경멸적인 시각은 은연중에 반한 감정을 불러일으킬 수 있다.

스테이크 구워 먹는 소동파의 후예

'내가 하고 싶지 않은 건 다른 이에게도 하게 하지 않는다己所不欲, 勿施于人'는 공자의 말은 '내가 듣고 싶지 않은 것은 남도 듣기 싫어한다'로 바꿔 말할 수 있을 것이다. 크루와상에 커피를 마시고, 아보카도와 연어가 들어간 샐러드와 프랑스산 치즈를 곁들여 와인 한 잔하는 우리를 만약 다른 나라에서 비웃는다면 어떤 생각이 들까?

1인당 GDP가 이미 2만 달러를 넘긴 상하이나 베이징 같은 대도시 거주 중국인의 라이프스타일은 우리와 별반 다르지 않다는 사실을 받아들여야 한다.

프라이팬에 부드러운 스테이크 고기를 올리자마자 치익…… 하는 듣기 좋은 소리가 난다. 항저우의 왕치 씨는 능숙한 손놀림으로 스테이크를 뒤집는다. 고기에 함께 들어 있던 조미료는 사용하지 않는다. 특별히 손수 구입한 수입 솔트와 트러플 소스를 그 위에 뿌린다. 직접 스테이크 구워 먹기는 왕치가 주말을 위해 남겨둔 소중한 레시피다.[21]

〈저육송〉 발표 900년 후, 소동파의 후예인 항저우 중국인 남성의 2016년 라이프스타일이다.

한국인의
우월의식

떵동~. 핸드폰에 깔아둔 바이두 어플에서 푸시 알람을 확인해 보니
이런 제목이다. "한국 예능프로그램 진행자 중국 깔봤다가 김고은
에 면박당해". 무슨 일인가 싶어 봤더니 이런 내용이다.

배우 김고은은 중국에서 10년간 어린 시절을 보내고 온 것으로
알려졌다. 예능 프로그램에 출연한 그녀가 중국의 학교 얘기를 하
던 참이었는데, 진행자 A가 "중국에서는 자연에서 배우지 않느냐.
만주 벌판 같은 곳에서"[22]라고 말한다. 그러자 진행자 B는 한술 더
뜬다. "학교에서는 붓을 사용하지 않느냐……" 깜짝 놀란 김고은과
메인 MC가 지금이 어떤 시대인데 그런 말을 하느냐며 이 둘을 면
박 주었다는 내용이다. 기사에서는 한국인들의 시대착오적인 중국
인식 때문에 한국인 이미지가 안 좋았는데, 잘못된 인식을 바로잡

아주는 김고은에게 호감이 생긴다는 말도 덧붙인다.

우리는 이런 일이 있었는지도 모를 정도로 주목받지 못한 내용이었는데, 중국 온라인에서는 이 내용이 수없이 확대재생산되어 돌아다니고 있다. 어쩌면 '만주 벌판'이나 '붓'을 언급한 건 일종의 설정이었을 것이다. 일부러 엉뚱한 말을 던지고, 똑똑한 메인 MC가 면박 주는 상황을 이끌어내 웃음을 유발하려는 콘셉트 말이다. '웃자고 한 얘기에 죽자고 달려드냐'고 할 수도 있지만, 상대가 불쾌해지면 이미 그건 웃고 넘길 얘기가 아니다.

자기가 가장 잘난 줄 아는 한국

기원전 약 200년, 한나라 시절 대륙 서남쪽에 야랑국夜郎国이라는 아주 작은 나라가 있었다. 한나라의 작은 마을 정도에 불과한 소국임에도 불구하고, 야랑국 왕은 한 번도 나라 밖을 나가본 적이 없어서 자신의 나라가 세계에서 가장 큰 나라인줄 착각하고 있었다. 그러던 어느 날, 야랑국을 방문한 한나라 사신에게 왕이 기고만장한 표정으로 "한나라와 우리나라, 어디가 더 큰가?"라고 묻는 바람에 한나라 사신이 뒷목을 잡았다고 한다.

이 이야기에서 유래된 고사성어가 예랑쯔다夜郎自大 다. '야랑夜郎이 자신을 크다自大고 여긴다'는 의미로, 자신이 최고인 줄 아는 '우물 안 개구리'를 뜻하는 말로 사용된다. 중국인이 한국(인)을 흥볼

때 자주 쓰는 말이다. 특히 '중국에도 그런 게 있어?'라는 질문을 할 때다. 악의가 없더라도 '우리가 이런 건 중국보다 앞서지'라는 식의 우월의식을 내비칠 때 중국인의 입에서는 '한국인은 정말 예랑쯔다야'라는 말이 튀어나온다. 오죽했으면 중국 온라인 백과사전에 '한민족 우월주의'라는 용어를 길게 설명했을까.

> ……이런 사고방식은 일부 한국인(주로 중장년 남성층)이 주변 국가와 그
> 국가의 국민, 역사, 문화를 깔보는 태도다. 이런 모습은 한국의 경제가
> 급속히 성장하고 한류가 바람을 일으키면서 더욱 심해졌다……**23**

한민족 우월주의는 역사적인 게 원인일 수도 있고, 한때 경제·문화 쪽으로 중국에 한 수 가르쳐주던 시절의 우리 기억 때문일 수도 있다. 우리 안에 중국(인)을 낮추어 보거나(보고 싶거나), 혹은 악의가 없더라도 과거의 시선에 머물러 있는 경우가 있음을 부정하긴 힘들다.

일반 한국인들이 '중국에도 ○○있어?'라고 물어보는 바람에 어이가 없었다는 이야기가 여전히 중국인들 사이에 돌아다니고 있고, 미디어에서는 은연중 중국(인)을 '촌스럽고 후지게' 묘사하기도 한다. 2016년 사드 배치 갈등 전만 하더라도 한국 드라마가 인기리에 중국 동영상 플랫폼에 방영되고, 간판 예능 프로그램의 포맷이 줄줄이 팔려나가면서 '역시 대중문화는 우리가 최고야'라는 인식이 정점에 달했다. 지금은 전반적인 산업 분야에서 중국이 앞서나가

고, 2016년 사드 갈등 후 대중문화가 줄줄이 보이콧되면서 우리 내부적으로는 조심스러운 분위기로 바뀌었지만, 중국에서 다년간 형성된 '한국인의 우월의식' 이미지는 금방 없어지긴 힘들 것 같다.

우리에게 필요한 것

우리가 그런 것처럼, 아니 그 이상으로 중국은 문화적 자긍심이 강한 나라다. 세계 4대 문명 중 하나이니 그 자부심이 오죽할까. 오랫동안 아시아 주변국으로부터 조공을 받았던 깊은 우월감도 있다. 자신들에게 조공을 바치던 작은 나라가 대륙이 들썩일 정도로 큰 바람을 일으킬 때 어디선가에서는 심기 불편해하는 사람이 있다. 후진타오 주석이 〈대장금〉을 시청했다든가, 왕치산 부총리 같은 국가 지도자가 "우리는 왜 〈별에서 온 그대〉 같은 콘텐츠를 못 만드냐"며 언급할 정도의 열풍에 이르면 우쭐해지기보다는 위험 신호로 받아들여야 한다. '우리가 한국보다 뭐가 못나서?'라는 물음이 고개를 들기 시작하면서 한류 차단 정서가 뒤따라오기 때문이다. 한번 찬물이 끼얹어지면 우리가 할 수 있는 일은 별로 없다. 항의를 한다고, 물밑 접촉을 한다고 결정을 되돌릴 중국도 아니다. 이때 우리가 할 수 있는 일은 아마도 '디댜오低调' 아닐까.

중국 최대 온라인 서점 당당닷컴dangdang.com의 자기계발 분야에 들어가면 《이런 자세가 디댜오다》, 《디댜오: 감추고 드러냄의 예술》,

《디댜오, 성공하는 인생의 자세》, 《디댜오 처세는 손해 안 본다》등 등 이른바 디댜오와 관련된 책들이 수백 권에 달한다. 디댜오는 과시하거나 잘난 척하지 않는 겸손한 처신을 말한다. 한동안 중국 처세 분야에서 주목받는 키워드였다. 예를 들면 원빈·이나영 커플이 메밀밭에서 소박하게 올린 결혼식도 '디댜오하다'고 할 수 있다.

겸손하고 소박한 처신이 자기계발서 단골 소재로 나올 만큼 중국에서 관심을 끄는 것은 달리 말하면 '있는 척, 잘난 척'이 일상이 된 현실에 대한 피로감이 낳은 현상으로도 볼 수 있다. 10년 전 만해도 서로 경쟁적으로 부를 과시했다. 반려견의 양발에 신상 애플 워치를 끼우고 자신의 강아지를 위한 선물이라며 소셜미디어에 올린 중국판 남자 패리스 힐튼 왕쓰총王思聰은 부 과시의 정점을 찍었다.

타인의 시선을 통해 자신의 가치를 증명하기 좋아하는 많은 중국인의 특성상 '있는 척'은 별로 터부시할 일도 아니지만, 개념 없는 '금수저들'과 일반인들의 경쟁적인 자랑질이 피곤하고 천박해 보이는 것도 사실이었다. 너도나도 '척하는' 세상에서 '희귀 아이템'인 겸손한 처세가 출판 기획자들의 눈에 띈 이유일 것이다.

이는 비단 책에만 국한되는 게 아니다. 겸손함과는 가장 거리가 멀어 보이는 '럭셔리'에까지 디댜오가 적용된다. 노골적인 과시보다는 '은근한 럭셔리低调奢华'를 진정한 럭셔리로 쳐주기도 한다. 이를테면 평범한 차림으로 자전거를 타고 장보러 온 아주머니가 자세히 보니 명품 손목시계를 차고 고급 유기농 채소 코너에서 무심하게 송로버섯을 장바구니에 담는 그런 장면이다. 굳이 요란하게 명품 마크를 드러내지 않아도 라이프스타일을 관통하는 은근한 고급스러움, 이것이 진정한 '있어 보임'이라고 새로 정의하고 있다.

이것을 우리에게 적용해보자. 중국의 빗장이 열려 우리의 문화콘텐츠가 다시 중국인들의 사랑을 받을 때를 상상해보자. '중국은 우리 대중문화를 따라잡기 힘들다'는 식의 시선이 우리 안에 다시 고개를 들 수도 있다. 자랑스러워 가슴이 벅차더라도 중국에게는 톤 다운시키는 '디야오한' 전략이 필요하다. 한국 대중문화에 대한 일부 중국 언론의 긍정적 평가를 모든 미디어가 받아쓴 뉴스를 몇 번 반복해서 접하다 보면 모든 '중국인들이 우리 문화에 완전히 빠진' 것으로 착각할 수 있다. 인구 13억이 넘는 중국은 다양한 문화 향유층이 있다. 한류를 좋아하는 팬들도 많지만, 한류는 수많은 문화 팬덤의 한 부분일 뿐이다.

'대륙을 휩쓸다'와 '중국은 돈 벌기 좋은 나라'라는 말

가수 ○○○ 대륙을 휩쓸다, 개그맨 ○○○ 대륙을 휩쓸다, 배우 ○○○ 중국 온라인을 휩쓸다, 그룹 ○○○ 중국 차트 1위, 대륙을 휩쓸다……. '대륙을 휩쓸다'는 미디어, 특히 연예 매체에서 자주 쓰는 단골 표현이다. '대륙 침공, 석권, 평정, 점령, 접수'도 마찬가지다. 예를 들어 가수 A가 신곡을 발표했는데, '중국 차트를 휩쓸었다'는 보도가 나온다. 자세히 보면 중국 음원 차트에서 종합 순위가 아닌 K-POP

부문에서, 그것도 그날 당일만 1위를 한 것뿐이다.

이는 대부분 소속 기획사에서 보도자료를 만들어 각 매체에 뿌리는 경우로, 우리가 잘해내고 있다는 것을 한국인을 대상으로 알리는 '내수용' 자료다. 소속 가수를 어떻게든지 널리 홍보하고 싶은 마음이야 충분히 이해가 가지만, 요즘 같은 글로벌 시대에 내수용도 금세 해외용이 된다. 과장된 내용은 자칫 중국인들이 한국에 대해 또 하나의 편견을 추가하는 빌미를 제공한다. '한국 스타들은 걸핏하면 중국을 휩쓴다고? 정말 자신이 대단한 줄 아나 보군.' 이런 경우는 다음과 같이 담담히 사실만 담아 보도자료를 작성하는 것이 좋다. "○○○, 중국 차트 K-POP 분야 1위 차지."

한편, 중국에서 큰 인기를 얻었다가 말 한마디 잘못해 중국인들에게 단단히 찍힌 스타들도 있다. 그 예로, "중국은 한국보다 훨씬 더 많은 출연료를 준다. 큰돈을 벌었다"고 한 말이 화근이 되곤 한다. 우리에게는 별로 민감하지 않은 말이다. 전쟁터 같은 쇼 비즈니스 세계에서 돈 많이 주는 쪽을 선호하는 것은 허물도 아니고, 해외 진출 성공을 홍보해야 국내 입지도 높아질 것이다. 하지만 스타를 통해 판타지를 경험하는 팬들의 입장에서는 돈 얘기가 나오는 순간 오만 정이 다 떨어지고 만다. 중국 스타들의 개런티는 우리와는 비교가 안 될 정도로 높아서 중국 내에서도 논란이 많고, 상대적 박탈감을 느끼는 중국인들이 많다. 해외 성공을 개인적으로는 박수 쳐 주고 싶지만, 중국도 보는 눈이 많으니 '디댜오한' 자세를 참고하는 건 어떨까.

5장

조화로운 세상의
적들

종교 탄압 스캔들, 파룬궁

명동의 어느 거리. 눈과 팔, 다리가 온통 멍투성이인 여자, 앉은 채로 온몸에 불이 붙어 타오르고 있는 남자, 여기저기 길게 바늘로 꿰맨 자국……. 외국인 관광객과 한국인 쇼핑객들로 북적이는 명동이나 광화문 같은 도심 한복판에서 이런 섬뜩한 사진들과 한번쯤은 마주쳐본 적이 있을 것이다. 그 기억에서 한 걸음 더 들어가 보자.

사진 옆에는 이런 글도 쓰여 있다. "파룬궁에 대한 박해를 중단하라!", "파룬궁 수련생 장기 적출 만행". 그렇다. 파룬궁 이야기다. 박해, 장기 적출……. 함께 따라오는 몇 개의 굵직한 말만 봐도 이미 파룬궁이 중국 당국에 얼마나 민감한 주제인지 짐작되고도 남는다. 파룬궁은 중국 정부로부터 사이비 종교집단으로 낙인찍히고 활동 금지를 당한 단체다.

하지만 중국 정부 말처럼 정말 사이비 종교 집단인지, 설사 그렇다 하더라도 이들을 대상으로 끔찍한 일들이 저질러진 것이 사실인지 궁금증이 꼬리를 문다. 파룬궁에 대체 무슨 일이 일어났던 걸까?

좋은 놈 → 이상한 놈 → 나쁜 놈

파룬궁法轮功(또는 파룬따파法轮大法)1은 1992년 지린성 출신의 리훙즈李洪志에 의해 창시된 기공 수련법이다. 리훙즈를 비롯해 수련자들은 파룬궁이 기공 수련의 일종으로 종교성을 띠지 않는다고 말한다. 실제로 파룬궁이 처음 대중에게 선보였을 때는 수련에 참여한 사람들의 건강이 눈에 띄게 좋아지자 중국 당국이 국민 건강 증진에 도움이 된다고 여겨 파룬궁을 적극 지지했다. 당시 주룽지 총리가 (파룬궁 등) 기공 수련으로 1인당 1,000위안의 의료비 절감 효과가 있다고 말했을 정도다.2 당국은 각종 행사와 강연을 열어 파룬궁 수련을 장려했을 정도로 초기에는 공산당과 사이가 좋았다.

하지만 창시자 리훙즈에 대한 신격화 조짐이 보이고 수련에서 미신적인 색채가 강해진다는 이유로 중국 당국은 1996년 파룬궁을 봉건 미신 단체로 규정해버린다. 다음과 같은 비과학적이고 미신적인 행위로 선량한 국민들을 현혹시키고 있다는 것이다.

- 의료 치료를 금하는 교리 때문에 병에 걸려도 병원에 가지 않아 죽

는 경우가 속출한다.

- 수련자들에게 분신을 하게 하거나 강물에 뛰어들게 하는 등 자살을 유도한다.
- 퇴마 의식을 치르다가 어린이를 숨지게 하는 사례가 있다.

　공개적인 수련 활동, 출판물 유포 등 모든 활동이 번번이 당국에 의해 가로막히고, 미신 단체라는 비판이 언론을 통해 보도된다. 이에 파룬궁 수련자 1만여 명이 1999년 4월 25일 공산당 고위 간부들의 주거지인 중난하이中南海에 집결해 항의 시위를 벌이자 중국 당국은 기겁을 한다. 1989년 톈안먼 사건의 악몽을 10년 만에 다시 꾸는 듯했다. 정부는 1999년 '사교邪教 금지법'을 발표하고 파룬궁 활동을 공식적으로 금지한다. 법적 장치가 마련되자 중국 정부는 파룬궁 수련자들을 기소하고 잡아들였다.3

　중국 내에서 파룬궁이 설 자리가 없어지자 일부 수련자들은 미국으로 건너가 활동 영역을 넓히는 한편, 중국 당국이 파룬궁 수련자들을 상대로 사상 개조를 하거나 각종 고문, 강간 같은 인권 탄압은 물론 심지어는 '생체 장기 적출' 같은 끔찍한 반인륜적 박해를 하고 있다고 지속적으로 폭로하고 있다. 파룬궁은 정치적 의도나 종교적 색채가 없는 건강 수련 단체를 탄압한다며 공산당을 비판하고, 중국 당국은 사람들의 재산과 생명에 손실을 끼치는 사악한 종교 단체면서도 오히려 건강 수련만 한다는 거짓말을 내세워 중국의 국격을 모독하고 있다고 맞서고 있다.

중국은 왜 그렇게 파룬궁에 적대적일까

당국과 사이가 좋았던 파룬궁은 왜 하루아침에 사이비 종교로 몰려 풍비박산이 났을까? 많은 전문가들이 다양한 추론을 내놓고 있는데, 이 문제는 시대적 상황과도 연결된다.

파룬궁이 세상에 나오기 전인 1980년대부터 이미 여러 기공 수련법이 민간에서 유행하고 있었고, 파룬궁은 그중 하나였다. 공산당은 기공이 1989년 톈안먼 사건으로 정신적인 상처를 받은 대중들을 달래는 데 도움이 될 수 있다고 판단했다. 게다가 의료보장이 국가에서 개인 부담으로 되면서 사회보장이 부실해졌는데, 노년층이 기공 수련을 통해 건강해지는 사례가 나오면서 정부는 기공을 건강 수련법으로 적극 장려했다.

중요한 사실은 전통적으로 중국의 기공은 신체 단련 외에 플러스알파가 있다는 것. 알파는 불교, 도교, 민간 종교, 샤머니즘 등 종교적이거나 무속적인 것을 말한다. 파룬궁 창시자 리훙즈 역시 신통력과 영적 수련 등의 능력이 부각되면서 수련자가 급속히 늘어난다. 종교적인 색채가 없다고 보기에는 애매하다는 평가다.[4] 바로 이 대목이 파룬궁이 박해를 받게 된 중요한 이유 중 하나일 것이라고 많은 전문가들이 지적한다.

첫째, 중국 정부가 '두려움'을 느꼈을 것이라는 점이다. 8,000만 명의 공산당원에 육박하는 7,000만 명(추산)의 파룬궁 수련자는 공산당 체제를 위협하는 존재로 다가왔을 것이다. 심지어 파룬궁 추종자 중에는 공산당 고위급 지도부와 당원들까지 다수 포함되어 있어서 자칫 당을 향한 충성심이 약해지면 정부의 통제력이 먹히지 않을 수 있다는 두려움까지 더해졌다. 역사적인 트라우마도 있다. 황건적의 난(184년, 후한 왕조), 홍건적의 난(1368년, 원나라 왕조), 청대에는 백련교도의 난과 태평천국의 난이 민간 종교 세력에 의해 시작되어 백성들을 규합하고 왕조를 위협했다.5

둘째, 파룬궁이 주장하는 것처럼 정치적으로 불순한 의도가 전혀 없다는 것을 100퍼센트 믿기는 힘들다는 지적도 있다. 1999년 4월의 대규모 파룬궁 집회는 정확히 1989년 톈안먼 사태 10주년에 맞춰 일어나 정부를 압박하고자 하는 정치적 의도가 있었던 것이 아니냐는 시각도 있다. 게다가 파룬궁은 자체 미디어를 통해 체제 비판적인 뉴스를 생산하고 있다. 물론 이런 정치적인 반反중국 목소리는 정부의 파룬궁 탄압 이후 나온 것으로 중국 당국이 원인 제공을 한 측면이 있다.

생체 장기 적출, 사실이다 vs. 아니다

중국의 여러 인권 탄압 문제 중 가장 충격적인 이슈는 파룬궁 수련자에 대한 박해다. 그중에서도 '생체 장기 적출'을 둘러싼 진위 여부를 놓고 파룬궁과 중국 당국이 첨예하게 대립하고 있다. 생체 장기 적출은 말 그대로 숨이 완전히 끊어지기 전에 장기를 적출하는 것이다. 파룬궁은 장기 수요자가 나타날 때마다 행하는 사형수에 대한 사형 집행이 숨이 끊어지기 전에 장기를 적출하는, 일종의 '맞춤 사형'이라고 주장한다. 당국과 장기 이식 전문 병원의 커넥션을 통해 장기의 '양산'이 이루어지고 있다는 것.

파룬궁은 서양의 인권 단체와 손잡고, 중국 당국이 사형수를 대상으로 범죄를 저지르고 있으며 여기에 파룬궁 수련자가 포함되어 있다고 폭로하고 있다. 특히 이들은 1999년 이후부터 중국의 장기이식 건수가 급증한 데이터를 근거로 파룬궁 수련자들에 대한 장기 적출을 주장한다. 박해가 본격화된 시점과 일치하기 때문이라는 것이다.

놀랍게도 실제로 중국은 2005년 세계보건기구WHO 회의에서 사형수가 장기의 공급원이라고 인정했고, 사형수를 통한 장기 공급은 2015년이 되어서야 공식 종료되었다고 발표했다.6 물론 '살아 있는 채로' 장기 적출을 한 것은 당연히 아니며, 파룬궁과 서방 인권 단체의 '파룬궁 생체 장기 적출설'은 간접적인 정황으로만 가득 찬 거짓 주장이라는 입장이다. 하지만 스스로도 밝힌 '사형수 장기 공급' 관행은 파룬궁 측의 주장을 괴담으로만 넘기기엔 뭔가 석연치 않은 구석이 있는 게 사실이다.

파룬궁과 선원 공연

2016년 KBS홀에서 예정되었던 중국 전통문화 공연이 KBS 측으로

부터 돌연 취소 통보를 받는다. 후에 알려진 바로는, 주한 중국대사관이 KBS에 공연 취소를 요구하는 공문을 보내 압력을 가했다고 한다. 중국 전통문화 공연인데 중국대사관이 취소 압박을 했다? 언뜻 이해가 되지 않는다. 하지만 그 공연이 파룬궁과 연관 있다면 이야기가 달라진다. 공산당이 중국의 전통문화를 파괴시켰다고 여기는 파룬궁은 중국 문명을 회복해야 한다고 주장한다. 이 생각을 기반으로 탄생한 공연 예술이 바로 션윈神韻이다.

션윈은 고전 무용을 통해 중국의 고대 신화부터 현대에 이르기까지 5,000년 전통문화를 압축해서 보여주는데, 파룬궁 박해와 관련된 내용도 있는 것으로 알려져 있다. 파룬궁이 미국에서 만들어 2007년부터 전 세계 순회공연을 하고 있는데, '문화대혁명으로 소실된 중국의 5,000년 전통문화를 부흥시킨다'는 모토를 내걸고 있다. 파룬궁과 연관되어 있는 데다, 또 다른 금기어인 문화대혁명을 언급하니 중국 입장에서는 껄끄러울 수밖에 없다.

반중 성향의
언론들

2018년 하반기, 중국 톱스타 판빙빙范冰冰이 탈세 혐의로 몇 달간 자취를 감추자, 인터넷상에는 연금설, 망명설, 사망설 등 별의별 추측이 나돌기 시작했다. 다음은 가장 충격적인 루머 중 하나다.

……판빙빙이 혹시 장웨이제의 전철을 밟는 것 아니냐는 우려가 제기되고 있다. 방송인 장웨이제는 1998년 중국 유력 정치인과 불륜 관계를 통해 아이를 임신한 상태로 돌연 자취를 감췄다는 소문이 돌았는데…… 2012년 중국 매체《보쉰博訊》은 장웨이제가 시체를 박제한 전시회에 실물 모형으로 전시됐다는 의혹을 제기한 바 있다.

판빙빙이 왕치산 국가부주석에 성 상납을 했다는 루머까지 돌던 시점이라 혹시 과거의 장웨이제처럼 괴담의 주인공이 되는 건 아닐까 하는 근거 없는 억측이었다. 당시 '판빙빙·장웨이제'는 실시간 검색어 순위에 오를 정도로 우리나라에서도 화제가 됐다. 물론 이런 내용이 중국에서 유통될 리 없다. 그런데 여기서 주목할 것이 있다. 한국 미디어에서 인용한 중국 매체 《보쉰》이다. 고위급 지도자의 스캔들 같은 위험천만한 내용을 '중국 매체'가 감히 보도하는 것이 가능한 일일까?

중국에서 차단당한 해외 매체

중국의 미디어 통제는 유명하다. 유튜브, 페이스북, 구글, 인스타그램 같은 서비스는 물론이고 서구의 대표적인 주류 매체인 영국 BBC, 미국 《뉴욕타임스》, 《월스트리트저널》의 중문판도 중국에서 모바일로 보려면 '불법적인 내용이 있는 사이트'라는 경고 메시지가 뜨면서 정상적인 접속이 불가능하다.7 불법적인 내용이라 함은 중국이 듣고 싶어 하지 않는 비판적인 뉴스일 것이다. 그럼에도 중국 미디어에서 이들 매체의 내용은 문제없이 인용 보도되기도 한다. 국제 권위 매체로서의 지위를 인정하는 것이기도 하지만, 모든 보도 내용이 중국에 비판적인 것은 아니기 때문이다.

그런데 인용은커녕 중국이 눈엣가시로 생각하는 해외 매체들이 있다. 이른바 반중反中 타이틀이 붙은 매체들이다. 물론 중국이 공식적으로 반중 매체라고 분류하지는 않지만, 매체 운영 주체와 내용 민감도를 기준으로 다음처럼 나눌 수 있다.

• 파룬궁 계열 미디어

중국의 탄압으로 인해 미국으로 활동 영역을 옮긴 파룬궁이 자체 미디어를 설립했다. 주로 미국, 유럽, 호주 지역에 거주하는 화교들을 대상으로 서비스를 하는데, 전략적인 미디어 운영이 특징이다. 이를테면, 파룬궁 회원과 회원이 아닌 일반 대중으로 타깃을 세분화하여 각기 다른 미디어 전략을 구사한다. 즉 일반 대중에게는 사회의 다양한 정보를 제공하고, 노골적인 중국 정부 비판보다는 우회적인 비판을 통해 중국 정부에 대한 부정적인 시각을 가랑비에 옷 젖듯 교묘하게 대중들에게 주입시킨다는 것이 중국 정부의 주장이다. 《대기원시보大纪元时报》, NDTV新唐人电视台, 희망의소리希望之声가 대표적이다.

이들 매체는 여러 분야의 뉴스도 다루고 있긴 하지만, 중국 정부에 적대적이므로(5장 중 '종교 탄압 스캔들, 파룬궁' 참고), 중국과 관련된 내용은 부정적인 기사가 많다. 위구르족에 대한 대규모 사상 개조, 경제 거품 붕괴설, 정부 발표 데이터 조작설, 시진핑 퇴진설, 쿠데타설 등 중국에서는 꿈도 꿀 수 없는 내용들을 보도하는, '반중국' 뉴스의 진원지이기도 하다.

- **독립형 미디어**

해외 거주 중국인이 만든 일명 '해외 중문 미디어'는 중국의 여러 문제를 자유롭게 게시하다가 2000년대 초·중반 무렵 대륙에서 대거 차단당한다. 반중 세력까지는 아니지만 중국 입장에서는 달갑지 않은 이슈를 다루는 성가신 존재들이다. 《보쉰》과 《둬웨이多维》가 대표적이다. 모두 일반 중국인이 미국에서 세운 독립 미디어로, 본질적으로 앞의 파룬궁 계열 매체와는 결이 다르다. 이들은 적어도 중국 정부와 대결하려는 의도는 없다고 선언한다.

《둬웨이》는 중국의 지도자 교체 시기인 2002년과 2007년 정치국상무위원회(당시 9명) 명단이 중국에서 정식 발표되기 전, 이를 정확하게 예측 보도해 전 세계 언론의 주목을 받기 시작한다. 하지만 이 '천기누설'이 베이징 당국의 심기를 건드렸다. 《보쉰》은 1999년 중국의 컴퓨터 엔지니어 웨이스가 미국에서 설립한 뉴스 사이트다. 전문 기자와 편집자를 별도로 두었던 《둬웨이》와 다르게 《보쉰》은 시민 기자가 기사를 작성하고 내부 인력이 편집을 하는 시스템이다. 다양한 시민 기자와 독자, 정보원을 확보할 수 있는 장점이 있지만, 파룬궁이나 억울한 민원 관련 보도 등 중국이 민감하게 여기는 문제가 쏟아지면서 2006년 중국에서 완전히 차단당하고 만다.

이후에 두 매체가 취한 방향은 다르다. 《둬웨이》는 최대한 중국 정부와 대립각을 세우지 않거나 비교적 온건한 논조를 유지하고 있다. 특히 2009년 홍콩 자본에 인수되었다는 말이 전해진 후로는 대륙 매체와는 다른 신선한 시각을 잃었다는 평가도 나오고 있다.**8**

한편, 《보쉰》은 중국에서 차단당한 후에 아예 티베트 문제, 시진핑 암살 기도 등 민감한 뉴스도 과감히 올린다. 권력 개편 시기 지도부 인선 예측에서부터 정치인의 스캔들까지 중국에서 들을 수 없는 내용들을 보도하는 까닭에 한국 언론이 즐겨 인용한다.

• **미국 정부 주도형**

보이스 오브 아메리카VOA와 자유아시아방송RFI이 있다. VOA는 제2차 세계대전 중 독일 국민을 대상으로 방송을 시작한 대표적인 이념 선전 미디어다. RFI 역시 미국 의회의 자금 지원을 받는 정부 대변 언론이다. 이 방송의 전신인 자유유럽방송이 내보내는 뉴스가 동유럽 공산주의를 쇠퇴시키는 데 큰 역할을 한 데서 착안, 미국이 RFI를 개국한 것으로 알려졌다. 중국어 표준어, 광둥어, 한국어, 티베트어, 위구르어 등으로 방송되며, 중국 반체제 인사들이 이 방송에 참여한 것으로 알려져 있다.[9] VOA와 RFI 모두 미국 자유민주주의의 프로파간다 창구라는 점에서 중국은 탐탁지 않아 한다.

반중 매체의 카테고리와 미디어 제휴

다시 앞에서 언급된 《보쉰》을 보자. 한국 매체는 《보쉰》을 인용하면서 '중국 매체', '미국 중화권 매체'라는 말을 사용할 때가 있다. 이 말은 맞는 말일까? 물론 아니다. 보통 중국 매체면 중국 대륙에 있는 매체를 가리킨다.《보쉰》이나《둬웨이》는 미국에 서버를 둔 중국어 매체 또는 미국의 중문 매체가 맞다. '중화권' 역시 일반적으로는 중국 문화의 영향력이 미치는 동아시아나 동남아시아 지역이고, 중화는 중국이 스스로 자부심을 갖고 부르는 명칭이다. 중국 입장에서 보면 반중 매체에 중화라는 말은 어울리지 않는다. 한국 매체가 즐겨 사용하는《대기원시보》역시 미국의 중문 매체가 맞다.

매체의 성격은 미디어 제휴에도 영향을 미친다. 한 지자체가 지역 관광 홍보를 진행한 사례를 살펴보자.

○○ 지자체가 중국인 관광객 유치 홍보를 위해 중화권 방송사 △△△과 업무 협약을 맺고 관광 홍보에 나선다고 밝혔다.

만약 유치 대상 관광객이 미국 거주 화교라면 문제가 없는 제휴다. 그러나 혹시 중국 대륙의 중국인 관광객을 유치하는 것이 목적이라면 이 미디어와의 제휴는 신중히 생각해야 한다. 중국이 껄끄러워하는 매체로, 대륙에서 시청 혹은 접속이 원천 차단되었기 때문이다. 이 매체와 제휴를 해도 중국 대륙인들은 해당 콘텐츠를 볼 수 없다.

막혀도 보는 방법이 있다

중국이 사이버 공간에 쌓아 올린 인터넷 방화벽 방화만리장성防火长城. Great Firewall of China이 아무리 높다고 해도 해외 서비스를 이용할 수 있는 방법이 없지는 않다. 가상사설망 VPNVirtual Private Network을 이용해 방화벽을 뛰어넘는 것이다. 중국에서는 이를 두고 '담을 넘는다翻墙'고도 말한다. VPN은 다른 나라 IP로 인터넷에 접속하게 해주는 우회 접속 프로그램으로, 수많은 민간업자들에 의해 어플로도 만들어져 사용되고 있다. 그렇다면 중국이 VPN의 존재를 몰라서 그냥 둘까? 당연히 아니다. 비즈니스나 학술. 공적 영역 등 외국과의 교류가 필요한 분야도 있기 때문에 VPN을 무조건 막을 수만은 없다. 다만, 개인들의 사용은 '풀어줌'과 '조임'을 반복한다. 무허가 VPN 일제 단속을 실시해 차단해버리면 또 다른 VPN이 우후죽순 생겨나는 식으로 정부와 민간 업자의 숨바꼭질이 이어져왔다.

그러던 중. 당국은 2017년을 기점으로 대대적인 VPN 단속에 들어갔다. 2018년에는 애플을 상대로 앱스토어에 올라온 VPN 어플을 당장 내리라고 경고했고, 애플은 VPN 어플을 삭제하기에 이른다. 특히 2018년은 가짜 의료 백신 파동과 판빙빙 사건으로 인한 사회적 불만과 해외 매체의 '카더라'식 보도가 끊이지 않았기 때문에 강력하게 VPN 단속에 나선 것 아니냐는 추측도 있다. 국내에서는 1989년 톈안먼 사태 후 중국의 언론 검열이 최고조에 이르고 있고, 자유로운 사상을 탄압하는 중국을 비난하는 보도가 줄을 이었다. 정말 현지에서 느끼는 언론 탄압은 최악의 수준일까? 상하이에 거주하는 한 교민은 이렇게 말한다. "위에서 정책이 있으면, 아래에는 대책이 있는 거 아니겠어요上有政策 , 下有对策?" 다 나름의 대처 방법이 있다는 중국의 유명한 속담이다. 해외 서비스를 이용하려는 의지만 있으면 불가능하지 않다는 말이다. 다만 이용 중인

VPN이 잘될 때가 있고 안 될 때도 있다 보니 '담 넘기'가 점점 귀찮아지는 면이 있다고 지적한다. 중국 당국이 이런 점을 노린 걸까? 참고로, 중국에서 어떤 사이트가 차단이 되었는지 궁금하면 국제 민간단체에서 운영하는 GREATFIRE.ORG(https://en.greatfire.org/analyzer)에 들어가 인터넷 주소를 입력하면 차단 여부를 확인할 수 있다.

노동자 권익,
어디까지 허용되나

2009년, 아이폰 위탁 생산업체인 대만 폭스콘의 대륙 공장에서 생산직 근로자의 연쇄 투신자살 사건이 발생했다. 동종 업계 현장을 경험한 중국 노동운동가가 전하는 현실에서 이들이 극단적인 선택을 한 이유를 가늠해볼 수 있다.

행여 핸드폰 액정을 파손시키기라도 하면 임금에서 깎여나가요. 많게는 열 몇 명이 함께 공동 기숙사에 몸을 구겨 넣고 잠을 자야 하니 닭장이 따로 없습니다. 이렇게 일한 보수로 이것저것 떼고 손에 쥐는 건 고작 2,200위안(2011년 기준, 약 35만 원) 정도입니다. 이것도 장시간 야근과 특근을 해야 가능한 월급이에요.10

미래가 안 보이는 삶에 절망한 신세대 농민공들의 연쇄 자살은 중국 노동자들이 자신의 권익에 눈뜨게 만든 계기가 됐다. 2010년 5월 혼다자동차 공장의 대규모 파업을 시작으로 중국에 파업이 이어졌고, 2011년 세계 경제 불황의 여파로 중국 경기가 악화되고 노동자들이 회사로부터 불이익을 받는 상황이 급증하면서 전국에서 파업이 속출했다.

분노한 민심이 얼마나 무서운지 경험적으로 잘 알고 있는 중국 당국은 사회안전망 구축을 서둘렀다. 2011년부터 국민연금, 고용보험, 건강보험, 산재보험, 양육보험이 결합된 사회보험社会保险을 시행해 노동자들의 불안함을 달랬다. 급여 인상도 약속했다. 실제로 중국 제1의 산업 도시 선전深圳의 경우 기본 최저임금이 2009년 1,100위안(1개월)에서 2018년 2,200위안(1개월)으로 두 배 인상되었고, 최저임금은 전국적으로 꾸준히 인상되고 있는 추세다.**11**

지식인 노동운동? NO!

폭스콘 사건이 노동자 권익 문제의 중요성을 일깨웠지만, 사회보험 가입을 미루거나 임금과 시간 외 근무수당 등을 체불하는 사업장도 여전히 존재한다. 이런 회사를 상대로 노동자들이 권리를 요구하는 것은 당연히 가능한 일이다. 하지만 늘 성공적인 것은 아니다. 노동자의 권익 찾기는 '조건부'로 가능하다. 2018년 7월, 선전의 자스커지佳土科技 사건이 대표적인 사례다.

용접 기계 설비업체 자스커지 직원들은 회사 측의 임금 체불, 사회보장 삭감 등 부당 행위에 항의하는 시위를 진행했다. 이 과정에서 회사 측은 최초 항의한 직원을 해고시켰고, 직원들은 노조를 결성해 대응하려고 했다. 사태가 커지자 당국은 결국 공권력을 이용해 시위대를 해산시킨다.

여기까지는 우리나라에서도 익히 봐왔던 풍경이다. 이 사건이 눈길을 끄는 건 따로 있다. 이 시위에 중국 '운동권 대학생'들이 조

☆ 자스커지 노동자 서포터로 활동했던 베이징 대학생의 실종을 알리는 트위터.

직적으로 참여한 것이다. 사상 학습 동아리인 '마르크스 연구회' 소속인 이들 중 일부는 공장에 취업해 노동운동을 한 것으로 알려졌다.12 물론 운동권 대학생들은 소수 집단이지만, 사회주의 국가의 '좌파' 학생들이 노동자와 연대했다는 아이러니가 화제가 됐다.

학생들은 자스커지 노동자들의 서포터로 활동하면서 소셜미디어를 통해 사건을 이슈화했다. 하지만 당국에 의해 관련 게시물은 계속 삭제당하고, 시위에 참여한 학생들은 연행되었으며, 중국 매체들은 입을 꾹 다물었다.

자체 노조 설립? NO!

중국은 자스커지 사건처럼 노동자와 지식인 계급의 연대를 통해 일어난 시위 형태를 경계한다.13 임금 인상 요구로 시작했다가 체제와 정부 비판으로 옮겨가기 딱 좋은 결합이기 때문이다. 언론사들의 독자적인 취재는 없고, 관련 보도는 모두 신화사 원고를 그대로 가져다 쓴다. 정부의 강력한 언론통제가 이루어지는 탓이다. 당시 자스커지 사건 보도를 보면 정부가 무엇을 경계하고 허용하는지 짐작할 수 있다.

노동자들에게 도움을 준 단체는 서양 NGO의 뒷돈을 받는 불순한 단체로, 체포된 시위 주동자들은 그들의 말에 현혹된 것뿐이다…… 떼인 수

당만 받으면 되었을 것을 괜히 그들이 부추긴 탓에 노조 설립, 복지 증진 운운하다 이렇게 일이 커져버렸다고 체포된 주동자들은 지금 몹시 후회하고 있다…… 회사도 노동자도 둘 다 잘못했다. 회사는 노동자들이 노조를 설립하겠다고 하면 즉각 응답을 해줘야지, 왜 막나. 그리고 노동자는 할 말이 있으면 지역 노조를 통해 법 테두리 안에서 해결해야지 과격하게 행동하면 절대 안 된다…….14

대학생들에 대한 언급은 전혀 없고 대신 서양 NGO가 등장한다. 실제로 이들이 개입했는지는 확실치 않으나, 언제나 중국의 공적이었던 서양 NGO를 내세우는 것이 내부의 반대자인 '좌파 대학생'을 드러내는 것보다 덜 부담스러울 것이다. 노동자의 자발성도 지우고 학생들의 참여가 확산되는 것을 차단하려는 의도로 보인다. 주목할 만한 것은 노동자들의 단체 행동에 대한 허용 범위를 드러낸 대목이다.

첫째, "떼인 수당만 받으면 되었을 것을……" (시위 주동자들의 후회)
둘째, "법 테두리 안에서 해결해야 한다." (신화사 논조)

이 두 코멘트는 사실 정부가 하고 싶은 말이다. 임금 체불, 각종 수당 미지급 같은 경제적인 문제 해결은 도와줄 수 있지만, 독립적인 노조 설립, 복지 개선처럼 제도를 바꾸려는 시도는 허용하지 않겠다는 신호다. 마지막으로 당국이 허용한 노동자 권익 투쟁의 마지노선은 법의 테두리 안에서다. 무엇이 법의 테두리인지 다음에서 살펴보자.

중국 노조, 있지만 다르다

노동자를 주인으로 여기는 사회주의 국가에서 노조가 없을 리 없다. 중국에서는 노조에 해당하는 단체를 공회工会라 부른다. 그런데 우리와는 성격이 다르다. 자본주의 체제에서 노조는 자본가(회사)와 대립한다. 당연히 노동자 이익을 쟁취하는 것에 초점이 맞춰져 있지만, 중국의 공회는 회사와 노동자 간의 이익을 조정하는 역할이 크다. '이론상' 사회주의에서는 이미 노동자가 주인이고 이들을 착취하는 자본가가 없으므로 노사간 대립도 없다는 것이 기본 전제이기 때문이다. 그래서 공회는 오로지 노동자의 이익을 위해서만 존재하지 않는다. 회사가 정상적으로 운영될 수 있도록 직원과 회사 사이에서 중재 역할을 한다.[15]

게다가 공산당이 공회를 이끌어간다. 중화전국총공회中华全国总工会가 맨 꼭대기에 있고, 그 아래로 지역별·산업별 기층 공회가 촘촘히 뿌리처럼 뻗어나가는 구조다. 앞서 설명처럼 태생적으로 회사와 적대적인 관계가 아니고, 노동자가 아닌 회사 간부가 공회의 위원장을 맡기도 해 회사의 이익을 대변한다는 비판을 듣기도 한다. 중국 당국은 바로 이 관官 주도의 공회 범위 안에서 노동쟁의를 해결하라고 강조한다. 노동자 권익 찾기가 제한적일 수밖에 없기 때문에 일부 노동자들은 독립적인 노조를 결성하고 싶어 하지만, 이는 허용되지 않는다.

민감한 단어, 농민공

제조업 공장에서 일하는 젊은 생산직 노동자들의 대다수는 '신세대 농민공農民工'이라 불리는 농민공 2세대다. 부모인 1세대 농민공은 1980년대 농촌에서 도시로 상경해 주로 건설 현장 같은 고되고 힘든 업종에 종사하다 보니, 도시인의 눈에는 오랫동안 하층민 이미지로 남았다. 이들은 도시와 농촌으로 엄격히 구분된 호적 제도로 인해 도시에 살면서도 도시 호적자만 누릴 수 있는 주택, 교육, 의료 등 사회보장을 누리지 못했다. 신분 계층 이동을 어렵게 만든 '중국판 카스트 제도'로 비유할 수 있는 호적 제도의 가장 아래에 위치한 사회 취약 계층인 셈이다.

반면, 부모 세대보다 교육 수준이 높아진 자녀 세대들은 건설 노동보다는 제조업, 서비스업, 판매업 등 다양한 직종에서 일하고 있다. 어렸을 때부터 부모를 따라 도시에서 생활하거나 아니면 아예 도시에서 출생했기 때문에 농민이라는 정체성이 희박하고 스스로의 권익 보호에도 적극적이다. 그러므로 이들에게 농민공은 '정치적으로 올바른' 호칭이 아니다.

사건 사고는 어떻게
처리되나

중국의 언론관은 늘 외부 세계의 단골 비판거리다. "공산당이 언론을 계속 이끌어야 하고, 당과 정부가 운영하는 매체는 당과 정부의 선전 기지로 반드시 당을 따라야 한다"는 시진핑의 언론관에 대해 언론을 장악하려는 의도라며 한국 언론이 경악하는 것도 무리는 아니다.

'있는 사실을 그대로 보도하는 것'보다 '통합된 사회로 이끌어 사회 안정에 이바지하는 것'에 방점을 두다 보니 여러 부작용을 낳았다. 대형 사건 사고가 터지면 덮어놓고 은폐하려 했던 적이 있다. 사회 구조적인 문제가 사건의 원인인 경우에는 정부 비판으로 번질 수 있기 때문이다. 물론 현재는 소셜미디어 때문에 사건 사고 자체를 꼭꼭 틀어막기는 힘들다. 하지만 여전히 수위 조절은 있다.

사회질서 유지와 계층 통합을 중시하는 언론관 때문일 것이다. 다음은 그중 일부 사례다.

정부의 실책 감추기형

1

2010년, 상하이의 28층 아파트에 화재 사건이 발생했다. 불이 순식간에 아파트 외벽을 타고 번지는 동안 고층 아파트 화재 진압에 필요한 소방 장비가 두 시간 후에나 도착하면서 58명의 희생자를 낳았다. 골든타임을 놓쳤다는 비판 여론이 일면서 상하이시 지도자를 향한 비난이 시작되자 정부는 언론 매체에 신화사 원고만 사용하도록 지침을 내렸다. 게시판에서는 정부 대응을 비난한 글이 삭제되었다. 또한 유가족이 원치 않았다는 이유로 사망자 명단 공개도 없었다.

이 사건에 대한 언론통제는 첫째, 유가족 개별 취재 금지, 신화사 기사만 쓰기, 둘째 당시 상하이시 서기인 위정성俞正声 (2012년 정치국 상무위원 진입)에 대한 비판 발언 검열이라는 형태로 이루어졌다.

2

2011년 고장으로 멈추어 서 있던 고속철을 뒤따라오던 열차가 그대로 들이받아 객차 4량이 탈선하고 2량이 교각 아래로 떨어졌다.

문제는 그다음부터였다. 구조대는 생존자가 없다며 초스피드로 수색을 끝냈고, 사고 지역의 원저우温州 당국은 떨어진 객차를 잘게 부수고 롤러로 짓이겨 납작하게 만든 다음, 땅에 커다란 구덩이를 파서 묻어버렸다. 하지만 철도 당국이 열차 운행을 서두르려던 사이, 사고 발생 20여 시간 만에 생존자가 발견된다. 결국 사고 발생 불과 32시간 만에 선로는 깨끗이 치워지고 열차 운행이 속개되었다. 여론이 들끓고 항의가 빗발치자 당의 언론통제 기구인 중앙선전부中央宣传部가 언론통제에 나섰다.

첫째, 신화사와 관계 당국이 제공한 정보 외에 어떠한 취재나 분석 보도도 금지한다. 둘째, 고속철 기술 발전 같은 주제와 연관 지어 보도하지 않는다. 셋째, 반성 보도를 금한다.

빈부 격차와 부패, 체제 모순형

1

2017년 11월, 베이징 따씽취大兴区의 빈민 아파트에서 발생한 불이 건물의 싸구려 외장재에 금세 옮겨붙으면서 아파트를 태우고 27명의 사상자를 냈다. 논란이 발생한 것은 사건 직후다. 주로 외지의 노동자들이 거주하던 이 빈민 아파트를, 베이징시는 마치 기다렸다는 듯이 안전 규정에 못 미치는 건축물로 정리 작업을 진행하겠다고 선포한 것. 인터넷에서는 하층민을 대상으로 한 강제 철거라고 여론이 악화되자, 시 당국은 강제 철거는 근거 없는 소문이라고 발끈한다.

하지만 이 말은 거주민 축출 의도가 없다고 한 것이지 부실 건축물 정리를 부정한 것은 아니었다. 보따리 안고 거주지를 떠나는 거주민들의 사진이 인터넷에 나돌면서 '하층민 축출'은 이슈가 되었다. 사건 후, 미디어나 개인 커뮤니케이션에 다음과 같은 내용이 금지되었다.

첫째, '하층민' 용어. 화재 직후부터 2018년 6월 무렵까지 인터넷, 모바일, 미디어에서 하층민에 해당하는 디돤런커우低端人口 의 사용과 검색을 금지시켰다. 둘째, 희생자 추모. 중국 당국은 추모에 알레르기가 있다. 중국 지도자인 저우언라이와 후야오방 서거를 추모하는 집회가 민중 시위로 격화된 제1차 톈안먼 사건(1976년), 6.4톈안먼 사건(1989년)의 기억 때문이다.

화재 사건 1주기였던 2018년 11월 18일, 중국 최대 게시판 커뮤니티인 톈야天涯 에는 아파트 화재 희생자 추모를 왜 안 하느냐는 글이 올라왔지만 단 한 건의 댓글만 달렸다. "이런 민감한 글은 올리면 안 될 텐데요." 이 게시물은 며칠 지나지 않아 삭제되고 말았다.

2

2011년 9월 광둥성 우칸烏坎 촌의 마을 촌장이 마을 공동 재산인 땅을 주민 몰래 부동산 개발업자에 헐값에 팔아버려 격분한 주민들이 지도부 사퇴를 요구하며 집단 시위를 벌였다. 이에 놀란 광둥성 정부는 주민들의 손을 들어주었고, 주민들은 자신들의 손으로 주민

대표 린주롄林祖恋을 직접 선출한다. 중국뿐만 아니라 해외에서도 풀뿌리 민주주의의 실험이 시작된 것 아니냐는 기대감을 모았다. 하지만 땅 찾기는 여전히 난관에 봉착했고, 5년 후인 2016년 린주롄은 주민들을 독려해 다시 토지 반환 시위를 조직한다. 지도자가 주민들을 동원해 시위를 조직하는 초유의 사태가 발생한 것이다.

깜짝 놀란 당 지도부는 린주롄을 부패 혐의로 체포하고, 이에 항의하는 시위대를 무력 진압하면서 수십 명의 부상자가 발생하는 유혈 사태로 이어진다. 체포당한 주민 9명은 적게는 2년, 많게는 10년의 유기징역을 선고받았다. 시위 주동자에 대한 재판이 끝난 후, 우칸 주민들 중 이 사건에 대해 입을 여는 사람은 아무도 없었다.[16]

전염병 위기관리 실패형

1

1990년대 중반, 허난성河南省의 한 마을에서 주민들이 집단으로 에이즈에 감염되는 일이 발생한다. 가난하기로 유명한 이 농촌 지역은 매혈이 성행했는데, 에이즈에 감염된 주사 도구를 통해 감염이 시작된 것이다. 성 정부는 이를 은폐했고, 정부 압력으로 지역 언론도 언급을 회피한 사이 에이즈는 다른 지역으로 계속 확산되었다. 참다못한 한 의사가 해외 언론에 이 소식을 알렸다. 이 의사는 한때 가택 연금을 당했고, 정부는 문제를 보도하는 언론 매체와 기자에게 불이익을 주며 집요하게 입을 틀어막았다. 2003년 중국이 세계 에이즈퇴치기금회에 에이즈 감염자 수를 25만 명으로 보고하여 국제적으로 '커밍아웃'하기까지 에이즈는 중국 내에서 쉬쉬해야 할 대상이었다.

2

2003년 광둥 지역에서 시작된 중증급성호흡기증후군, 이른바 사스 SARS가 중국 전역과 급기야 전 세계로 퍼져나갔다. 사스 발병은 한 용감한 의사의 제보로 미국 주간지 《타임》에 폭로되고 나서야 제대로 세상에 알려졌다. 사스가 확산되는 6개월여 동안 4,700여 건의 확진과 284명의 사망자17를 내기까지 사태 확산에 가장 큰 '기여'를 한 것은 사태 초기 정부의 전염병 발생 보도 통제였다.

　에이즈 마을과 사스 사태 등 전염병 사건에 대한 중국 정부의 대응 방식은 다음과 같은 패턴을 보여준다. 사건 발생 → 감추기 → 내부자 폭로(고발자 추방, 면직 등 불이익) → 등 떠밀려 공개 → 지도자 출동, 전격 조치 → 사건 정리(폭로자 이름, 지역 지도자 이름 금기어).

　내부자 폭로로 사건이 등 떠밀려 공개된 후에는 지도자가 나서서 사건을 진두지휘하고 책임자를 처벌하는 등 단호한 모습을 대대적으로 보여주지만, 언론과 인터넷상에는 사건, 고발자, 해당 지역 지도자의 이름을 거론하는 자체가 엄격히 차단된다. 정부의 사태 조사와 입장 정리가 확실히 끝날 때까지다. 사건 결과가 발표되고 대중들의 관심이 시들해질 즈음이면 민감한 단어들의 규제가 풀린다.

앞의 두 사건은 과거 중국이 전염병 사태에 어떻게 대응했는지 보여주는 매우 고전적인 사례다. 처음부터 정보를 공개하고 대책을 마련했으면 사태의 조기 진압에 성공했을 텐데, 쉬쉬하고 덮다가 일을 키운 측면이 크다. 중국 당국도 큰 교훈을 얻었다. 두 사건 이후 중국 당국의 전염병 사건 발생에 대응하는 태도는 신속한 정보 공개로 180도 선회하게 된다.

2020년 초부터 시작된 코로나19 대유행 시기, 중국은 확진자 수와 확진자가 발생한 지역에 대한 방역 조치를 언론을 통해 매일 공개했다. 물론, 2022년 3월부터 확진자가 폭증하면서 몇 주간 집 밖도 못 나가고 봉쇄를 겪었던 2,500만 상하이 시민들의 터져 나오는 불만과 항의의 목소리는 여전히 온라인상에 나오자마자 삭제되거나, 계정 차단 조치를 당했다.

언론 통제 '쥐었다, 풀었다'

중국 당국이 한결같이 언론을 틀어쥔 것은 아니다. 국내외 상황에 따라 때로는 느슨하게, 때로는 타이트하게 조임을 반복해왔다. 2008년 올림픽 전후처럼 대외적인 이미지 개선이 필요할 때는 상대적으로 언론통제를 느슨하게 풀기도 했다.

서구 언론의 영향을 받는 언론인도 늘어나면서 언제나 당의 입맛에 맞는 보도만 하는 것도 아니다. 사회의 부조리를 고발하는 언론과 언론인들은 언제나 있어 왔다. 그중에서도 흔히 '남방 계열'이라 불리는 광둥성 미디어 《남방주말南方周末》, 《남방도시보南方都市報》는 자유주의 성향이 강한 미디어로 꼽힌다. 사스 사태 초기, 《남방도시보》가 성 정부의 은폐 시도를 폭로했는데, 당시 광둥성 지도자는 훗날 중앙위원회정치국 상무위원(중국의 최고 권력자 7인) 자리에 올랐던 장더장張德江 이었다. 사스 기사를 썼던 《남방도시보》 기자는 2005년 괴한의 습격으로 손가락이 절단되는 테러를 당했다.**18**

대표적인 관영 언론도 때로는 당국이 정한 금지선을 아슬아슬하게 넘나든다. 2011년 원저우 고속철 추돌 사고 초기에 관영 매체인 중국중앙방송국CCTV 조차 졸속 사건 처리가 부른 논란을 보도했다. 이때도 《남방도시보》 편집자를 비롯한 중국 언론인들은 편집을 당해 매체에 올리지 못한 사실을 웨이보와 블로그를 통해 폭로하며 억울한 죽음과 사건의 졸속 처리에 대한 분노의 글을 올렸다. 물론 이는 당국에 의해 삭제됐다.

정부 비판은 현장에서도 이루어졌다. 당시 사고 현장을 보기 위해 원저우로 달려온 원자바오 총리에게 기자들은 그의 면전에다 대고 껄끄러운 질문을 퍼붓는다. 현장 구조의 문제점, 철도 관리, 그중에서도 가장 듣고 싶지 않은 질문은 고속철 기술의 안정성이었다. 자체 기술로 만든 고속철은 마침 사우디아라비아와 수출 협약 얘기가 오가던 때였다. 열차를 땅에 묻은 것이 기술 결함을 은폐하려는 의도가 아니었느냐는 가장 민감한 의혹을 제기한 것이다.

하지만, 이렇게 용감한 언론인들이 있었던 '낭만'도 후진타오 집권 시절 이야기다. 시진핑 시대 들어서는 전반적으로 언론에 대한 통제가 강해졌다(3장의 '2012년, 검열의 전성시대 개막' 참조). 특히 2021~2022년은 시진핑의 세 번째 연임(2022년 10월)을 앞두고 사회 전반이 매우 '타이트'하게 조여지고 있는 상황이다.

민감한 이슈가
영화화될 때

밝고 긍정적인 사회의 모습을 전달하는 것을 선호하는 사회주의 체제에서 사회의 부정적인 면을 드러내는 영상물은 당이 썩 좋아하는 대상이 아니다. 투자 받기도 어렵고 심의를 통과하기도 어려워 제작자도 민감한 주제는 기피하는 편이다. 그럼에도 사회 현실을 고발하거나 소재로 삼은 일부 작품들은 심의를 통과해 방영(상영)되기도 한다. 그중 몇 작품에 관객들은 열광하고 찬사를 보낸다. 하지만 반응이 너무 뜨거웠던 탓일까? 다음 작품들 중 한 작품이 방영(상영) 금지 조치를 당했다. 과연 어떤 것일까?

1. 〈인민의 이름으로人民的名义〉: 드라마, 2017년, 고위 관리를 겨냥한 부패와의 전쟁

2. 〈최애最愛〉: 영화, 2011년, '에이즈 마을'에 남겨진 남녀 이야기

3. 〈달팽이집蝸居〉: 드라마, 2009년, 아파트에 짓눌린 흙수저의 삶

4. 〈나는 약의 신이 아니다我不是药神〉: 영화, 2018년, 백혈병 복제약 밀수

정답은 3번 〈달팽이집〉이다. 시청자들의 폭발적인 반응에 당황한 당국이 중간에 방영을 중지시켜버렸다. 1번이나 2, 4번처럼 권력층의 부패나 밀수 같은 위법 소재가 오히려 더 민감할 것 같은데, 왜 〈달팽이집〉일까?

〈달팽이집〉은 2009년 상하이 드라마 채널에서 방영되자마자 시청자들의 폭발적인 반응을 불러일으켰다. 드라마의 시대 배경인 1998년은 국가가 집을 책임져주던 정책을 포기한 지 20년이 지난 시점. 자고 나면 부동산 가격이 뛰고, 서민들은 내 집 마련을 위해 각개 전투를 벌인다. '달팽이집'처럼 누추하고 좁은 집을 탈출하고 싶어 하던 주인공이 무리하게 대출을 내어 아파트 장만을 하는 순간 모든 비극이 시작된다. 이제는 달팽이처럼 집을 등에 짊어진 채 빚의 노예가 된 것이다.

드라마는 사회 안전망이 약해진 사회가 보여줄 수 있는 모든 문제를 총출동시킨다. 돈, 권력, 축첩, 가정 파괴, 윤리와 도덕의 타락……. 드라마가 방영된 2009년은 무리한 대출에 짓눌린 '집의 노예'들이 넘쳐나고, 경제적 안락함으로 가는 지름길인 '얼나이二奶'(관료나 기업인들의 애인)들이 도처에 속출하던 때였다.

시청자들이 '이건 우리 얘기야' 하고 격렬하게 반응했기에 당국은 반갑지 않았을 것이다. 무엇보다 극중 부패 관리는 실존 인물을 모델로 했다는 얘기가 나돌았다. 당시 독직 혐의로 낙마(당)한 권력 실세 천량위陳良宇의 비서가 그 주인공. 부패 정치인, 사회 불평등 등 사회문제의 종합 선물 세트였던 〈달팽이집〉은 중간에 방영 금지되었다가 일부 내용을 편집한 후에야 재방영할 수 있었다.

현실 소재 드라마와 영화, 이럴 때 가능하다

〈인민의 이름으로人民的名义〉는 고위 공직자를 겨냥한 부패와의 전쟁이 주요 내용으로 시청자들에게는 '사이다' 같은 드라마였다. 방영 내내 화제를 몰고 다녔고 성공리에 방영을 마쳤다. 그런데 정치인 부패 문제는 〈달팽이집〉에서도 다뤄진 민감한 이슈 아니었던가? 〈달팽이집〉은 안 되고 〈인민의 이름으로〉가 되는 이유는 뭘까?

제작 주체가 누구냐에 따라 다르다. 〈인민의 이름으로〉의 제작자는 최고인민검찰원영상센터最高人民检察院影视中心다. 우리의 검찰에 해당하는 최고인민검찰원最高人民检察院의 산하 기구로서 검찰이 추진하는 정책을 영상물로 만들어 홍보하는 선전 부서다. 사회주의 체제의 깨알 같은 프로파간다를 엿볼 수 있는 대목이다. 검찰이 작심하고 만들었다는 이야기인데, 이유는 명확하다. 시진핑이 주도하는 '부패 관료와의 전쟁'에 힘을 실어주기 위함이다. 검찰이 고위 공직

☆ 중국인들 사이에 인기를
얻은 드라마 〈인민의 이
름으로〉. 부패와의 전쟁
을 소재로 삼았다.

자의 비리를 파헤쳐 부패와의 전쟁을 벌인다는 이야기다.

중국에서는 이렇게 정부가 목적성을 갖고 만든 작품의 장르를 주선율主旋律 드라마(영화)라고 한다. 공산당의 정책이나 이데올로기를 선전하기 위해 만드는 영상물이다. '반反부패' 소재의 주선율 드라마는 1990년대 말에서 2000년대 초반에도 등장했지만, 완성도가 떨어져 외면받았다. 하지만 〈인민의 이름으로〉는 실력파 작가와 연기파 배우들을 캐스팅해 한편의 '웰 메이드' 드라마를 만들어냈다. 별 기대가 없었던 시청자들은 주선율 드라마도 이렇게 만들 수 있다는 사실을 놀라워했다.

시청자들은 종영이 되자마자 시즌 2를 기다렸고, 마침내 시즌 2에 해당하는 드라마가 제작돼 방영을 기다리고 있다. 제목은 '인민의 재산人民的财产'. 인민의 재산인 국유 기업을 위기로부터 살리는 '좋은 관리'가 주인공이다. 〈인민의 이름으로〉의 부패 관료와는 딴

판이다.

왜 이번에는 선한 지도자일까? 비리 공직자 척결을 외치는 정부의 정책 홍보는 이미 전편에서 충분히 목적을 달성했다. 2013년 시진핑 집권 후 지속된 강한 반부패 드라이브에 따른 피로감도 있었을 것이다. 시즌 2에서까지 부패 관료가 등장하는 것은 당 입장에서 부담이다. 관리가 더 이상은 부패한 세력이 아닌, 인민의 편에 선 '수호자'라는 인식을 심어주고 싶은 당국의 의지로 추측된다. 대중의 환호는 언제나 당의 경계 대상이다. 극중 비리 관리 응징에 환호를 보내다 현실의 지도부에 화살을 돌릴지도 모를 일이다. 신중한 중국 당국은 언제나 과유불급過猶不及을 가슴에 새긴다.

온갖 전염병이 발생했던 중국에서 의료 보건 문제는 국민의 건강과 생명에 직결되는 매우 민감한 사안이다. 인구에 비해 치료제는 턱없이 부족하거나 비싸고, 불량 백신으로 인한 사망 사고가 끊이질 않는다. 값싸고 성능 좋은 치료제 보급은 언제나 정부의 큰 과제다. 정부의 치부로 여겨졌던 매혈 관행과 에이즈가 중심 소재인 〈최애〉는 어떻게 영화화되어 극장에서 상영되었을까? 백혈병 복제약 밀수 소동을 그린 〈나는 약의 신이 아니다〉(이하 〈약신〉)는 사회질서를 교란한 주인공을 따뜻한 시선으로 그렸다. 이건 중국에서 드문 일이다. 이들 영화가 금기를 깨고 심의를 통과해 스크린에 걸리게 된 데에는 중요한 포인트가 있다. 그럴 만한 환경이 조성된 것이다.

1990년대 중반 허난성에서 시작된 에이즈 마을 사건 당시 정부가 언론을 틀어막고 마을을 봉쇄하는 비인도적인 행태를 보이기도 했지만, 국가 차원에서 에이즈에 가만히 손 놓고 있었던 것은 아니다. 1998년에 발표된 정부의 에이즈 대책에 따르면, 우선 대중을 대상으로 에이즈 예방 교육을 실시하고 2010년까지 중국형 에이즈 치료제 개발을 하는 것을 목표로 잡았다.[19] 실제로 중국은 자체 개발한 에이즈 치료제를 2003년부터 환자에게 무상 보급하기 시작했고,[20] 영화가 개봉되던 2011년에는 에이즈 환자 사망자 수가 최고치를 기록했다. 1세대 환자들이 사망하기 시작한 것이지만, 감염자 수는 74만여 명으로 1998년 정부가 목표로 세웠던 150만 명을 크게 밑도는 수준이다.

영화의 개봉은 에이즈와의 전쟁에서 정부가 어느 정도 자신감이 생겼다는 뜻으로 보인다.[21] 실제로 영화의 주요 출연자들이 영화 홍보 당시 에이즈 예방 홍보 대사로 활약하거나, 영화 촬영과 동시에 다큐멘터리까지 제작하는 등 정부의 적극적인 지원이 있었다. 물론 그럼에도 〈최애〉는 많은 부분이 삭제된 후 영화관에 걸릴 수 있었다. 극중 마을 사람들의 매혈 장면은 통편집되었고, 에이즈 대신 원인 불명의 '열병'으로 대체되었다. 현실 비판적인 요소보다는 남녀의 애틋한 사랑에 초점을 맞췄다.

〈나는 약의 신이 아니다〉는 백혈병에 걸린 남자 루용陆勇이 2004년부터 인도에 가서 복제약을 사 가지고 온 실제 사건을 모티브로 삼았다. 정품 항암 치료제 글리벡은 한 갑에 400만 원이 넘는 초고가지만, 인도산 복제약은 훨씬 저렴한 가격에 똑같은 효과를 보였던 것. 결국 남자는 수천 명에 달하는 백혈병 환자들에게 한 통에 공동 구매 가격이 3만 원인 복제약을 대량으로 구매 대행하다가 경찰에 체포된다. 건강보험이 적용되지 않는 비싼 항암 치료제 문제를 소재로 한 영화는 중국의 부실한 의료보장 현실을 드러냈다.

과거 같으면 심의에서부터 막혔을 〈약신〉의 극장 상영이 가능하게 된 것 역시 정부의 근거 있는 자신감 때문으로 볼 수 있다. 2017년 시진핑 주석은 국민의 의료비 부담 경감을 골자로 한 이른바 시진핑 케어习近平的"健康中国"政策를 야심차게 발표했다. 2018년 3월, 정부 업무 보고에서 '시진핑 케어'에 따라 건강보험에서 중대 질병에 대한 보장을 다짐했다.**22** 2018년 6월에는 리커창 총리까지 나서서 '항암제 약값을 내려야 한다'는 주문까지 하자,**23** 2018년 11월 15일부터는 실제로 17개 항암 치료제에 건강보험을 적용해 의료비 부담을 낮추었다.**24** 〈약신〉 상영 2년 전부터 건강보험 보장 수준 개선을 준비했으며, 이 정도 리얼리티는 배포 좋게 넘길 수 있을 정도로 제도적인 부분에서 자신감이 생긴 것으로 보인다.

영화 개봉 무렵인 2018년 7월은 권력과 유착한 불량 백신 스캔들까지 터져 국민들의 의료 보건에 대한 불만이 극에 달했던 때다. 기가 막힌 타이밍에 개봉한 〈약신〉은 돈이 없어서 치료를 포기해야 했던 서민들뿐만 아니라 질 낮은 의료 서비스에 넌더리가 났던 국민들의 감정을 자극했다. "눈물과 콧물로 얼굴이 엉망 됐다"는 톱스타의 SNS 후기부터 "중국 영화사에 이런 명작은 다시없을 것"이라는 대중들의 찬사가 쏟아지며 극장가의 화제작이 되었다.

이는 사회문제를 소재로 한 영상물이 중국에서 상영되려면 우선 당국이 관련 대응책과 제도를 마련해놓은 후 그 문제를 어느 정도 관리할 수 있는 체력이 키워진 후에야 가능하다는 것을 시사한다. 문제가 터지고 얼마 되지 않아 허둥지둥하고 있을 때 치부를 들춰내는 것은 당국이나 콘텐츠 생산자 모두에게 '아직은 때가 아닌' 것이다.

업그레이드된 위기관리 능력

중국은 사회질서와 안정을 최우선시하다 보니 돌발적인 재난, 사건, 사고가 발생하면 일단 언론을 통제하는 모습부터 보였다. 하지만 정보를 은폐했다가 사태 수습의 골든타임을 놓쳐 더 큰 피해로 이어진 경험을 하면서 무조건 정보를 통제하는 것이 능사가 아님을 깨닫는다. 초기 대응 매뉴얼을 만들어 신속한 언론 대응에 나섰고, 국민들의 불만을 근본적으로 해결하기 위한 대응책도 마련하면서 중국 정부의 위기 대응 능력은 계속 업그레이드되고 있다. 1990년대 중반의 에이즈 마을 사건, 특히 2003년에 발생한 사스 사태가 중국 정부를 탈바꿈시킨 계기가 되었다.

2003년 사스 사태 직후, 국무원은 곧바로 '공공위생 사건 돌발 시 응급조례突发公共卫生事件应急条例'를 공표한다. 조례에 따르면 전염병 등 공공 건강에 영향을 미치는 사건이 발생하면 상급 기관에 1시간, 늦어도 2시간 이내에 발병 상황을 즉시 보고해 최종적으로 국무원에 전달되어야 한다. 이때 지방 관리가 사태를 숨기거나 거

짓 보고하면 직위해제 등 행정 처벌은 물론이고 형사 책임까지 물을 수 있다.[25]

 사스 이후에도 에볼라, 조류 인플루엔자, 아프리카 돼지열병 등의 전염병이 계속 중국을 덮쳤다. 하지만 중국은 이제 덮어놓고 쉬쉬하지 않는다. 2015년 중동호흡기증후군, 이른바 메르스[MERS] 사태 때는 오히려 중국에 입국한 한국인 메르스 감염자와 접촉 가능성이 있었던 사람들에 대한 물샐 틈 없는 추적 조사를 통해 86명에 대한 격리 조치까지 취하면서 중국 내 메르스 발병을 원천 차단했다. 사스 발생 12년 만에 중국의 질병 관리는 메르스 감염자를 출국시킨 우리의 구멍 난 시스템과 드라마틱한 대조를 보여주었다.

 2008년 5월 1일에 발효된 '중화인민공화국정부정보공개조례中华人民共和国政府信息公开条例'는 중국 역사상 정부가 국민의 알 권리를 처음으로 보장한 정보 공개 관련 법규다. 공교롭게도 법규 발효 11일 후인 5월 12일, 원촨 대지진이 발생하자마자 정보 공개가 신속하게 이루어져 시민들로부터 '투명한 정부가 되었다'는 찬사를 들었다. 지진 발생 18분 만에 관영 언론을 통해 사고 소식이 보도되었고, 피해와 구조 상황을 브리핑해 언론, 정부 사이트에서 실시간으로 전달했다. 물론 대부분 붕괴한 학교 건물이 부실 논란을 불러일으키고 지방 정부 관리의 부패 정황이 드러날 조짐을 보이면서 국민 여론이 정부에 대한 비난으로 흐르지 않도록 다시 언론통제가 이루어지긴 했다.

중국이 싫어하는 영화 소재와 장면

중화인민공화국 국가신문출판광전총국, 줄여서 '광전총국广电总局'이라고 하는 이 기관은 중국의 신문, 출판, 라디오, 영화, 텔레비전 내용에 대한 심의를 꽉 잡고 있는 영상 출판물의 '빅 브라더'다. 수시로 치밀한 심의 규정을 발표해 모든 중국 콘텐츠 제작자들을 골치 아프게 하는 존재다. 광전총국의 규정에 부합하기 위해 다루면 안 되거나 방향을 바꿔야 할 내용에는 어떤 것이 있는지 알아보자.

• 영화의 주제는 국가의 가치관에 부합해야 한다. 예를 들면, 부패 경찰을 다룬 시나리오에 선뜻 투자하려는 사람은 없지만, 부패 경찰을 응징하는 내용으로 바꿔 정부의 '반부패' 정책에 호응하는 분위기를 만들자 투자에 성공한 케이스가 있다. 악당은 항상 응징해야 하는 중국적 정서를 고려해야 한다.

• 피 튀기는 잔혹한 장면은 클로즈업이 안 되며, 성애 장면은 얼굴 부분만 클로즈업.

• 귀신이 나오면 안 된다. 그렇다면 중국 공포물은 전혀 귀신이 안 나올까? 그건 아니다. 귀신이 등장하긴 했는데, 나중에 알고 보니 정신 상태에 문제가 있는 주인공의 망상이 만들어낸 존재로 살짝 뒤튼다. 심의 규정을 피하기 위해 궁여지책으로 '환상 속의 귀신'을 만들기도 한다.

• 범죄 사건은 모방 범죄의 우려 때문인지 살인 방법을 자세히 묘사하면 안 된다. 마찬가지로 사건 해결 방법을 너무 많이 보여줘도 안 되며, 최대한 사회의 긍정적인 면을 드러내야 한다. 범죄극에 대한 심의는 매우 까다로운 편이어서 극 중 사건이 어느 지역, 어느 시간대 발생했는지 사건 처리 방법이 중국 상황에 부합한지까지 심의 대상

이다. 그럼에도 늘 영화 소재와 관련된 지역 인사의 항의를 받기 일
쑤다.

- 중국의 랜드 마크가 있는 곳에서 폭발 장면은 엄격히 금지된다. 〈미
  션 임파서블 3〉와 〈트랜스포머 2〉는 각각 상하이의 난징루와 동방명
  주를 배경으로 격투 장면이 촬영되었는데, 중국 상영 시 이 부분이
  통편집당했다.**26**

민족주의,
그들의 속사정

'미·중 충돌 때 중국 지지는 1.1퍼센트뿐'[27]이라는 조사 결과를 굳이 거론하지 않더라도, 주변에 중국이 필요하기는 하지만 친밀감을 느끼고 좋다고 하는 사람이 별로 없다. 고구려 역사 편입 문제, 올림픽 성화 봉송 폭력 사태, 한국 기자 폭행 등 하나하나 사건이 켜켜이 쌓여 '중국은 거칠다'는 부정적인 인식이 누적된 결과다.

외교 갈등이 불거질 때마다 거친 행동을 보이는 중국 대중의 모습을 미디어에서는 중국 특유의 민족주의 정서로 지목했고, 중국의 민족주의는 한국인이 중국에 반감을 가지게 하는 요소 중 하나로 꼽히기도 한다.[28] 2017년 사드 사태는 결정타였다. 중국 정부는 으름장을 놓고, 기업과 대중들은 한국산 제품 불매운동으로 화답했다. 중국에 대한 반감은 더 커졌다. 손발 척척 맞는 팀플레이를 보며 중국 당국이 여론을 통해 대중들의 민족 정서를 자극하거나 혹은 방관하는 식으로 상대국에 압박을 준다는 지적도 있다. 대중의 힘만 잘 이용하면 상대국에게 적절한 외교적 압박 수단이 되기 때문이다. 맞는 말이다. 하지만 꼭 그런 것도 아니다.

애국주의라 쓰고 민족주의라 읽는다

중국의 국력이 커지면서 종종 보이콧 행동으로 연결되는 민족주의 정서가 요즘 들어 더 두드러져 보이긴 하지만, 보이콧이 최근의 일은 아니다. 외세에 대한 중국인의 반감과 불매 행동은 역사가 꽤 깊다. 1840년 아편전쟁에서부터 시작된 중국의 오랜 외세 트라우마 때문이다. 중국을 침략한 당시 열강에 대한 반감과 치욕의 기억이 깊게 남아 있다(4장 중에서 '중화 모욕' 편 참고).

　한동안 수면 아래로 가라앉았던 반제국주의와 민족주의 정서를 소환한 것은 1999년 미국의 유고 주재 중국대사관 피폭 사건[29]이었다. 전국 각 대도시의 미국영사관 앞으로 분노한 학생들이 몰려나와 미국 국기를 불태우거나 돌멩이를 던지며 과격한 시위를 벌였다. 주인공들은 당시 막 20대로 접어들기 시작한 1980년대생들. 이들은 1990년대 장쩌민 집권 시절 '애국주의 교육'이 한창이던 때에 성장기를 보냈다. 이는 민족주의 교육을 받고 자란 세대가 외교 갈등에서 어떤 역할을 하는지 보여준 하나의 사건이었다.

1989년 톈안먼 사태 때 대중에게 총부리를 겨눈 당으로선 통치의 정당성 확보가 시급했다. 마침 시장경제 실시로 사회주의 의식도 옅어진 터였다. 체제에 대한 대중의 충성심을 확보하기 위해 애국주의를 들고 나온 것이다. 중국 내부의 불만을 밖으로 향하게 만드는 데 민족주의 정서를 조장했다는 분석도 있다. 2000년대 들어 개인의 권익 신장 욕구가 커지면서 집단 시위가 빈발했는데, 외국과의 갈등이 발생했을 때 정부가 민족주의 여론을 통해 관심을 외부로 향하게 해 체제 안정을 도모했다는 것이다.30 풍선에서 공기를 살짝 빼내 내부 압력을 줄여주는 것과 같은 이치다.

애국주의 키즈들은 2005년 일본의 역사 교과서 왜곡, 2008년 올림픽 성화를 푸대접하고 달라이라마를 옹호한 프랑스, 2012년 댜오위다오 분쟁처럼 과거 중국에게 수모를 안겨주었던 미국, 일본, 프랑스 등과 갈등이 생길 때마다 항의 시위와 불매 운동을 펼치곤 했다. 분노한 청년들은 확실히 상대국을 압박하는 역할을 했다. 하지만 중국 당국도 곤혹스럽긴 마찬가지다.

부담스런 민족주의 여론

문제는 대중들이 '오버'할 때다. 시위가 폭력 사태로까지 번지면 당국 입장에서는 아주 골치 아파진다. 평소 사회에 불만이 있던 사람들까지 가세해 감정이 격해지다 보면 불만이 정부를 향할 수도 있다. 무엇보다 중국 정부의 외교 스텝을 꼬이게 할 수 있다. 시위 움직임이 보이면 '관리 모드'를 가동할 수도 있기 때문이다. 언론에 학자나 전문가들이 등장해 '이성을 찾아야 한다'고 호소하면서 흥분을 가라앉힌다. 또 웨이보나 게시판에 과격한 발언의 글이 올라오면 속속 삭제되기도 한다.

특히 2012년 중국과 일본의 댜오위다오(일본명 센카쿠열도) 분쟁으로 반일 시위가 일어났을 때, 일본 자동차 주인인 한 중국인이 군중들로부터 폭행당해 중상을 입는 사건이 발생하면서 중국 사회 스스로도 깜짝 놀랐던 것 같다. 조금만 시위가 과격해지면 언론에서 극단적 민족주의자들을 진정시키는 목소리가 나온다. 2017년 3월, 사드 사태로 인해 중국에서 한창 한국에 대한 보이콧이 진행될 때의 일이다. 파손된 현대자동차 사진이 소셜미디어에 올라오고 한국인이 현지 식당 종업원으로부터 나가달라고 거부당하는 동영상이 나돌기 시작하자 《환구시보》는 다음과 같은 논평을 낸다.

……우리는 정부, 관련 기업에 제재를 가해 한국 경제에 손실을 주려는 것이지, 일반 한국인을 대상으로 하는 것이 아니다…… 우리의 투쟁은 어떠한 물리적 공격이나 인신공격이 되어서는 안 되며, 우리의 제재 행위는 깨끗하게 진행되어야 더욱 힘을 얻게 되고, 제재에 참여하는 중국 민중의 집단적 위엄을 더욱 발휘할 수 있다.[31]

한국 상품 불매운동은 오케이, 때려 부수기나 한국인 모욕 주기는 안 된다는 메시지다. 정부 차원의 가이드라인을 반영한 것인지는 분명치 않으나, 한국을 규탄하는 내용의 플래카드를 들고 롯데마트 앞에 서 있던 시위대가 공안의 저지로 해산되거나 경찰이 '타인의 기물 파손은 위법 행위다'라고 경고한 뉴스는 당국도 시위가 과격해지는 것을 막고 있음을 보여준다.

허용되는 선은 어디까지인가?

폭력 시위는 당연히 '선' 밖의 행위이지만, 어떤 경우에는 시위를 은근슬쩍 풀어주고, 어떤 때는 시위 참가를 원천 차단할 때도 있다. 암묵적인 느낌은 있지만, 중국인조차도 명문 규정 없는 이 선이 헷갈릴 때가 많다. 불매 운동과 반외세 시위는 어디까지 허용될까? 다음의 힌트는 나름 '중국적으로' 명쾌하다.

> 우선 정부의 태도를 살펴야 한다. 당신은 어째서 지도자들보다 앞서서 뛰쳐나가려고 하는가? 지도자들이 비난의 태도를 내보인다면, 이는 당신이 비난의 태도를 내보일 수 있도록 해준다는 뜻이다. 지도자들이 유감을 표명한다면, 이는 당신이 이제 비난을 그만둬도 좋다는 뜻이다. 지도자들이 일본을 비난할 때도 당신이 직접 실력 행사에 나서려고 든다면, 거기까지가 지도자들이 용납할 수 있는 한계점이다.**32**

이 글은 정부와 대중들의 꽉 막힌 경직성을 비꼬아왔던 대중 스타 한한韓寒이 중일 댜오위다오 분쟁이 발생했을 때 쓴 것으로, 민족 정서를 은근히 조장하는 정부와 오버하는 대중 모두를 비판했다. 여론에 휩쓸려 흥분하다가 괜히 정부로부터 뒤통수 맞지 말라고 경고한 것이다.

중국인은 민족주의자다?

정보 접촉면이 제한적인 중·노년층과 자유자재로 인터넷과 모바일을 활용할 수 있는 청년층의 정보 양과 질이 같을 수 없다. 지역별·소득별 층위도 우리와 비교할 수 없을 정도로 다양하다. 상상 이상으로 훨씬 다원화된 사회에서 살고 있는 중국인들의 가치관과 사고방식을 민족주의 성향으로 일반화하기는 어렵다.

중국인들의 민족주의 정서가 생각보다 강해지지 않았다는 연구 결과도 있다. '중국을 다른 국가보다 더 좋은 국가라고 생각한다'고 답한 비율이 올림픽 개최 다음 해인 2009년에는 60퍼센트에 달했지만, 2015년의 동일한 질문에는 30퍼센트 수준으로 다시 내려갔다. 또한 '국가가 잘못된 결정을 내놓아도 정부를 지지해야 한다고 생각하는가'라는 질문에 청년층은 장년층에 비해 절반 정도만이 그렇다고 답해 청년층의 민족주의 정서가 장년층에 비해 많이 약화된 것으로 나타났다.[33] 하지만 중국인의 민족주의 정서가 강하다는 우리의 시각은 여전하다. 아래와 같은 경우다.

- 민족주의 성향의 중국 젊은층은 중국 브랜드를 아주 선호한다.[34]
- 미중 갈등으로 인해 스타벅스 매출이 감소했다.[35]

　우리나라 거리에는 여전히 국산 자동차가 압도적으로 많다. 이 것을 중국 대륙이나 대만 일부 매체에서 '한국인은 민족주의 성향이 강해 그렇다'고 보도하는 경우가 가끔 있었다. 이 말에 동의하는가? 국산차를 이용하는 사람들 중에는 외제차에 거부감이 있는 경우도 있겠지만, 그보다는 여전히 국산차가 상대적으로 저렴하고 A/S가 쉬우며 가성비가 괜찮기 때문이 아닐까? 중국도 마찬가지다. 스타벅스, 이케아, 애플처럼 물 건너 온 상품을 쓰면 왠지 으쓱한 기분이 들던 때가 있었지만, 이젠 중국 브랜드도 가성비, 아니 '가심비'까지 뛰어난 제품들이 많아져 중국 소비자도 해외 브랜드를 맹목적으로 추종하지는 않는다.

　2018년 미·중 무역 갈등이 한창일 때 애국심으로 스타벅스를 외면한 사람도 있었겠지만, 그보다는 2017년부터 커피에 배달 시스템을 도입한 토종 커피 브랜드 루이싱瑞幸, Luckin coffee의 등장으로 스타벅스 매출이 확 줄어든 것도 있다. 스타벅스는 뒤늦게 알리바바 계열 배달 업체 어러머饿了么와 제휴해서 커피 배달에 뛰어든 후 2018년 하반기부터는 매출 회복세를 보이고 있다. 민족주의 때문에 중국 브랜드를 선호한다는 말을 중국인이 들으면 아마 한국인이

'민족주의 때문에 국산차를 탄다'는 말을 들을 때와 같은 느낌일 것이다.

〈전랑 2战狼 2〉는 2017년 중국 박스오피스 1위를 기록한 화제작으로 중국인의 애국심을 높였다는 평을 받았다. 그런데 그 정도가 심한 것이 문제가 되었다. 이른바 중국판 '국뽕'

☆ 중국 애국주의를 한껏 고취시킨 영화 〈전랑 2〉 예고편.

논쟁이 벌어진 것이다. 전직 특전사가 해외에서 인질로 잡힌 동포들을 구출하고, 세계를 구하는 액션 히어로로 스토리에 영국 BBC가 민족주의가 지나치다고 혹평했다. 이를 두고 주연배우 우징吳京이 "애국이 죄는 아니잖느냐爱国无罪"고 반박한 것이 뜻밖에 논쟁거리가 되었다. 많은 사람들이 우징의 '애국 무죄'에 박수를 보냈지만, 또 '애국 할지 말지는 내 맘이다', '애국 프레임을 들고 나오는 순간 사람들은 애국주의의 인질이 된다', '약소국인 아프리카 나라에서 존재감을 과시하는 애국주의가 미국식 패권주의와 뭐가 다르냐'와 같은 의견도 쏟아졌다. 개인주의 성향이 강한 층에서는 애국주의 가치관이 강한 사람들을 중국식 국뽕주의자, 즉 '샤오펀홍小粉红'으로 부르며 조롱하기도 한다.

환구시보가 중국 여론을 대표한다?

중국 언론과 관련해 중국인들 사이에 회자되는 재미있는 표현이 있다.

- 《인민일보》는 인민들이 행복하다고 한다.
- 《참고소식》은 다른 나라들이 중국 인민들은 행복하다고 한다.
- 《환구시보》는 다른 나라들이 중국 인민들이 행복해하는 꼴은 못 본 다고 한다.

이 말들은 매체 정체성을 풍자하는 우스개다. 《인민일보人民日报》 는 당 기관지로 체제 선전을 담당하고 있고, 《참고소식参考消息》은 중국을 호평하는 해외 뉴스를 주로 전하는 매체다. 《환구시보环球时报》는 해외의 중국 위협론에 맞서 싸우는 '전사' 역할을 한다. 세부적인 전술만 다를 뿐, 셋 다 모두 대중 선전을 통한 체제 다지기라는 커다란 틀은 같다. 이 세 매체 중 우리 미디어에 가장 많이 등장하는 것은 단연코 《환구시보》일 것이다. 거친 언사를 쏟아내다 보니 해외 언론 입장에서는 눈에 띌 수밖에 없다.

《환구시보》는 《인민일보》의 자매지로, 국제 뉴스 전문 매체로 출발했다. 1999년 유고 주재 중국대사관 피폭 사건 때 현장 르포를 유일하게 사고 바로 다음 날 대서특필해 홈런을 날렸다. 이때 중국인들의 분노를 끌어내면서 민족주의적 색깔을 확실히 장착하게 된다. 마침 2000년대는 중국이 한창 경제적으로 부상하던 때다 보니 서구에서 중국 위협론이 대두되었고, 외교 갈등이 있을 때마다 《환구시보》는 '쌈닭'을 자처해왔다.

사드 사태 때 《환구시보》가 한국을 향해 퍼부었던 '가만두지 않겠다, 본때를 보여주겠다'와 같은 거친 언사가 한국 언론을 통해 소개되다 보니 중국인들은 모두 극성스러운 민족주의자인 것처럼 보인다. 하지만 중국 매체가 《환구시보》만 있는 건 아니다. 요즘은 강력한 언론 통제 때문에 빛을 잃었다고 평가되지만, 대표적인 진보적 성향으로 《남방주말》, 《남방도시보》 같은 남방미디어그룹 계열 매체가 중국에서 폭넓은 사랑을 받고 있다. 보통 해외 접촉 경험이 많고, 대도시에 거주하며, 개방적인 사고방식을 갖고 있는 지식인일수록 《환구시보》보다는 자유주의 성향이 강한 《남방주말》을 선호하는 것으로 알려졌다.

《환구시보》는 중국 내에서도 민족주의 확산 기지로 유명하며, 대중의 눈높이에 맞춘 내용이 특징이다. 《환구시보》 하나로 중국 여론이 모두 그럴 것이라고 판단하는 것은 마치 중국인이 한국의 특정 언론사의 논평 하나만 보고 한국인 모두가 똑같은 생각을 할 것이라고 판단하는 것과 비슷하다.

극단적인 배타적 행동으로 이어질 수도 있는 민족주의民族主义는 당연히 중국에서도 부정적인 용어다. 특히 해외에서 걸핏하면 '민족주의적인 중국'이라는 말로 중국을 부정적으로 묘사하기 때문에 더 싫어한다. 외부에서 민족주의라 부르는 것을 중국에서는 애국주의愛国主义라는 표현으로 대신한다. 앞서 언급한 〈전랑 2〉의 주연배우 우징이 '애국은 무죄다'라고 주장한 것이 대표적인 예다.

하지만 외국에 배타적인 모습을 보이는 '애국인 듯, 애국 아닌, 애국 같은' 애국주의 역시 부정적인 이미지를 불러일으킨다. 이때 정부나 언론, 시민들 사이에 '이성적으로 애국하자理性愛国'는 구호가 나온다. 이성애국은 반외세 시위, 불매 운동이 전개될 때마다 등 장한다. 결국 민족주의와 애국주의는 일종의 '내로남불'이 아닐까. 우리나라가 하면 애국이요, 다른 나라가 하면 민족주의다.

중국인의 민족주의 정서를 부채질하는 우리의 보도

사드 배치로 인한 '금한령'을 바라보는 우리나라 매체의 두 가지 보 도 패턴이 있었다. 첫 번째는 텅텅 빈 면세점과 명동 거리를 보여주 며 '한국 관광산업이 다 죽게 생겼다'고 보도하는 것이다. 두 번째 는 오매불망 중국의 금한령 해제만 바라보는 내용의 기사다. 첫 번 째 보도에 일부 중국인들은 '역시 경제로 압박을 가하는 게 효과적 이다. 더 혼내줘야 한다'를 외쳤다. 두 번째 유형에서는 슬그머니 한국 단체 관광 상품을 재개하려던 중국 여행사가 한국 보도에 화 들짝 놀라 상품을 다시 내리고 없던 일로 해버렸다. 자국민에게 밉 보이면서까지 한국 상품 재개를 추진할 필요가 없기 때문이다.

두 사례 모두 중국인의 민족주의 정서를 불러일으킨다. 아직은 때가 아닌 것이다. 뉴스 보도가 본업인 미디어 종사자에게 불가능 한 일이겠지만, 제안해보고 싶다. 중국이 한국 경제에 대한 제재를 언제 풀까 돋보기 들고 초조하게 들여다보는 것보다는 못 본 척 하 는 건 어떨까? 우리도 감정이 상했지만, 중국도 사드의 기억이 없 어지려면 시간이 걸릴 것 같다.

6장

우린 패권국이 아니야!

영유권 문제와
완벽한 중국 지도

우리나라 연예인 A 씨가 중국에서 레스토랑을 오픈하려다가 중국 인들의 거센 비판에 직면해 홍역을 치른 적이 있다. 소셜미디어에 올 린 가게 홍보 이미지(중국 지도)가 화근이 되었다. 앞서 1장에서 설명 한 것처럼, 대만과 해남도가 빠진 탓이다. 이 홍보 지도가 중국 인 터넷에 확산되면서 중국 사업을 하려는 자세가 부족하다는 논란을 불러일으켰다.

　그런데 문제는 대만과 해남도에 그치지 않았다. 이런 의견들도 올라왔다. '악사이친阿克塞钦, 짱난藏南, 난하이南海는 어디로 간 거 야?' 악사이친? 짱난? 난하이? 이건 또 뭘까. 맥락상 무슨 지역 이 름 같기는 하다. 홍보 이미지 지도에 이 세 가지도 포함되지 않았음 을 항의한 것이다. 여기서는 악사이친, 짱난, 난하이 등으로 대표되

☆ 연예인 A씨의 레스토랑 홍보 이미지. 여기서도 지도 이미지가 논란을 불렀다.

는 중국의 영유권 분쟁 문제를 다루고자 한다. 대만 귀속 문제만큼
이나 중국인의 피를 끓게 하는 매우 민감한 이슈다.

중국의 영유권 분쟁 지역

중국은 육지로는 14개국, 해안으로는 6개국과 국경을 맞대고 있다.
주변국과의 국경분쟁은 필연적이다. 1949년 중화인민공화국 수립
후 대부분의 국가들과 국경 협정을 체결했지만 일부 인접 국가들과
는 국경·영유권 분쟁을 겪었다. 그중에서도 소련과는 1969년, 베트
남과는 1979년과 1980년대 국경 지역에서 무력 충돌까지 불사했

고, 길고 지루한 국경 획정 협상을 거쳐 러시아와는 2004년, 베트남과는 1999년 최종적(육지만 해당)으로 국경 조약을 체결했다. 그러나 여전히 분쟁 지역으로 남은 곳이 있다. 바로 앞에서 언급한 악사이친, 짱난, 난하이 그리고 동하이가 그 주인공이다.

• 악사이친 - 인도와의 국경 분쟁 #1

1949년과 1950년 차례대로 신장과 티베트를 편입시킨 중국으로서는 이 두 지역 주민의 반발을 효율적으로 관리하고 대응하기 위해 신장(북쪽)과 티베트(남쪽) 사이에 움푹 들어가 있는 악사이친을 가로지르는 도로 건설을 시작했다. 워낙 높은 산맥으로 둘러싸인 오지라 도로 건설 소식은 1955년에야 인도 당국 귀에 들어갔고, 인도는 경악을 금치 못한다.1 자기 땅에 중국이 도로를 건설하면서 몰래 치고 들어왔다며 격분했다. 하지만 중국은 청나라 옹정제 때부터 이곳을 관할해온 역사적 이유를 들어 원래 중국 땅이라고 반박한다. 중국이 주장하는 이 지역의 족보는 이렇다.

악사이친 < 라다크 < 티베트 < 중국

"악사이친은 원래 라다크의 일부이고, 라다크는 티베트의 일부다. 또한 티베트는 중국의 일부이기 때문에 악사이친은 중국 땅이다. 내 땅에 짓는 도로인데 무슨 문제냐"라는 입장이다. 오히려 영국 때문에 라다크가 인도와 파키스탄의 카슈미르 분쟁 지역으로 휘말려 들어가면서 라다크의 대부분을 인도에 뺏기게 된 것을 억울해한다.

● 악사이친(동그라미 안) 지도 ●

출처: 위키피디아

1961년, 중국에 허를 찔린 인도는 드디어 악사이친 수복을 감행한다. 인도 측 경계 초소를 중국 쪽으로 더 가깝게 옮겨 지어 경계를 확장하려고 시도한 것. 중국은 기회를 엿보다 1962년 대대적인 공격을 인도에 퍼부었다. 이 과정에서 인도군은 3,000명이라는 사상자를 내고 대패한다. 멘붕에 빠진 인도는 기존의 반서구주의와 비동맹 노선까지 포기하면서 미국에 병력을 요청했지만 또 한 번 중국에 허를 찔린다. 미군이 당도하기도 전에 '이제 그만 싸우자'며 중국이 정전을 선언한 것이다. 양국 군대는 다시 원래의 경계선으로 돌아오고, 악사이친은 도로 건설을 계기로 중국이 실효 지배하

며 현재까지 현상 유지를 해오고 있다. 인도, 중국 모두 자기 영토
라 여기고 있으며, 특히 중국은 이곳이 아예 영유권 분쟁이 존재하
지 않는 지역으로 못 박고 있다.

- **짱난(인도명 아루나찰프라데시) - 인도와의 국경 분쟁 #2**
티베트 남쪽에는 히말라야 산맥이 길게 솟아 있다. 그 남쪽 면의 좌
우로 길고 좁다랗게 뻗은 땅이 짱난(티베트의 남쪽)이다. 9만여 제곱
킬로미터로 남한에 버금가는 면적이다. 중국은 티베트의 일부인 이
지역이 중국 땅인데, 이곳을 실효 지배하고 있는 인도가 중국 영토
를 불법 침해하고 있다고 주장한다.

영유권 분쟁의 발단에는 영국이 있다. 영국의 인도 식민 지배 시
절 이 지역에 선을 그어 영국령 인도 땅으로 삼은 탓이다. 일명 맥
마흔 라인McMahon Line이라는 이 국경선을 통해 히말라야 산맥을 기
준으로 남측 면부터 인도 땅으로 간주했다. 1914년 영국과 티베트
가 이 선을 기준으로 국경선 협정을 맺었지만 중국은 주권국가도
아닌 티베트가 서명한 국경선 협정은 무효라고 주장하고 있고, 인
도는 영국이 자국에 유리하게 설정한 국경선을 그대로 계승해 이
지역이 인도 땅임을 주장하는 근거로 삼고 있다.

1948년 중국이 한창 내전으로 정신없을 때를 틈타 인도는 군대
를 앞세워 이 지역을 선점하고 내륙에 있던 인도인들을 이곳으로
대거 이주시켰다. 1987년에는 이곳을 '아루나찰프라데시주'로 공
식 명명한다. 현재 이곳은 110여 만 명의 인도인이 거주하고 있는

● 짱난(인도명 아루나찰프라데시)의 위치 ●

출처: 구글맵

데, 원래 거주하던 티베트인보다 인도인이 2~3배 더 많은 것으로 알려져 있다. 악사이친과 달리 인도가 완전히 실효 지배하고 있는 상황이다. 중국과 인도는 국경 문제와 관련된 여러 협의를 해오고 있지만, 현재까지는 현상 유지다. 자국에 영토주권이 있다고는 하지만, 100만 명이 넘는 인도인이 살고 있는 지역을 뺏는 것은 사실상 불가능한 일이기도 하다.

• **티베트 - 인도와 국경 분쟁의 핵심**

중국-인도 국경 분쟁의 핵심 키워드는 식민 시대 유산과 티베트로 압축된다.**2** 악사이친과 짱난 모두 영국이 인도를 식민 지배할 때 그어 놓은 국경선으로 인해 분쟁이 야기되었기 때문이다. 인도는 독립 후 영국이 그어놓은 선을 주장한다. 자신에게 유리하기 때문이다.

영국이 획정한 경계선은 지리적 특성에서 비롯되었다. 악사이친은 오른편으로는 쿤룬 산맥이, 왼편으로는 카람코람 산맥 사이에 위치한 분지다. 험준한 산맥 두 개가 '이중 만리장성' 역할을 한다. 영국 입장에서는 이곳을 자기 영역으로 만들면 한 번은 쿤룬이, 또 한 번은 카람코람이 러시아나 중국의 침략을 막아줄 것으로 판단했을 것이다.

중국도 같은 이유로 악사이친을 포기할 수 없었다. 악사이친을 내주면 인도가 티베트까지 영향력을 뻗칠 것이 틀림없다. 쿤룬 산맥이 가로막고 있지만, 악사이친이 뚫리면 바로 티베트로 치고 들어올 수 있다. 티베트는 지정학적으로 중국이 절대 포기할 수 없는 지역이다. 험준한 히말라야 산맥과 그 지맥으로 인해 황하, 장강(양쯔강), 메콩강의 수원이 이곳에서 시작된다. 중국의 급수원이며, 산맥이 막아주는 티베트가 뚫리면 중국의 심장부까지 치고 들어오는 건 시간문제다. 서방 세계에서 티베트와 달라이라마 문제를 거론할 때 중국이 격한 반응을 보이는 것은 이런 지정학적 공포심도 분명히 있다.[3]

앞에서도 말했지만 중국이 악사이친을 절대 양보할 수 없는 것은 이곳이 신장과 티베트 지역을 잇는 중간에 위치하기 때문이다. 이곳에 도로를 건설한 것은 분리 열망이 강한 두 지역을 신속하게 오가며 효율적으로 관리하기 위함이다.

다시 A 씨의 예를 보자. 259쪽 위 그림의 중국 지도에서 점선으로 표시한 부분이 악사이친이다. A 씨가 올린 지도에는 점선에 해당하는 부분이 없고 조금 더 움푹 들어가 보인다. 악사이친을 포함

● 악사이친 위치 표시 ●

악사이친
중인국경분쟁

● 짱난 위치 표시 ●

짱난(남티베트)
중인국경분쟁

시켜 그린다면 지도의 경계선이 아무래도 덜 움푹 들어가 보일 것이다. 한편, 259쪽 아래 그림의 점선 안 타원형은 중국이 인도에게 빼앗겼다고 생각하는 짱난 지역이다. 타원형 지역이 들어가면 경계선이 조금 더 아래쪽으로 불룩해진다.

• **난하이 - 해양 영토 분쟁 #1**

난하이는 그 유명한 남중국해다. 중국에서는 보통 남해南海, 즉 난하이로 부른다. 최근 중국 영유권 문제에서 가장 떠들썩한 지역이다. 중국이 영유권을 주장하는 난하이가 어디인지 중국의 공식 지도를 보면 헉 소리가 절로 나온다.

중국 대륙 아래쪽 바다에 10개의 선4으로 커다랗게 U자형 경계선을 그어놓았다. 그 안쪽이 중국이 영유권을 주장하는 바다다. 이 바다를 앞마당으로 삼고 있는 필리핀, 브루나이, 말레이시아, 베트남, 인도네시아에게는 12해리까지의 영해만 겨우 남겨두고 남중국해의 무려 90퍼센트에 육박하는 면적이 모두 자기 영역이라는 것이다. 분쟁은 필연적이다. 이건 해도 너무하다는 지적에 중국은 정색한다. 이 지역 관할을 증명하는 '2000년의 역사 족보', 제2차 세계대전 후 일본이 패망하면서 도로 뱉은 중국 영토 영유권에 난하이가 포함되고 미국도 당시 이를 인정하지 않았냐는 것이 근거다.

난하이 영유권 분쟁의 핵심 단초는 산호초와 암초로 이루어진 섬들이다. 베트남 앞바다에 있는 서사군도, 필리핀과 브루나이 부근의 남사군도가 주인공이다. 수백 개로 흩어진 암초들을 크게 한 그룹씩 묶어 영유권을 주장하여 중국 해양 영토가 넓어진 것이다. 이 섬들에 중국이 비행기 이착륙장 등 군사 시설을 건설하고 실효 지배하면서 인접 국가들과 영유권 갈등을 빚고 있다. 그중 가장 큰

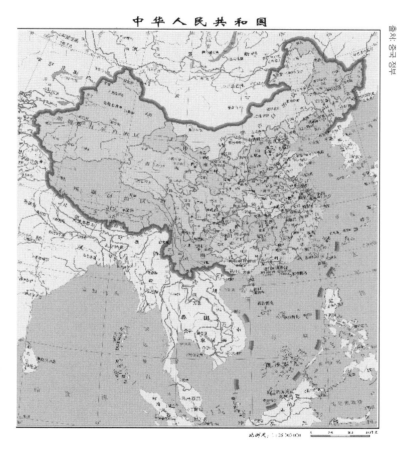

中华人民共和国

☆ 중국이 강력하게 영유권을 주장하는 난하이가 표시된 중국 공식 지도.

갈등을 빚는 나라는 필리핀과 베트남이다.

중국 역대 왕조와 치렀던 전쟁에서 대부분 승리한 베트남이지만, 1974년과 1988년 각각 서사군도와 남사군도를 둘러싼 해상 충돌에서는 섬의 일부를 중국에 빼앗겼다. 물론 중국은 베트남이 불법 점유한 섬에 대한 반격을 통해 정당하게 수복했음을 주장한다. 중국에 대한 감정이 좋지 않은 베트남은 2014년, 자국이 주장하는 배타적 경제수역에서 중국과 또 한 번 충돌했다. 이로 인해 베트남에서 대규모 반중 시위가 일어나 베트남 주재 중국 기업이 공격당하고 중국인 6명이 사망하는 사건이 발생했다. 이후로 해마다 남중국해에서 중국과 잦은 마찰이 발생하고 있다.

필리핀은 1995년 난하이의 한 섬에 중국이 세워놓은 영토 표식을 훼손하면서 중국과 충돌하기 시작했다. 2012년에는 황옌다오黃岩島, 즉 스카버러 암초Scarborough Shoa 해상에서 조업하던 중국 어선이 필리핀 해군에 나포되면서 중국과 필리핀 양측 해군이 3개월간 대

● **난하이 영유권 분쟁의 주요 섬들과 각국 명칭** ●

영어	중국어	베트남어
파라셀제도	서사군도 西沙群島	호앙사군도
스프래틀리제도	남사군도 南沙群島	쯔엉사 군도

치했다. 필리핀 군함이 철수하면서 중국이 황옌다오를 실효 지배하게 된다. 이에 발끈한 필리핀이 2013년 국제중재재판소PCA에 제소해 2016년 7월 12일 '중국의 난하이 영유권 주장이 역사적 근거가 없다'는 판결을 이끌어냈지만, 중국은 중재 절차상의 위법성을 들어 이 판결을 받아들이지 않고 있다.

• **동하이 - 해양 영토 분쟁 #2**

중국에서는 동중국해를 동하이東海로 부른다. 이 해역에서 가장 갈등이 두드러진 곳이 댜오위다오다. 일본에서는 뾰족한 섬들을 뜻하는 센카쿠열도尖閣列島로 불린다. 말은 섬이지만, 5개의 섬과 3개의 암초로 구성된 무인도다. 그중에서 가장 큰 섬이 댜오위다오다. 대만 북동쪽으로부터 약 190킬로미터, 오키나와 서남쪽 약 410킬로미터 해상에 위치하고 있다. 1960년대 말에 풍부한 석유가 매장되어 있는 것으로 밝혀졌다. 1971년에는 오키나와를 점령하고 있던 미군이 댜오위다오를 오키나와에 포함시켜 일본에게 반환하면서 자국 영토로 간주했던 중국이 이의를 제기, 일본과 영유권 문제가 불거지기 시작했다.

분쟁의 핵심은 댜오위다오의 귀속 여부에 따른 양국의 배타적 경제수역 범위인데, 문제는 상당 부분 겹친다는 것이다. 일본은 겹치는 부분의 수역을 절반으로 나누어 반반씩 갖자고 제안했지만, 해양관할권이 크게 축소되는 것을 우려한 중국이 수용하지 않았다. 한때 양국이 천연 가스전 공동 개발 협의를 진행하기도 했지만,

● **동하이와 댜오위다오** ●

출처: 바이두 지도

2010년 중국 어선과 일본 순시선 충돌을 계기로 중국인들의 뿌리 깊은 반일 정서가 폭발하면서 없던 이야기가 되었다. 일본의 중국 선장 구금 조치에 중국은 희토류 수출 금지로 보복했고, 성난 시위대가 중국 내 일본 상점과 일본 차량에 방화하는 등 격렬한 반일 시위가 발생했다.

2012년에는 일본의 댜오위다오 국유화 선언에 대해 중국이 댜오위다오와 부속 섬들을 중국 영해의 기점으로 삼는다는 영해 기선 선포로 대응하면서, 이 해역에 해양감시선과 어업지도선을 파견하고 상시적인 감시 활동을 펼치고 있다.[5] 댜오위다오는 1996년 극우 인사들이 섬에 등대를 설치한 것을 계기로 일본이 실효 지배 중이다.

• 안보와 경제 - 해양 영토 분쟁의 핵심

"남중국해는 특정 국가의 소유가 아니다. 따라서 미국은 국제법과 국익이 허용하는 선 안에서 항행의 자유 작전을 계속할 것이다."**6** 마이크 펜스 미국 부통령의 말이다. '특정 국가 소유 아님', '항행의 자유'는 남중국해 분쟁의 본질을 보여준다.

2001년 미국이 9·11테러로 이란과 중동에 신경 쓰느라 아시아를 소홀히 대한 사이, 2008년 중국이 미국 발 금융 위기를 잘 극복하면서 훌쩍 커버렸다. 미국은 2009년 서둘러 '아시아 회귀 전략'을 발표했다. 미국의 안보 중점 지역으로 다시 아시아를 신경 쓰겠다는 것인데, 급부상한 중국을 견제하겠다는 의도다. 여기서 특히 주목받은 지역이 남중국해다. 전 세계 무역량의 3분 1이 지나는 중요한 해상 루트이자 원유와 가스를 주로 중동과 아프리카로부터 수입해오는 중국에게 남중국해는 에너지 수급 대동맥이다. 미국으로서는 중국이 남중국해를 '꿀꺽하는' 것을 막아야 중국의 힘을 빼놓을 수 있다. 같은 이유로 중국도 이 해역에서 물러설 수 없다.

미국이 빼든 카드가 '항행의 자유'다. 공해에서 어느 나라의 군함과 선박이든지 자유롭게 항행할 수 있다는 해양법상의 규정을 들어 군함들을 남중국해로 출동시키고 있다. 중국이 남중국해에서 과도한 영유권을 주장하긴 해도 어쨌든 중국 대륙과 닿아 있는 해역임에도, 영유권도 없는 미국이 이역만리 바다까지 와서 작전을 펼치는 이유다. 중국이 그어놓은 U자형 해역은 중국 영해가 아닌 공해公海로, 한마디로 이 해역에서 중국의 영유권은 없다는 것이 미국의 입장이다. 미국은 항행의 자유를 수호하는 '질서 수호자'이고 중국은 국제 규범을 무시하는 '약탈자'라는 이미지를 씌우는 것에 중국은 이렇게 발끈한다.

우리는 비즈니스 차원의 항행의 자유를 막은 적이 없다. 미국이 주장하는 것은 군사적으로 자유롭게 이 해역을 휘젓고 다니겠다는 뜻 아닌가. 중국의 영해를 인정하지 않겠다는 것은 결국 중국을 이 지역에서 군사적으로 봉쇄하려는 것 아니냐.[7]

중국은 특히 미국이 베트남과 필리핀에게 경비정이나 해군력 강화를 위한 자금 지원 등을 약속하고 있어 남중국해 영유권 분쟁에 개입해 주도권을 쥐려 한다고 항의하고 있다.

댜오위다오는 풍부한 석유와 어족 자원 때문에라도 포기할 수 없지만, 미국과 일본에 대항하는 전략적 중요성도 무시할 수 없다. 중국 군사력이 태평양으로 나가기 위해서는 동중국해를 거쳐 나가야 하는데, 일본의 길고 긴 류큐제도는 미군 기지와 일본 군사 시설의 지뢰밭이다. 류큐제도의 끝에 위치한 댜오위다오는 그래서 포기할 수 없다. 일본으로서는 중국을 봉쇄하기 위한 최후의 저지선이며, 중국으로서는 태평양 진출을 위한 전진 기지다.[8] 중국이 잠수함과 함대를 댜오위다오 해상에 늘 배치해 주변 해역을 순시하면서 미국과 일본의 이 지역 점유를 무력화시키기 위해 경계를 늦추지 않는 이유다.

완전체 중국 지도

2016년 헤이그 국제중재재판소가 중국에게 '남중국해 영유권 주장 근거 없음'을 판결한 후, 중국 정부와 민심이 분노로 똘똘 뭉친 가운데 관영 언론사《인민일보》는 '완벽한 중국 지도'를 한 장 내놓는다.

대만과 해남도는 당연히 포함되어 있고, 악사이친과 짱난 부분은 움푹 들어가지 않고 좀 더 불룩하게 밖으로 나와 그려져 있다. 여기에 남중국해상의 U자형 점선 안으로 서사군도와 남사군도가

● 《인민일보》가 내놓은 중국 지도 ●

출처: 《인민일보》 웨이보

깨알처럼 그려져 있다. 좀 더 눈을 크게 뜨면 대만 섬 북동쪽에 아주 미세한 점 몇 개가 그려져 있다. 댜오위댜오와 부속 섬들이다. 왼편에는 큰 글씨로 이렇게 쓰여 있다. "중국, 점 하나라도 없으면 안 된다中国一点都不能少."

한 점도 없어서는 안 된다는 서슬 퍼런 중국의 지도다. 이쯤 되면 중국인들이 해도 너무하다는 생각이 든다. 하지만 매번 지도를 들고 이렇게 까탈을 부리는 건 아니다. 이 지도가 문제가 되었던 2016년은 여러 사건이 중국을 날카롭게 만든 측면이 있다. A 씨가 SNS에 지도를 올렸을 당시는 사드 문제로 중국의 안보가 위협을 받았다고 온 국민이 흥분해 있던 때였다. 타이밍이 안 좋았다. 또 하나는 2016년 헤이그 국제중재재판소의 판결이었다. 중국은 두 사건 배후에 모두 미국이 있다고 보고, 중국을 봉쇄하려는 미국에 강한 반감을 가졌다. 일련의 외교 갈등이 중국인을 '매의 눈'으로 만들었다.

일대일로는 패권이
아니다?

두바이의 가정주부가 글로벌 온라인 쇼핑몰에서 중국 브랜드 전자레인지를 구매하고, 에티오피아의 아디스아바바에서는 중국 기업이 깔아놓은 도시형 경전철이 지나간다. 기계 설비, 자동차 부품, 화학제품 등 중국 제품을 가득 실은 중국-유럽 열차가 벨라루스의 수도 민스크에서 화물을 하역한다. 열흘 후, 와인, 우유, 소고기, 크리스털 등 유럽산 수입품이 이 열차에 다시 실려 중국으로 들어와 마트 진열대에 오른다……**9**

이 즐거운 상상의 주체는 중국이다. 멀고 먼 해상로를 이용하지 않고 육로로 유럽까지 거침없이 내달릴 수 있으니 이보다 더 신날 수 없다. 이런 일을 가능케 하는 건 바로 일대일로가 있기 때문이다.

2013년 시진핑 주석의 취임 후 야심차게 추진되고 있는 일대일

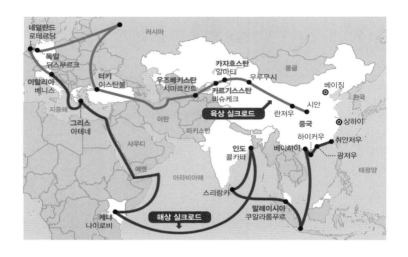

● 육상·해상 실크로드 '일대일로' ●

로-带-路를 간단히 정의하면, '중국이 추진하는 육상·해상 실크로
드'로 고대 실크로드의 영광을 재현하자는 것이다. 대륙을 출발점
으로 일대-带. belt. 띠 는 중앙아시아, 러시아와 유럽 대륙으로 이어지
는 육로를 의미하며, 일로-路. road. 길 는 동남아시아·인도양·아프리
카·유럽을 잇는 바닷길을 뜻한다. 전지구적 프로젝트다. 중국은 이
땅과 바닷길을 따라 전 세계가 함께 비즈니스를 펼치고 같이 부자
가 되자고 한다.

거칠게 표현하면, 두 길을 통해 에너지와 원자재를 수입하고 가
공해서 만든 제품을 세계 시장에 파는 모델이다. 중앙아시아, 러시
아, 유럽까지 쭉 연결되는 고속철이 있으면 굳이 멀리 바닷길을 통

하지 않고서도 중국의 제품을 철도가 깔리는 지역마다 신속하게 실어 나를 수 있다. 에너지나 물품을 효율적으로 운송하려면 도로, 철도, 항만 같은 인프라가 필수적이다. 그런데 일대일로를 지나는 나라들 중 상당수가 이런 기반 시설이 취약하다. 그래서 중국이 도로와 항만까지 지어준다. 바로 이 지점에서 '중국 패권주의', '신식민지 건설' 같은 논란이 생겼다.

일대일로는 신식민지주의이자 패권주의?

"中 일대일로, 파키스탄서도 좌초 위기", "일대일로 참여국 재정 위기, 부채 급등", "中 일대일로 참여국들 폭발 '눈뜨니 빚 폭탄, 이건 약탈'". 중국의 일대일로와 관련해 2018년 미디어를 휩쓸었던 제목들이다. 도로와 항만 시설을 지을 돈이 부족한 나라들에게 중국 은행이 대출을 해주는데, 과도한 부채를 끌어다 쓰는 바람에 사업 참여 국가들이 엄청난 빚더미에 올라앉았거나, 갚을 방도가 없어 결국은 시설 사용권을 중국이 가로채고, 해당 국가는 경제적으로 종속되어 식민지화된다는 우려다.

스리랑카의 함반토타 항구와 파키스탄의 과다르항은 중국의 지정학적 야심을 의심케 하는 대표적인 일대일로 중점 거점이다. 중국 자본에 의해 항구를 개발한 두 나라는 빚 갚을 여력이 없어 중국에게 운영권을 각각 99년간, 43년간 임대 주기로 했다. 함반토타 항

● 스리랑카 함반토타 항구와 파키스탄 과다르항 ●

구는 중동과 아프리카를 출발한 에너지 수송선이 중국으로 가는 인
도양 항로의 중요 거점 지역으로, 서구에서는 유사시(예를 들어, 미국
의 해상로 봉쇄) 군사적 목적으로 쓰일 수 있다고 지적하고 있다.

과다르항은 중국이 아프리카, 유럽, 중동에서 구입한 상품, 원자
재, 에너지를 운반하는 중요한 길목에 있어 항구에서부터 도로와
철도를 깔면 파키스탄 전역을 가로질러 중국 내륙으로 들여올 수
있다. 인도양과 남중국해를 거치지 않아도 되니 수송 거리가 단축
되고, 미국의 해상 봉쇄도 피할 수도 있다. 이보다 더 군침 도는 항
구가 없다. 중국은 무역항 외에 다른 계획이 없다고 펄쩍 뛰지만 내
부적으로는 지정학적 요인을 굳이 부인하는 분위기도 아니다.

마침 2018년은 미·중 무역 전쟁과 화웨이 사건으로 중국과 미국

의 패권 다툼이 내내 이슈가 되었다. 일대일로 역시 유라시아 육로와 인도양 해상 루트를 두고 미국과 중국이 벌이는 패권 다툼의 대표적 케이스로 부각됐다. 눈여겨볼 것은 둘 다 지정학적 경제·안보 이익을 두고 벌이는 패권 경쟁인데, 다음의 글처럼 중국은 '확장하는 자'로, 미국은 저지하는 자의 이미지로 그려진다.

- 중국의 확장 정책을 경계하고 있는 미국과 유럽연합 등 서방은……**10**
- 미국이 중국의 경제 영토 확장을 막기 위해 전방위 봉쇄 작전을 펼치고 있다……**11**

'중국은 확장하고, 미국은 막는다'가 반복되면서 은연중 중국이 이 모든 사달의 원흉이 되었다. 중국의 영향력 확장을 미국이 저지하는 것은 맞는 말이지만, 사실 '실크로드' 구상은 중국보다 미국이 먼저 선수 쳤다.

꼼꼼한 미국의 봉쇄 작전

2011년, 미국의 오바마 정부 시절 '뉴 실크로드 전략'이 나왔다. 2013년 일대일로보다 2년 앞섰다. 세계 4위의 천연가스 매장 국가인 투르크메니스탄부터 시작해 아프가니스탄, 파키스탄, 인도로 이어지는 세로 방향의 천연가스관을 건설하는 프로젝트로, 중국과 이란이 엮이거나 러시아가 인도양으로 남하하는 길을 끊기 위해 중간에 가스 수송관으로 떡하니 막아버리는 플랜이다.**12** 이 무렵 미국은 아시아 회귀 정책을 들고 나왔다. 글로벌 경영 무대를 아시아로 옮기겠다는 것이다. 엔화 약세를 용인해서 일본 경제 부활을 돕고, 인도와의 경제 협력을 강화하며, 싱가포르에 군사 기지를 설립한다고 하니 중국은 이웃 국가들을 키워 중국을 봉쇄시키려는 전략으로 받아들였다.

결정판은 환태평양경제동반자협정^{TPP}이다. 미국 주도로 만든 세계무역기구에 중국이 가입한 후 중국만 이익을 보는 것 같으니, 새로운 룰을 만들고 중국만 쏙 빼놓았다. 중국이 받아들이기에 가혹한 조건을 제시해 가입하지 못하게 막은 것이다.**13** 태평양 연안 지역 국가들이 경제동맹을 이루어 대륙을 빙 둘러싸고 태평양으로 나오지 못하게 하는 형국이다. 중국 입장에서는 현 단계에서 경제를 더 발전시키려면 세계로 확장되는 더 큰 경제 영토가 필요한데, 동쪽 해상 진출이 미국과 동맹국들에 의해 막힌 것이다.

중국은 역으로 서쪽으로 가는 방향을 택했다. 유라시아 대륙을 잇는 일대일로로 허를 찌른 것이다. 중국이 해상로보다 효율적인 무역 루트와 자원의 보고인 중앙아시아를 선점하는 것도 참을 수 없는데, 일대일로 경제 벨트에서 인민폐를 지불수단으로 사용하게 될 경우 새로운 기축통화가 될 수도 있다. 이는 세계 질서의 룰이 바뀜을 의미하고, 결국 미국에게는 재앙이다. 미국이 처음부터 기를 쓰고 동서로 중국을 막고 싶어 했던 이유다.

참여국들의 견적 다시 뽑기

2018년, 일대일로 프로젝트의 핵심 국가로 알려진 파키스탄, 말레이시아, 스리랑카, 몰디브, 네팔, 미얀마 등이 이미 진행한 사업을 중단하거나 계획을 백지화시키고 있다는 소식이 끊이지 않았다. 더불어 일대일로 사업 전반이 위태로워졌다는 뉴스가 이어졌다. 국내총생산 대비 과도한 부채가 원인이다. 하지만 일대일로 사업이 뉴스처럼 전면 중단된 것은 아니다. 각국 내부의 정치적 변수로 인해 일대일로가 영향을 받은 측면은 있다.

2015년에는 스리랑카가, 2018년 한 해에만 파키스탄, 말레이시아, 몰디브에서 정권 교체가 무더기로 이루어졌다. 친중국 성향의 전 정부가 야심차게 추진했던 일대일로 사업이 새 정부가 들어서면서 제동이 걸린 것이다. 게다가 스리랑카와 몰디브는 지리적으로 인도와 가까운 탓에 인도의 영향력이 중국보다 강했던 지역이다. 중국에 치우쳤던 전 정권이 물러나자 인도가 새 정권에 영향력을 행사하려고 했다는 것이 중국의 주장이다. 인도와 중국 사이에 낀 약소국들이 정권의 성향에 따라 양쪽 눈치를 보기도 하고 때로는 지렛대로 활용하는 것을 배제할 수 없다는 것.

2018년 친인도 성향의 몰디브 새 대통령이 당선된 후, 그를 대선 캠프에서 지원해준 나시드 전 대통령은 "중국이 몰디브의 섬을 하나하나 약탈해간다"고 중국을 비난했다. 이에 중국은 "당신의 재임 시 중국이 원조하고 경제 협력한 것도 약탈이었냐"며 정권이 바뀔 때마다 중국을 가까이했다 멀리했다 하는 일관성 없는 행태를 꼬집었다. 몰디브 정부는 전 정권이 체결한 일대일로 프로젝트에 대해 다시 계산기를 두드리고 있다. 부채 상환 일정과 빚 규모를 조정하기 위해서다. 대신 중국 부채를 갚기 위해 인도에서 돈을 꾸면서 '탈중국화'를 시도하고 있다.

말레이시아는 더 드라마틱하다. 2018년 총선에서 친중 성향의 전 정권을 무너뜨리고 집권한 마하티르 총리는 일대일로 사업들을 무더기로 보류시켰다. 특히 핵심 사업인 동부해안철도ECRL 프로젝트의 사업 비용을 감당할 여력이 없다며 2019년 1월에 이를 아예 중단시켜버렸다. 그런데 한 달 후인 2월에는 규모를 줄여 재추진하는 쪽으로 은근슬쩍 방향을 틀더니, 또 한 달 뒤인 3월에는 "일대일로에 참여한다고 중국의 식민지가 되느냐"며 외국 돈을 내 맘대로 빌리겠다는데 웬 참견이냐며 서구의 '빚더미론'을 일축했다. 불과 7개월 전만 해도 "우리는 새로운 식민주의 등장을 원치 않는다"고 했던 그였다.

중국도 93세 정치 9단의 '수'를 진즉에 읽은 것 같다. 사업 취소를 선언했을 때 노발대발 화를 낼 법도 한데, 중국은 "대화와 협상을 통한 해결을 늘 견지하고 있다"**14**며 알듯 모를 듯 여유로운 반응을 보였다. 정권이 바뀌면 일대일로 계산서도 재조정될 것이라고 예상했던 게 아닐까.

여전히 중국의 확장을 경계하는 목소리가 높지만, 2019년 일대일로 사업은 서구 특히 미국의 바람처럼 망하지 않고 계속 진행 중이다. 서유럽 국가로는 이탈리아가 처음으로 일대일로 사업의 스타트를 끊었다. 2049년에 종료되는 일대일로 사업은 지금 막 발걸음을 뗐다. 중국도 논란을 의식해 속도와 범위를 조정하는 분위기다. 사업 참여국의 경제가 훗날 해피엔드가 될지, 재앙이 될지는 좀 더 지켜봐야 한다.

일대일로와 패권

외부에서 뭐라고 하든 중국은 공식적으로 일대일로에 지정학적 의도가 깔려 있다는 말을 거부한다. 시진핑 주석이나 중국 관영 언론은 늘 일대일로가 지정학적 도구地緣政治工具가 아니라는 말을 입에 달고 산다. 지정학은 필연적으로 강대국들이 전 세계 지역 주도권을 놓고 다투는 정치·경제 패권 다툼과 연결되기 때문이다. 중국이 가장 알레르기 반응을 보이는 말이 바로 이 패권霸权이다. 왜일까.

　중국이 정의하는 패권주의는 강대국이 약소국 정권을 뒤집어엎거나, 다른 나라의 주권을 억압·지배·간섭하는 행위다. 서구 가치관과 경제적 압박으로 사사건건 중국을 속박하려는 미국을 패권의 전형으로 본다. 그래서 바이두에서 패권주의를 찾으면 온통 미국 이미지로 꽉 차 있다. 설사 요즘 중국의 모습이 패권적이어서 '중국은 패권적이다'라고 하면, 미국이 패권이지 우리는 아니라며 부정한다.

'중국은 영원히 패권을 지향하지 않을 것이다'는 1974년 덩샤오핑이 세계를 향해 선언한 중국의 공식 외교 방침이기도 하다. 강해지기 전까지는 괜히 힘 자랑 하지 말자고 한 도광양회韜光养晦 전략의 일환이기도 하다. 당시와는 비교가 되지 않을 정도의 힘이 생긴 중국이지만, 패권으로 비쳐지면 득이 될 게 없다. 중국의 패권적인 모습을 재수 없게 생각하는 나라가 많은 마당에 '패권' 딱지가 붙는 순간, 이웃 국가의 협력을 구해야 하는 일대일로 사업이 어려워진다.

중국은 가장 큰 개발도상국이며 아직 힘이 미국 발치에도 못 미친다는 중국의 입장은 엄살 같지만, 틀린 말은 아니다. 미국의 패권에 도전하기에 중국의 군사력은 한참 못 미친다. 내부적으로 해결해야 할 문제도 산더미다. 당분간은 '우리는 패권을 지향하지 않는다'는 말로 시간을 벌어야 하고, 전 세계를 향해 계속 안심하라는 신호도 보내야 한다.

그렇다면 패권 대신 무슨 말을 쓸 수 있을까? 우리가 흔히 쓰는 '미중 패권 경쟁' 같은 경우는 '패권 경쟁'을 보이博弈로 대체하면 좋다. 장기나 바둑처럼 전략을 가지고 쌍방이 경쟁하는 게임 혹은 힘겨루기라는 뜻으로, 패권을 직접 거론하지 않고서도 패권 경쟁의 느낌을 줄 수 있다.

미중 패권 경쟁中美霸权竞争 (×) → 中美博弈 (O)

중국판 마셜플랜과 '이니셔티브'

마셜플랜은 미국이 제2차 세계대전 후 전쟁으로 폐허가 된 서유럽에 경제 원조와 국가 재건을 도와준 계획이다. 이 프로젝트를 통해 미국은 자국 기간산업의 부흥을 이끌었고, 과잉 생산 제품을 서유럽에 팔고 결제 화폐로 달러를 쓰도록 하면서 전 세계 기축통화가 될 수 있었다. 원조 받은 서유럽은 경제적으로 빠른 성장을 이룰 수 있었고, 미국은 냉전 시기 서유럽을 통째로 자기 진영으로 편입시켜 소련에 대항해 막강한 패권을 거머쥐었다.

국가가 대출을 보증하고, 과잉 생산 시설을 해외로 수출하며, 인민폐를 기축통화로 만들려는 중국의 일대일로를 서구에서 '이건 중국판 마셜플랜이잖아?'라고 보는 것도 그런 이유다. 하지만 중국 정부는 행여나 일대일로가 중국판 마셜플랜으로 비춰질까 봐 정색하고 선을 긋는다. 미국이 마셜플랜으로 패권을 쥐게 되었듯, 일대일로가 중국이 세계 경제의 패권을 쥐겠다는 의도로 비춰지는 것을 경계하기 때문이다.

한편, 중국 신화사가 2018년 2월에 발표한 '보도 금지어' 리스트에는 일대일로에 사용하면 안 되는 용어가 올라왔다.

'일대일로 전략戰略' 대신 '일대일로 이니셔티브(제안)倡议'를 사용해야 한다.

전략과 이니셔티브(제안). 무슨 차이일까? 이니셔티브라는 말의 목적은 일대일로가 '전략적 음모가 없다'는 것을 알리는 데 있다. 전략이란 말은 중국이 해당 지역에서 경제·안보 이익을 획득하기 위한 계획처럼 보이게 한다. 서구 사회가 식민지 건설 때 자기 돈을 들여 철도·도로·항만을 건설하고 일방적으로 자원을 수탈해가는 모델이 그렇다. 외부적으로 지역 패권을 노린다는 우려를 불식시켜야 한다.

또한 상대 국가는 이용당하는 입장이라고 생각해 중국에 더 많은 것을 요구할 수 있다. 이렇게 되면 '윈윈하는 비즈니스 모델'은 퇴색해버리고 손해를 보면서까지 이익을 양보해야 하는 상황으로 몰릴 수 있다. 일대일로에 대외 원조 항목도 있지만 그 비율이 높지 않고 대부분은 국제 산업과 에너지 협력이 중심이 되는 비즈니스 협력 모델이라는 것을 내부적으로 계속 강조해야 한다. 중국 내부의 '퍼주기 논란'에 신경 쓰지 않을 수 없기 때문이다.[15] '제안'이 되면 강압적이지 않고 한결 부드러워진다. 주변국과의 이익 공유라는 점을 강조하고 싶은 게 중국의 속내다.

무엇이 중국을 '오만하게' 보이도록 하는가

세계 2위의 경제 대국임을 감안하더라도 힘으로 밀어붙이는 듯한 중국의 강압적인 모습에 우리는 적응하기 힘들다. 때로는 국제질서까지 개의치 않는 모습에 답답함도 느껴진다. 물론 중국은 '우리는 이제 할 말을 하는 것뿐이다'라고 항변한다. 사실이다. 과거 뒤처진 경제를 성장시키느라 세계를 향해 하고 싶은 말을 자제했을 뿐이다.

우리가 몰랐을 뿐이지 중국은 언제나 자신이 '원하는 바'가 있었다. 전문적인 용어로 하면 '핵심이익核心利益'이다. 강하게 드러내지 않아 감지하지 못했을 뿐이다. 이제는 상황이 달라졌다. 건드리면 터져버리는 지뢰밭이 따로 없다. 중국을 오만하거나, 무례하거나, 거칠어 보이게 하는 데에는 바로 이 핵심이익이 있다.

중국의 지뢰밭, 핵심이익

핵심이익은 일종의 중국의 국익인데, 그중에서도 '국가의 생사존 망이 걸린 중대한 이익'을 말한다. 시진핑 주석이 일찍이 다짐한 바 있다. "어떤 상황에서도 국가의 정당한 권익 수호를 포기하지 않으 며, 국가의 핵심이익을 절대 희생하지 않을 것이다."**16**

서슬이 시퍼렇다. 중국이 '지키고자 하는 바'를 관철할 때 보인 비타협적인 자세에서 커다란 벽을 느꼈던 것도 무리는 아니다. 무 엇이 핵심이익인가? 국가 주권, 영토 완정, 국가 통일, 경제·사회의 지속적인 발전을 위한 기본 보장, 국가 안전, 중국 헌법이 확립한 국가 정치제도와 사회의 안정. 말이 어렵다. 그런데 어디서 많이 들 어보지 않았는가. 그렇다. 이 책의 상당 부분은 중국의 핵심이익과 관련된 것이다.

1. 국가 주권, 영토 완정, 국가 통일
이 세 범주는 비슷한 성격이라 하나로 묶을 수 있다. 이 책 초반부 의 대만, 지도, 호칭, 홍콩 등과 달라이라마, 티베트, 신장 위구르, 영 유권 주제가 여기에 속한다.

2. 경제·사회의 지속적인 발전을 위한 기본 보장
미래 먹거리에 해당하는 문제다. 최근 들어 중국에게 중요하게 떠 오르는 사안이다. 일대일로를 통한 경제 영토 확장, 5G 선두 주자

화웨이와 이를 막으려는 미국의 힘겨루기가 대표적이다. 중국과 미국 모두 첨단 기술 발전을 국가 의제로 설정한 상황이다. 양쪽 모두 양보할 수 없는 핵심이익이다.

3. 국가 안전

국가 안보가 위협받을 때 가만있지 않겠다는 의미다. 대표적인 케이스가 사드 배치 문제다. 미국의 미사일 방어 체계의 핵심 무기 배치가 바로 자신의 코앞에서 안보를 위협한 행위로 받아들여졌다. 최근 부쩍 늘고 있는 중국 전투기의 한국방공식별구역KADIZ 침범 역시 마찬가지다. 한반도의 영공과 영해를 꽉 잡고 있는 미 군사력을 향한 중국의 일종의 무력시위다.

'우리 체제를 인정해줘'

마지막인 '중국 헌법이 확립한 국가 정치제도와 사회의 안정'에 대해 조금 더 살펴보자. 이는 본질적으로 중국의 체제 유지와 직결되는 사안이다. 중국은 어떤 경우에 이 가치를 침해당했다고 느낄까?

중국은 왜 민주주의를 채택하지 않는가.
중국은 자유와 인권 같은 인류 보편의 가치를 무시한다.

이와 같은 경우다. 외부에서는 '핀잔' 정도로 읽히지만, 중국에게 는 상당한 위협으로 다가온다. 지금의 중국을 있게 만든 근간을 공 격하는 것으로 간주되기 때문에 몹시 신경질적인 태도를 보인다. 외부의 위협은 당연히 서구, 특히 미국이다. 중국 사회주의 체제는 언제나 서구의 비판 대상이었다. 중국은 1980년대부터 머리 숙이 고 서구의 경제 질서에 편입했지만, 공산당이 모든 것을 영도하는 정치체제만큼은 포기한 적이 없다. 그런데 경제성장에 성공함으로 써 중국식 사회주의에 대한 자신감도 커졌다. 앞서와 같은 비난에 중국은 이제 이렇게 거부한다.

모든 나라는 각자의 이데올로기와 정치제도를 선택할 권리가 있다. 이 는 한 나라의 독립과 관련된 핵심이익이며, 각자의 사회제도와 발전 모 델은 존중받아야 한다. 서구식 가치관과 제도가 왜 절대 진리인 것처럼 말하는가?**17**

사실 과거에도 중국은 서구사회에 '각자 서로의 다름'을 인정하 자고 말해왔다. 화이부동和而不同(다른 이와 생각을 같이하지는 않지만 이 들과 화목할 수 있다), 구동존이求同存異(차이는 남겨 두고 같음을 추구하자) 자세로 완곡하게 돌려 말하는 바람에 잘 들리지 않았을 뿐이다. "이 제 우리 체제에 대한 훈수는 그만 둬!" 하고 세게 말하니까 들리기 시작한 것이다.

중국은 국제 질서를 따르지 않는다?

중국이 오만하다고 느껴지는 이면에는 '국제 규범을 안 지키는 중국'이라는 이미지가 있다. 이런 이미지를 적극적으로 만들어내는 곳은 아무래도 기존 질서를 유지해온 미국과 서구 사회다.

최근 수년 동안 중국은 반세기 이상 세계를 안정적이고 번영하게 만든 국제법과 규범을 무시하는 길을 택했다.[18] (마이크 펜스 미국 부통령)

자유, 민주주의, 개인의 인권에 기반을 둔 우리 서구 모델과는 달리 중국은 복합적인 시스템을 만들고 있다.[19] (독일 외무장관)

특히 남중국해, 일대일로, 불공정 무역 등 미국과 중요한 경제·안보 이익이 충돌하는 경우 중국이 국제 규범을 무시한다는 비난으로 이어진다. 이때 예외 없이 서구의 보편 가치인 자유, 민주주의, 인권도 안 갖춘 나라의 손에 세계 질서 재편을 맡겨도 되겠느냐는 비판이 뒤따른다. 중국도 당연히 발끈하지만, 중국의 발언은 사실 서구 미디어에 비해 전파력이 높지 않다. 외부 세계가 일단 '믿고 거르는' 측면도 있다. 중국 얘기는 이렇다.

미국이 자국 기업의 주머니를 불리기 위해 그렇게도 남미 국가들을 몽둥이로 때려잡은 것 아닌가? 티베트와 신장의 인권 문제를 들먹이면서도 스페인의 바스크 학살, 영국의 북아일랜드 민간인 살육은 왜 입도 빵긋 안 하는가? (당신들의 그 잘난) '민주주의' 선거를 통해 당선된 의원은 기업가의 이익을 위해 목소리를 내지 않던가? 서방 자본주의 제도는 2008년 국제 금융 위기로 중대한 결함을 보여주지 않았나? 서구는 통제와 감시가 없다고? 스노든 사건은 그 반대를 보여주던데? 자본주의는 시장을 확대할 때 늘 보편 가치를 무기로 상대를 협박하지 않았나? 서구는 늘 위선적이었다.[20]

서구의 보편 가치를 최고의 고결한 가치라고 믿어 의심치 않는 미국 내부에서도 이런 목소리가 있다. '투키디데스의 함정'으로 유명한 그레이엄 엘리슨은 《예정된 전쟁》에서 미국은 민주주의, 인권과 자유의 가치를 전 세계에 강박적으로 구현시키려는 경향이 있고, 도덕적 우월감을 갖고 이런 가치들을 다른 나라에 확산시키려다 보니 이를 채택하지 않은 정부 입장에서는 정당성이 결여되어 있다는 암시를 주기 때문에 반발심을 불러일으킨다고 지적한다. 2018년의 '판빙빙 사건'이 그 단면을 보여주었다.

"중국에는 중국적 상황이 있다"

톱스타가 탈세 혐의로 비밀 수사를 받는 동안 온갖 루머가 쏟아졌다. 감금당해 만신창이가 됐다, 죽어서 박제됐다……. 결국 1,400억원에 달하는 거액의 추징금을 내고 사건이 종결됐지만 우리 머릿속에 남은 건 '#톱스타라도', '#비밀 감금 수사', '#무서운 중국'이다. 반면, 중국에서는 불투명한 조사 과정이나 인권 문제는 화젯거리가 아니었다. 물론 이런 이슈가 화제가 되도록 내버려 둘 중국 당국도 아니지만, 외부의 비난이 있건 말건 눈도 꿈쩍하지 않았던 데에는 중요한 요소가 하나 있다. 바로 '중국적 상황国情'이다.

이는 '나라마다 처한 상황이 다르듯, 중국도 중국만의 상황이 있다' 정도로 해석할 수 있다. 우리가 '절차와 인권'을 기준으로 범죄 혐의자를 비밀 장소에 가두고 조사할 수 있는 중국 사법제도의 관행을 비난할 때, 연예인의 천문학적인 수입에 상대적 박탈감을 느꼈던 많은 중국 대중들은 탈세 의혹에 연루된 판빙빙 '손보기'에 지지를 보냈다. 사회불안 요소를 덜어내 민심을 다독여 사회 통합을 이루는 것을 최선으로 여기는 현 정부의 의지와 대중이 호응하는 '중국적 상황'인 것이다.

나라마다 정치·사회·경제의 발전 단계가 다르니 각자의 우선순위를 존중해달라, 현재 중국이 처한 상황에서 개인의 자유와 인권은 아직 우선순위가 아니니 자꾸 그 프레임으로 우리를 재단하려 들지 말라……. 이런 중국적 상황은 종종 서구의 가치관과 충돌하고, 때로는 중국이 오만하게 느껴지는 원인이 된다.

마찬가지로, 경제가 성장하면 중국인들도 민주주의에 대한 열망이 커질 것이라는 기대를 많이 해왔다. 정작 중국인들은 "글쎄, 민주주의는 중국 상황에 안 맞아"라며 시큰둥해한다. 벽에 부딪히는 기분이 드는 건 바로 이 지점, '중국적 상황'이다. 여전히 아리송해서 "도대체 그게 뭔데요" 하고 물으면 많은 중국인들도 아마 설명하기 꽤 곤혹스러울 것이다. 최대한 간단히 설명하면 이 정도가 될까?

180년 전 세계 최강국에서 폭삭 망해 열강으로부터 갖은 수모를 겪었다. 내전을 겪고 겨우 통일 국가를 수립했는데 이념 투쟁으로 나라가 도로 쑥대밭이 됐다. 서방에 다시 고개를 숙이고 시장경제를 전수받아 짝퉁 오명을 뒤집어써가며 세계 경제 2위에 올랐다. 서구식 체제를 도입했으면 중국은 벌써 남아나지 않았을 것이다. 이 넓은 땅에서 13억 인구가 안 굶고 잘 버텨온 건 우리에게 맞는 방식이 따로 있음을 보여준다. 이 복잡하고 특수한 사정을 모르고 당신의 기준(서양 모델)을 일방적으로 들이대려고 하지 마라. 우리에게는 맞지 않는다.

주

1장 하나의 중국 원칙

1. 〈错用中国地图惹争议 奥迪仅用86个字道歉〉, http://www.sohu.com/a/129079236_430289

2. 〈관광지인 티셔츠에 지도 잘못 그렸다가, 中 네티즌 뭇매 맞은 '갭'〉, https://www.seoul.co.kr/news/newsView.php?id=20180516017007&wlog_tag3=naver

3. The Separate Customs Territory of Taiwan, Penghu, Kinmen and Matsu 의 약자로, 타이완섬과 인근 섬인 펑후, 진먼, 마주로 이루어진 개별 관세 구역이라는 의미다. https://zh.wikipedia.org/wiki/臺澎金馬個別關稅領域 대륙에서 부르는 중국어 명칭은 台湾、澎湖、金门、马祖单独关税区다.

4. 〈대만 관련 선전 용어의 올바른 사용에 관한 의견〉, https://baike.baidu.com/item/关于正确使用涉台宣传用语的意见/1336887?fr=aladdin

5. 홍콩, 마카오는 중국으로 반환될 때 서로 다른 체제로 인해 발생하는 현지인의 충격을 최소화하기 위해 현재의 정치경제 시스템을 유지하는 것을 허용하고 자치권을 부여한 특별행정구로 뒀다.

6. 〈나는 '중국대만' 출신이다, 워너원 라이관린 발언에 뿔난 대만인들〉, 《세계일보》, http://www.segye.com/newsView/20170830002878?OutUrl=naver

7. 홍콩과 마카오의 기본법이 다른 관계로, 국제 활동 영역 참여도 꼭 일치하는 것은 아니

다. 마카오는 국제올림픽위원회에 가입되어 있지 않아 별도의 참여가 없지만, 아시안 게임은 참여한다.

8. 〈中国内地〉, 바이두백과百度百科, https://baike.baidu.com/item/中国内地/776459
9. 〈大中华地区〉, 바이두백과, https://baike.baidu.com/item/大中华区/4593229?fromtitle=大中华地区&fromid=4380986&fr=aladdin
10. 〈대만 관련 선전 용어의 올바른 사용에 관한 의견〉
11. 〈既是台灣人也是中國人 :「雙重認同」止跌回升, 是誰改變了?〉, https://opinion.udn.com/opinion/story/7498/2911193
12. 〈올림픽 국호 '대만' 국민투표 부결, 중국은 '환영'〉, 《jtbc뉴스》, http://news.jtbc.joins.com/html/394/NB11733394.html
13. 〈万豪酒店竟把港澳台和西藏列为"国家", 赚中国人的钱还恶心我们〉, http://dy.163.com/v2/article/detail/D7R09PCC0516FC9F.html
14. 류영하, 《홍콩 산책》, 산지니, 2019. 중국에 주권이 반환된 지 20여 년이 된 홍콩이 정체성을 찾는 청소년으로 비유할 수 있다고 한 데서 나온 말.
15. 위의 책.
16. 謝冠東, 〈港人買不起私樓 配不到公屋 拜內地移民所賜〉, 《立場新聞》, https://thestandnews.com/society/港人買不起私樓-配不到公屋-拜內地移民所賜/
17. 〈港大民研 : 市民對「香港人」身分認同感為1997年以來新高〉, 《星島日報》, http://std.stheadline.com/instant/articles/detail/1032530-香港-港大民研 : 市民對「香港人」身分認同感為1997年以來新高

2장 양보할 수 없는 국가 주권 문제

1. 김한규, 《동아시아 역사 논쟁》, 소나무, 2015.
2. 〈티베트의 역사적 지위에 대한 토론〉, 《한국, 일본, 중국, 그들이 가르치지 않는 역사》, 북경민족출판사, 1995.
3. 〈중국 현대를 읽는 키워드 100〉, 국민대학교 중국인문사회연구소.
4. 〈달라이라마〉, 바이두백과, https://baike.baidu.com/item/达赖喇嘛·丹增嘉措/3490303#reference-[1]-192867-wrap
5. 〈CIA 1960년대 티베트 망명 자금 지원〉, http://articles.latimes.com/1998/sep/15/news/mn-22993
6. 〈2018년 미국 의회 티베트 프로그램 예산 승인〉, https://www.savetibet.org/us-

congress-confirms-support-for-funding-for-tibet-programs-in-2018-budget/

7. 티베트 불교를 이루는 여러 종파의 지도자 중 하나가 달라이라마다. 달라이는 몽골어로 큰 바다, 라마는 티베트어로 영적인 스승을 뜻하는데, '넓은 바다와 같이 깊고 큰 깨달음을 가진 스승'이라는 의미다. 티베트 종교 지도자를 일컫는 일종의 직함인 셈이다. 현재 14대 달라이라마의 본명은 텐진 갸초다.

8. 《纽约时报》北京分社社长竟称达赖"精神领袖,", 중국 티베트망中国西藏网. http://www.tibet.cn/news/focus/1452838175888.shtml

9. 达赖集团的钱是从哪里来的. https://www.xzbu.com/1/view-322549.htm

10. 도널드 S. 로페즈 주니어, 《상그릴라의 포로들》, 정희은 옮김, 창비, 2013.

11. 벤츠 광고. https://www.bbc.com/news/world-asia-china-42986679

12. 김호동, 《아틀라스 중앙유라시아사》, 사계절, 2016.

13. 이희철, 《튀르크인 이야기》, 리수, 2017.

14. 이희수, 《터키사 100》, 청아출판사, 2017.

15. 김호동, 앞의 책.

16. 이희수, 《터키사》, 미래엔, 2005.

17. 严禁将新疆称为"东突厥斯坦", 在涉及新疆分裂势力时, 不使用"疆独""维独".《新华社新闻信息报道中的禁用词和慎用词(2016年7月修订)》第八十九条

18. 不要把古代民族名称与后世民族名称混淆, 如不能将"哈萨克族""乌孜别克族"等泛称为"突厥族"或"突厥人"。

19. 이희철, 앞의 책.

20. 정식 명칭은 동북변강역사와 현상계열연구공정东北边疆历史与现状系列研究工程으로 줄여서 동북공정이라고 부른다.

21. 〈동북변경역사와 현상계열연구공정〉, 바이두백과. https://baike.baidu.com/item/东北边疆历史与现状系列研究工程/3198495?fromtitle=东北工程&fromid=9193151&fr=aladdin

22. 스인홍 교수, "방어적 측면에서 고구려사 바꾼 것". https://news.naver.com/main/read.nhn?mode=LSD&mid=sec&sid1=103&oid=001&aid=0001786625

23. 이종석, 《칼날 위의 평화》, 개마고원, 2014.

24. 〈동북변경역사와 현상계열연구공정〉, 《바이두백과》.

25. 조선 시대 청나라와 국경을 맞대고 있던 지대로, 중간 섬처럼 고립된 지역이란 의미에서 간도间島라는 이름이 유래했다고 보기도 하고, 기근에 시달리던 조선인들이 이 지역으로 넘어가 땅을 개간해서 농사를 짓고 살기 시작해서 개간의 의미로 간도墾島라고도 불린다.

26. 윤대원, 《21세기 한·중·일 역사 전쟁》, 서해문집, 2009.

27. 윤대원, 위의 책.

28. "Trump's claim that Korea 'actually used to be a part of China'", https://www.washingtonpost.com/news/fact-checker/wp/2017/04/19/trumps-claim-that-korea-actually-used-to-be-a-part-of-china/?noredirect=on&utm_term=.6628c84e8230
29. 〈特朗普: "韩国曾是中国一部分" 专家: 中国不会拿历史问题说事〉, http://news.xhby.net/system/2017/05/01/030667425.shtml
30. 〈'백두산 공정' 中 창바이산 공항 개항〉, http://news.donga.com/3/all/20080801/8610336/1
31. 〈조중변계조약〉, 《한국민족문화대백과》, http://encykorea.aks.ac.kr/Contents/SearchNavi?keyword=조중변계조약&ridx=0&tot=139
32. 〈장백산맥〉, 바이두백과, https://baike.baidu.com/item//长白山脉/2284126?fromtitle=长白山&fromid=9596&fr=aladdin#8
33. 〈金正恩和文在寅白头山天池前合影 牵手过头顶〉, http://news.cyol.com/content/2018-09/20/content_17606534.htm
34. 윤휘탁, 〈백두산을 장백산으로 바꾸려는 중국의 야욕〉, https://m.news.naver.com/read.nhn?mode=LSD&sid1=102&oid=308&aid=0000001390

3장 금기의 최고봉, 정치 문제

1. 마오쩌둥의 어록을 담은 책.
2. 홍위병红卫兵(붉은 보위병)의 홍红은 사회주의 혁명을 뜻하는데, 반혁명 세력 타도에 앞장서는 마오쩌둥의 호위병이 되겠다는 학생들의 자발적인 조직이다. 하지만 정식 군대는 아니다.
3. 한사오궁, 《혁명후기》, 백지운 옮김, 글항아리, 2016.
4. 〈건국 이후 당의 일부 역사 문제에 관한 결의关于建国以来党的若干历史问题的决议〉, 1981년 11기 6중전회에서 통과된 이 결의문에는 문화대혁명, 마오쩌둥의 위상 문제 및 그의 업적과 과오 등에 대한 평가가 담겨 있다.
5. 〈건국 이후 당의 일부 역사 문제에 관한 결의〉.
6. 媒体称毛泽东功过三七开 尊重开国者是集体自尊, http://www.chinanews.com/mil/2012/12-27/4441309.shtml
7. 한사오궁, 앞의 책 참조.
8. 〈左倾〉, 바이두백과, https://baike.baidu.com/item/%E5%B7%A6%E5%80%BE/1706452?fr=aladdin

9. 농촌의 풀뿌리 공산주의 실험. 마을마다 인민공사 단위로 마을 사람들을 묶어 식사, 목욕, 탁아, 양로, 학교, 노동, 생산 등 모든 생활을 함께하도록 했다.

10. 정식 명칭은 계획생육計划生育. 1965년 무렵부터 시작한 강압적인 '한 자녀 낳기 운동'은 2015년까지 50년간 지속되었다.

11. 기 소르망, 《중국이라는 거짓말》, 홍상희·박혜영 옮김, 문학세계사, 2006, 47쪽. 여기서 서양학자는 이 책의 저자인 프랑스의 석학 기 소르망이다. 모옌은 당시 15년이 지나기 전까지는 안 된다고 대답했지만, 30년이 지난 현재도 톈안먼 사건은 철저히 금기의 영역이다.

12. 서진영, 《21세기 중국 정치》, 폴리테이아, 2008.

13. 왕단, 《왕단의 중국 현대사》, 송인재 옮김, 동아시아, 2013.

14. 왕단, 위의 책.

15. 〈중국공산당 뉴스 중대 사건 코너〉, 《인민일보》, http://cpc.people.com.cn/GB/33837/2535031.html

16. 왕단, 위의 책.

17. "……국내외 일부 불순한 의도를 가진 자들이 이들의 순수한 열망과 국가의 일부 정책상의 실수를 이용해 헛소문을 퍼뜨리고 학생들이 시위, 단식, 연좌시위를 하도록 부추겼고 사태를 확대시켰다. 4월 26일, 《인민일보》는 〈동란에 분명히 반대한다〉는 사설을 발표했고, 중국공산당 중앙과 국무원이 수도의 질서 보호를 위해 5월 20일 오전 10시부터 수도 일부 지역에 계엄을 실시했다. 임무를 수행하려는 부대가 주요 길목마다 시위대에 막혔고, 수많은 군용 차량과 버스가 파괴되고 불탔다. 동란이 더 이상 확대되는 것을 막기 위해 6월 4일 새벽, 계엄 부대가 강제로 톈안먼 광장에 진입해 정리에 들어갔고, 시민의 협조하에 당시의 정치 사건을 진정시켰다." https://baike.baidu.com/item/一九八九年政治风波, 상해사서출판사의 《대사해》사전 온라인 DB 제공 콘텐츠.

18. 〈1989年政治风波〉, http://cpc.people.com.cn/GB/33837/2535031.html

19. 고쿠분 료세이, 《현대 중국의 정치와 관료제》, 이용빈 옮김, 한울아카데미, 2016.

20. 중화인민공화국 재정부 발전당원 업무 관련 자료 샘플, http://www.mof.gov.cn/mofhome/jiguandangwei/zhengwuxinxi/zgzn/fzdy/201306/t20130607_907833.html

21. 성균중국연구소, 《차이나 핸드북》, 김영사, 2018.

22. 정혁훈, 《대국의 속살》, 매경출판, 2017.

23. 중국에서는 보통 회차와 대회의 대大 자를 합해 '18대' '19대' 이런 식으로 부른다.

24. 〈中国共产党全国代表大会〉, 《바이두백과》, https://baike.baidu.com/item/中国共产党全国代表大会/5523273?fr=aladdin

25. 케네스 리버살, 《거버닝 차이나》, 김재관·차창훈 옮김, 심산출판사, 2013.

26. 〈저우융캉 단죄가 남긴 과제들〉, http://news.kmib.co.kr/article/view.asp?arcid=0922874841&code=11171314&cp=nv

27. 중국 게시판, http://bbs.5imx.com/forum.php?mod=viewthread&tid=694352&page=1, 〈탁구공이 '유언비어' 유포? 웃기는 언론통제〉, http://www.munhwa.com/news/view.html?no=2012110201030832256006

28. 2016년 2월, 중국 소셜미디어 웨이보에 '뉴스 보도 금지 이슈' 리스트가 잠깐 떠돌았는데, 해당 내용은 현재 삭제되고 없다. 대신 반중 성향의 자유아시아방송 사이트에서 기사화 된 것으로 확인된다. https://www.rfa.org/mandarin/yataibaodao/zhengzhi/xl2-03102016101315.html

29. 각계 인사들로 구성된 정협 위원들은 각종 정책적 제안을 하기도 하는데 그중에는 기상천외하거나 수준 미달인 것도 있다. 가십처럼 다뤄지는 제안이 정협의 위상을 떨어뜨릴까 봐 경계한 것으로 보인다. 정혁훈, 앞의 책 참조.

30. 후진타오 총서기 때까지는 9명이었는데, 시진핑이 국가주석으로 선출된 2012년 11월부터는 7명으로 축소됐다.

31. 오일만, 《2022년, 시진핑의 신장정》, 나남출판, 2016.

32. 〈중공 고관 자녀 출세가도〉, 《동아일보》, 1985년 9월 12일.

33. 오일만, 앞의 책.

34. 제1장 당원 제3조 5항에서는 당원이 지켜야 할 규정 중 "파벌 조직과 소그룹 활동을 단호히 반대한다坚决反对一切派别组织和小集团活动，反对阳奉阴违的两面派行为和一切阴谋诡计"고 명시되어 있다.

35. 毛泽东警告 "上海帮" http://history.people.com.cn/n/2014/0806/c387440-25416854.html

36. 물론 문혁 시기 사인방의 별칭인 '상하이방'은 사용이 가능하다. 이미 공산당에 의해 역사적으로 평가가 완료된 범죄자로서 말이다.

37. 조호길·리신팅, 《중국 정치권력은 어떻게 유지되는가》, 메디치미디어, 2017.

38. 〈高干子弟〉, 바이두백과, https://baike.baidu.com/item/高干子弟/1913481?fr=aladdin

39. https://www.thepaper.cn/list_25490

40. 중국공산당 제18기 중앙기율검사위원회 제2차 전체회의十八届中央纪委二次全会.

41. 2012년 11월 18차 당대회에서 차기 지도부 선출, 다음 해 2013년 3월 전인대에서 공식 임명되었다.

42. 〈시진핑 집권 6년간 부패 혐의로 처벌받은 중국 공직자 35만 명〉, 《연합뉴스》, https://www.yna.co.kr/view/AKR20181206110100009?input=1195m

43. 중국 최고인민법원이 2015년 3월에 발표한 전년도 업무보고 백서, http://www.xinhuanet.com/politics/2015-03/19/c_127595771.htm

44. 김용옥, 《도올, 시진핑을 말한다》, 통나무, 2018; 미네무라 겐지, 《13억분의 1의 남자》,

박선영 옮김, 레드스톤, 2015.

45. 〈아직 연극은 끝나지 않았다〉, 《경향신문》http://news.khan.co.kr/kh_news/khan_art_view.html?artid=201309262127225&code=990100

46. 중국 최고인민법원이 2015년 3월에 발표한 전년도 업무보고 백서.

47. 〈非组织政治活动〉, 바이두백과, https://baike.baidu.com/item/非组织政治活动/16964770?fr=aladdin

48. 〈중국, '권력 서열 7위' 한정 평창 올림픽에 파견〉, 《노컷뉴스》, 2018년 1월 16일.

49. 〈南周被删文：領導人排名：一個政治問題〉, 《人民報》, http://www.renminbao.com/rmb/articles/2013/2/9/57878b.html

50. 조호길·리신팅, 앞의 책.

51. 김영호, 《중국, 차이를 알면 열린다》, 가디언, 2011.

52. 200여 명으로 구성된 공산당 엘리트 그룹인 중국공산당중앙위원회의 총괄 서기라는 의미로 정식 명칭은 중국공산당 중앙위원회 총서기中国共产党中央委员会总书记다.

4장 중국에 대한 관용적 수사

1. 이재훈·정문훈, 《단어 따라 어원 따라 세계 문화 산책》, 미래의창, 2016.

2. 〈르번구이즈日本鬼子〉, 바이두백과, https://baike.baidu.com/item/日本鬼子/3393

3. 〈인두아싼印度阿三〉, 바이두백과, https://baike.baidu.com/item/item/印度阿三

4. 〈까오리빵즈高丽棒子〉, 바이두백과, https://baike.baidu.com/item/高丽棒子

5. 이정희, 《화교가 없는 나라》, 동아시아, 2018.

6. 〈체류 외국인 현황〉, http://www.index.go.kr/potal/main/EachDtlPageDetail.do?idx_cd=2756

7. 이희용, 《세계시민 교과서》, 라의눈, 2018.

8. 〈아차차, 무심코 썼는데 비하 표현이었구나〉, 《한겨레》, http://www.hani.co.kr/arti/society/society_general/743640.html

9. 왕중추, 《중국사 재발견》, 김영진 옮김, 서교출판사, 2015.

10. 〈황화론黄祸论〉, 바이두백과, https://baike.baidu.com/item/黄祸/5594401?fromtitle=黄祸论&fromid=3617156&fr=aladdin

11. 〈从"黄祸论"到"傅满洲"，西方人到底在怕什么？〉, 《바이두백과》, https://baike.baidu.com/tashuo/browse/content?id=ab3b24ecd1e304e96a4d9146&lemmald=&fromLemmaModule=pcBottom

12. 김민주, 《김민주의 트렌드로 읽는 세계사》, 김영사, 2018.
13. 〈韩国公司YG辱华事件后续 : 老板梁铉锡删除道歉文〉http://news.sina.com.cn/c/2018-11-06/doc-ihnknmqx5974507.shtml
14. 마괘馬褂. 매듭이 있는 겉저고리로, 중국어로 마과라고 한다.
15. 〈고급 입맛 中 왕서방 등쌀에 고삐 풀린 소고기 값〉, 《헤럴드경제》 2014년 2월 28일, http://biz.heraldcorp.com/view.php?ud=20140228000064
16. 〈中国中产崛起带动巨大市场 牛肉消费数据攀升〉, http://finance.sina.com.cn/chanjing/cyxw/2017-06-06/doc-ifyfuzny3445070.shtml
17. "Cattle Prices Jump to Record Highs," WSJ, https://www.wsj.com/articles/cattle-prices-jump-to-record-highs-1393525497
18. "From the U.S., a Future Supply of Livestock for China," The New York Times, https://www.nytimes.com/2012/04/21/business/global/china-buys-future-supply-of-livestock-from-the-us.html
19. 〈猪肉价格暴涨拉动牛肉消费 接下来浙江人将吃到澳洲活牛肉〉, 《浙江在线》, http://zjnews.zjol.com.cn/system/2016/04/24/021123113.shtml
20. "France Is Running Out of Butter for Its Croissants," Bloomberg, https://www.bloomberg.com/news/articles/2017-10-30/french-butter-melts-away-from-shelves-as-global-demand-soars
21. 〈猪肉价格暴涨拉动牛肉消费 接下来浙江人将吃到澳洲活牛肉〉, 《浙江在线》, http://zjnews.zjol.com.cn/system/2016/04/24/021123113.shtml
22. 학교 없는 나라 취급한 것도 기분 나빠 하지만, 일제의 잔재가 남아 있는 '만주 벌판'도 중국인들이 좋아하는 단어가 아니다(2장 중 '통제의 시작, 동북공정' 편 참고).
23. 〈韩民族优越主义〉, 바이두백과, https://baike.baidu.com/item/韩民族优越主义/2866333

5장 조화로운 세상의 적들

1. '파룬法轮'의 한국어 독음인 '법륜'은 부처님의 수레바퀴를 뜻하는데, 불교에서는 이 수레바퀴를 돌려 부처님의 가르침을 중생들에게 설파한다고 한다. 궁功은 기공气功 을 말한다.
2. 유장근, 《현대중국의 중화제국 만들기》, 푸른역사, 2014.
3. 박종우, 《중국 종교의 역사》, 살림, 2006.
4. 유장근, 앞의 책.

5. 데이비드 샴보, 《중국의 미래》, 최지희 옮김, 한국경제신문, 2018.

6. 〈卫生部前高官：当年停用死囚器官 国内外压力很大〉, https://news.qq.com/a/20170215/002111.htm

7. 《월스트리트저널》 중문판 공식 웨이보는 정상적으로 운영된다. 중국 당국의 해외 매체 차단은 상황과 플랫폼에 따라 달라져서 종잡기가 힘들다.

8. 〈美国多维新闻网被收购内幕〉, https://www.xzbu.com/1/view-7382225.htm

9. 〈자유아시아방송自由亚洲电台〉, https://baike.baidu.com/item/自由亚洲电台/3772182?fr=aladdin

10. 려도, 《중국 신노동자의 미래》, 정규식 외 옮김, 나름북스, 2018.

11. 〈深圳市历年最低工资标准〉, http://ishare.iask.sina.com.cn/f/34WjjyZx4cn.html

12. 〈중국 대학생들은 왜 '전태일 평전'을 읽는가〉, 《한겨레》, http://www.hani.co.kr/arti/international/china/871612.html

13. 제프리 와서스트롬, 《중국, 묻고 답하다》, 박민호 옮김, 유유, 2013.

14. 〈深圳佳士公司工人"维权"事件的背后〉, https://news.qq.com/a/20180824/100570.htm?_da0.6910470354520604

15. 이규철, 〈중국의 공회 제도〉, 《국제노동브리프》, 한국노동연구원, 2005.

16. 〈乌坎村抗议者判重刑 村民噤声〉, https://www.voachinese.com/a/news-china-wukan-20161227/3652428.html

17. 〈SARS 事件〉, 바이두백과, https://baike.baidu.com/item/SARS事件/7702261?fromtitle=沙士事件&fromid=1692298

18. 카롤린 퓌엘, 《중국을 읽다 1980-2010》, 이세진 옮김, 푸른숲, 2012.

19. 국무원의 중국 에이즈 예방 및 통제 중장기 계획(1998-2010년) 발행에 관한 통지国务院关于印发中国预防与控制艾滋病中长期规划(1998-2010年)的 通知.

20. 〈中国艾滋病抗病毒药物治疗发展简史〉, http://www.sohu.com/a/237886672_99986009

21. 〈영 인디펜던스, '최애' 상영은 중국이 에이즈 직시한 것〉, 신화사 2011년 5월.

22. 〈李克强：提高基本医保和大病保险保障水平〉, http://sh.sina.com.cn/news/zw/2018-03-05/detail-ifxipenn0008970.shtml

23. 〈李克强：抗癌药是救命药, 不能税降了价不降〉, http://www.gov.cn/xinwen/2018-06/22/content_5300494.htm

24. 〈17种抗癌药下月15日起入医保〉, http://insurance.hexun.com/2018-10-31/195056679.html

25. 〈突发公共卫生事件应急条例〉, 바이두백과, https://baike.baidu.com/item/突发公共卫生事件应急条例/7997848

26. 〈电影审查的重点其实并非龙标! 而是这6大标准〉, https://www.sohu.com/a/232188 558_693625

27. 〈'미·중 충돌 때 中 지지 1.1%뿐', 중국도 놀랐다, 한국의 혐중〉, 《중앙일보》 2019년 1월 14일, https://news.joins.com/article/23286465

28. 위의 기사.

29. 나토NATO의 미군 공습기가 유고슬라비아 베오그라드에 있는 중국대사관에 폭탄을 발사해 중국인 3명이 사망하고 수십 명이 다친 사건이다. 당초 유고슬라비아 사령부를 폭격하려고 했던 나토 측은 미국 CIA가 오래된 잘못된 지도를 주는 바람에 원래 공격하려고 했던 목표 근처의 중국대사관을 오폭했다고 해명했지만, 중국 측이 나토의 유고 폭격을 반대했던 터라 본보기로 중국을 의도적으로 폭격한 것이라고 맞섰다.

30. 김재철, 《중국과 세계》, 한울아카데미, 2017.

31. 〈环球时报: 砸现代汽车是对制裁韩国的 "高级黑"〉, https://baijiahao.baidu.com/s?id= 1560792407324418&wfr=spider&for=pc

32. 한한, 《나의 이상한 나라, 중국》, 최재용 옮김, 문학동네, 2014, 24쪽.

33. 〈미 보고서 '중국인 민족주의 성향 강해지지 않았다'〉, 《뉴시스》, http://www.newsis.com/view/?id=NISX20170209_0014694107&cID=10101&pID=10100

34. 〈중국 소비에도 민족주의, 젊은층 中 브랜드 압도적 선호〉, 《뉴시스》, http://news1.kr/articles/?3268505

35. 〈반미 감정 때문에 中 스타벅스·KFC 성장 '멈춤'〉, 《머니투데이》, http://news.mt.co.kr/mtview.php?no=2018082713371437271

6장 우린 패권국이 아니야!

1. 헨리 앨프리드 키신저, 《헨리 키신저의 중국 이야기》, 권기대 옮김, 민음사, 2012.

2. 빌 에모트, 《2020 세계 경제의 라이벌》, 손민중 옮김, 랜덤하우스코리아, 2010.

3. 팀 마샬, 《지리의 힘》, 김미선 옮김, 사이, 2016.

4. 난하이의 경계선은 시대에 따라 개수가 변해왔다. 1947년 국민당 정부 시절에 11개의 선(11단선), 중화인민공화국 수립 이후에는 2개의 선을 없애 9개의 선(9단선)으로 계속 유지되다가 2014년 6월 새 버전 중국 전도에서는 10개의 선으로 바뀌었다.

5. KIDA 세계 분쟁 데이터베이스.

6. 〈펜스 '남중국해 특정 국가 소유 아냐, 항행 자유 작전 계속'〉, 《연합뉴스》, https://www.yna.co.kr/view/AKR20181116075900076?input=1195m

7. 〈航行自由决不意味着"横行自由"〉, http://finance.ifeng.com/a/20160716/14605 982_0.shtml
8. 강효백, 《중국의 습격》, 휴먼앤북스, 2000.
9. 〈"一带一路"：与全世界做生意〉, http://finance.sina.com.cn/roll/2019-01-15/doc-ih qhqcis6345202.shtml
10. 〈시진핑 방문 맞춰 中에 구애한 이탈리아 대통령〉, 《서울경제》, https://www.sedaily. com/NewsView/1VGOS5E2F7
11. 〈경제 영토 확장 나선 중국에 전방위 봉쇄 작전 펼치는 미국〉, 《국민일보》, http://news. kmib.co.kr/article/view.asp?arcid=0924061494&code=11142200&cp=nv
12. 쑹훙빙, 《관점》, 차혜정 옮김, 와이즈베리, 2018.
13. 위의 책.
14. 〈马来西亚取消了三个"一带一路"项目?外交部回应〉, http://news.sina.com.cn/o/2018 -09-12/doc-ihiycyfx8536244.shtml
15. 〈"一带一路"的核心话语是倡议而不是战略〉, http://caiec.mofcom.gov.cn/article/to ngjixuehui/201801/20180102695177.shtml
16. 〈习近平：任何时候决不牺牲国家核心利益〉, http://politics.people.com.cn/n/ 2014/0312/c70731-24609860.html
17. 〈柯华庆:西方兜售"普世价值"的真实缘由〉, http://theory.rmlt.com.cn/2015/0119/ 368697.shtml
18. 〈펜스 "국제법 그만 무시하라" 비판에 중국 '발끈'〉, 《뉴데일리》, http://www.newdaily. co.kr/site/data/html/2019/01/18/2019011800101.html
19. 〈독일의 중국 다루기〉, 《중앙일보》, https://news.joins.com/article/22807087
20. 〈决不允许用西方"普世价值"消解社会主义核心价值观〉, http://theory.people.com. cn/n1/2017/0609/c143843-29329097.html

중국이 싫어하는 말

얼굴 안 붉히고 중국과 대화하기 위한 최소한의 지식

초판 1쇄 발행 2019년 8월 13일
초판 7쇄 발행 2023년 7월 11일

지은이 정숙영
펴낸이 성의현
펴낸곳 미래의창

책임편집 박정철
디자인 공미향, 박고은

등록 제10-1962호(2000년 5월 3일)
주소 서울시 마포구 잔다리로 62-1 미래의창빌딩(서교동 376-15, 5층)
전화 02-338-5175 **팩스** 02-338-5140
홈페이지 www.miraebook.co.kr
ISBN 978-89-5989-597-7 03910

※ 책값은 뒤표지에 있습니다.

이 도서의 국립중앙도서관 출판예정도서목록(CIP)은 서지정보유통지원시스템 홈페이지(http://seoji.nl.go.kr)와 국가자료공동목록시스템(http://www.nl.go.kr/kolisnet)에서 이용하실 수 있습니다.(CIP제어번호: CIP2019028123)

생각이 글이 되고, 글이 책이 되는 놀라운 경험. 미래의창과 함께라면 가능합니다.
책을 통해 여러분의 생각과 아이디어를 더 많은 사람들과 공유하시기 바랍니다.
투고메일 togo@miraebook.co.kr (홈페이지와 블로그에서 양식을 다운로드하세요)
제휴 및 기타 문의 ask@miraebook.co.kr